AF249622

LES

HOMMES CÉLÈBRES

DU XIX⁺ SIÈCLE

ET

LA FOI CHRÉTIENNE

LES
HOMMES CÉLÈBRES

DU XIXe SIÈCLE

ET LA

FOI CHRÉTIENNE

CROYANTS ET CONVERTIS

PAR

L'ABBÉ SAILLARD

MISSIONNAIRE APOSTOLIQUE

DIRECTEUR DE LA *Semaine religieuse* DE GRENOBLE

4e ÉDITION
Revue, corrigée et augmentée

TOURS

CATTIER, LIBRAIRE-ÉDITEUR

M DCCC LXXXIV

APPROBATION DE Mgr L'ÉVÊQUE DE GRENOBLE

ÉVÉCHÉ DE GRENOBLE   Grenoble, le 5 avril 1881

CHER MONSIEUR SAILLARD,

Je vous envoie l'appréciation de M. l'abbé Ginon, vicaire général honoraire du diocèse, concernant l'ouvrage que vous avez soumis à mon examen : ***Les Hommes célèbres du XIXe siècle et la foi chrétienne***. Cette appréciation, cher Monsieur le Curé, est à mes yeux un éloge parfait de votre travail et la meilleure de toutes les recommandations.

Je serai heureux d'apprendre que votre nouvel ouvrage se répand, et que les Supérieurs de nos maisons d'éducation en ont fait un livre choisi pour leurs distributions de prix et l'ont adopté, ainsi que les parents, comme livre de lecture.

Recevez, cher Monsieur Saillard, l'assurance de mon entier dévouement en N.-S. J.-C.

† AMAND-JOSEPH,
Evéque de Grenoble.

RAPPORT DE M. GINON, VICAIRE GÉNÉRAL

Grenoble, le 4 avril 1881.

MONSEIGNEUR,

Je viens d'achever la lecture du nouvel ouvrage de M. l'abbé Saillard : ***Les Hommes célèbres du XIXe siècle et la foi chrétienne***, et je suis heureux d'avoir eu la primeur de cet excellent livre, par l'examen que j'ai fait du manuscrit, sur l'ordre de Votre Grandeur. Rien de plus édifiant, de plus varié, de plus intéressant que les récits qui se succèdent dans ce volume, où les incidents pittoresques alternent avec les situations touchantes, les considérations graves et élevées.

Ces détails biographiques sont une démonstration vraiment indiscutable et persuasive de la foi catholique. On marche volontiers à la suite de ces grands esprits qui deviennent d'autant plus soumis à l'Église qu'ils ont pénétré plus avant dans les sciences humaines ; et on est d'autant plus porté à les imiter qu'on les voit plus doux, plus patients, plus généreux à mesure qu'ils sont davantage animés d'une tendre piété.

Dans tous les siècles, le catholicisme a reçu l'hommage des intelligences d'élite et des cœurs dévoués ; le XIXe siècle tiendra son rang parmi ses aînés, et le Rédacteur de notre **SEMAINE RELIGIEUSE** aura fait un travail d'une incontestable utilité, en indiquant la part qui revient à notre époque de cette démonstration vivante de la divinité de notre foi.

Daignez agréer, Monseigneur, etc.

G. GINON,
Vicaire général honoraire.

PRÉFACE

Notre siècle se flatte d'être le siècle de la *science,* et les grandes découvertes de nos jours font dire à quelques esprits que, désormais, la science va remplacer la foi, si déjà elle ne l'a remplacée.

Rien n'est moins vrai, comme il est facile de s'en convaincre en observant simplement ce qu'ont été, au point de vue de la foi, les hommes les plus célèbres du xixe siècle.

Nous avons fait ce travail, et c'est avec joie que nous mettons sous les yeux du lecteur la vie de foi, la conversion sincère et persévérante, ou au moins la mort chrétienne du plus grand nombre des hommes célèbres de notre temps.

Nous les avons choisis dans toutes les carrières, dans toutes les positions sociales : astronomes, physiciens, poètes, littérateurs, historiens, médecins, peintres, musiciens, hommes politiques, soldats...; toutes les gloires de la patrie sont en même temps les gloires ou les conquêtes de l'Église.

Dans ces belles intelligences, nous trouvons la science et la foi admirablement unies.

C'est ce qu'exprimait l'illustre mathématicien Cauchy, lorsqu'il disait :

« Je suis chrétien, c'est-à-dire je crois à la divinité de Jésus-Christ, avec Descartes, Copernic, Newton, Pascal, Euler, Guldin, Gerdil, avec tous les grands astronomes, tous les grands physiciens, tous les grands géomètres des siècles passés..... Mes convictions sont le résultat d'un examen approfondi...

« *Je suis catholique sincère comme l'ont été Corneille,
Racine, La Bruyère, Bossuet, Bourdaloue, Fénelon,
comme l'ont été et le sont encore un grand nombre des
hommes les plus distingués de notre époque, de ceux qui
ont fait le plus d'honneur à la science, à la philosophie,
à la littérature, qui ont le plus illustré nos académies.* »

C'est ce qu'exprimait, à son tour, le vaillant général Lamoricière, qui, parlant de la Religion catholique disait : « *Elle
a pour elle la science, l'histoire, la philosophie, les arts,
les grands hommes; elle a pour elle le passé, le présent
et l'avenir; elle peut seule résoudre les difficultés du
temps actuel; elle répond aux besoins de tous les jours,
de tous les cœurs, de toutes les volontés, de toutes les
classes, de tous les malheureux; elle est seule capable
d'assurer le bonheur présent et le bonheur futur.* »

Le travail que nous publions n'est pas une œuvre de discussion et de raisonnement; il est seulement l'exposé authentique et sincère de ce que nous avons pu recueillir
dans la vie des hommes célèbres dont nous citons les paroles ou les actes édifiants.

Afin de répondre plus directement à l'incrédulité de
notre temps, nous ne parlons que des personnages *morts
au* xixe *siècle*, et nous avons l'immense consolation d'opposer à l'impiété moderne les nombreuses et magnifiques victoires de la foi catholique.

Pour le xixe siècle comme pour ceux qui l'ont précédé,
elle est toujours pleine de vérité, cette parole célèbre qu'un
Pontife romain a gravée sur la colonne antique qui se dresse
devant le temple majestueux de Saint-Pierre de Rome :

CHRISTUS VINCIT!

CHRISTUS REGNAT!

CHRISTUS IMPERAT!

*Le Christ triomphe; le Christ règne; le Christ com-
mande!*

HOMMES CÉLÈBRES

DU XIXᵉ SIÈCLE

ET LA FOI CHRÉTIENNE

LA HARPE

(1739-1803)

LA HARPE (Jean-François), né à Paris, était fils d'un gentilhomme du pays de Vaud, capitaine au service de la France. Orphelin à neuf ans, il fut recueilli par des sœurs de charité, qui le recommandèrent au proviseur du collège d'Harcourt, où il fit de brillantes études. Il débuta ensuite dans la littérature, dont il traita les différents genres. Il fit des tragédies, il composa des *Éloges* qui lui firent décerner plusieurs prix d'éloquence et de poésie ; il entreprit un *Abrégé de l'Histoire des voyages* de Prévost. Il acquit surtout une brillante réputation en publiant, sous le nom de *Lycée*, un *Cours de Littérature* qui obtint les plus grands succès et mérita à son auteur, par son goût exquis, le beau surnom de *Quintilien français*. Ses œuvres réunies forment au moins soixante volumes in-8°.

La Harpe fut d'abord un disciple fervent des philosophes du XVIIIᵉ siècle, et il embrassa avec ardeur les doctrines de la Révolution.

Malgré son dévouement, il fut emprisonné en 1794 et s'attendait à monter sur l'échafaud. Ce fut l'heure de sa conversion. Désabusé tout à coup de ses erreurs, il revint sincèrement à Dieu, et ne voulut plus, désormais, consacrer sa plume qu'à des sujets religieux. En effet, il montra à combattre les philosophes le même zèle qu'il avait eu à propager leurs doctrines, et publia, entre autres écrits, une traduction des *Psaumes*, en tête de laquelle il raconte les motifs de sa conversion :

« J'étais dans ma prison, dit-il, seul dans ma chambre et profondément triste. Depuis quelques jours j'avais lu les Psaumes, l'Évangile et quelques bons livres. Leur effet avait été rapide, quoique gradué. Déjà, j'étais rendu à la foi ; je voyais tout le mal et aucun remède : rien autour de moi qui m'offrît les secours de la religion.

« D'un côté, ma vie était devant mes yeux , telle que je la voyais au flambeau de la vérité céleste, et de l'autre la mort, la mort que j'attendais tous les jours, telle qu'on la recevait alors. Le prêtre ne paraissait plus sur l'échafaud pour consoler celui qui allait mourir, et il n'y montait plus que pour mourir lui-même.

« Plein de ces désolantes idées, mon cœur était abattu et s'adressait tout bas à Dieu, qu'il venait de retrouver et qu'à peine connaissais-je encore. Je lui disais : Que vais-je faire ? Que vais-je devenir ? — J'avais sur une table l'*Imitation*, et l'on m'avait dit que dans cet excellent livre je trouverais la réponse à mes pensées.

« Je l'ouvre au hasard, et je tombe, en l'ouvrant, sur ces paroles : « *Me voici ; mon fils, je viens à vous parce que vous* « *m'avez appelé.* » Je n'en lus pas davantage : l'impression subite que j'éprouvai est au-dessus de toute expression, et il ne m'est pas plus possible de la rendre que de l'oublier. Je tombai la face contre terre, baigné de larmes, étouffé de sanglots, jetant des cris et des paroles entrecoupés. Je sentais mon cœur soulagé et dilaté, mais en même temps comme prêt à se fendre.

« Assailli d'une foule d'idées et de sentiments, je pleurai
assez longtemps, sans qu'il me reste, d'ailleurs, d'autre souvenir de cette situation, si ce n'est que c'est, sans aucune
comparaison, ce que mon cœur a jamais senti de plus violent
et de plus délicieux, et que ces mots : « *Me voici mon fils*, »
ne cessaient de retentir dans mon âme et d'en ébranler puissamment toutes les facultés. »

—Dans son *Apologie de la Religion*, La Harpe, citant la guérison de l'aveugle-né, racontée par l'évangéliste saint Jean,
s'écrie dans un transport de foi : « Et moi aussi, je crois ; et
moi aussi je vous adore, adorable auteur du récit et du miracle
qui l'un et l'autre sont de Dieu.

« Moi aussi, j'étais aveugle, non pas de naissance, mais d'orgueil, et vous avez eu pitié de moi, et vous m'avez ouvert les
yeux ! Ne permettez pas, je vous en conjure, qu'ils se referment
jamais après avoir vu votre lumière, ni que les malédictions
de l'impiété ferment ma bouche après que vous lui avez permis de vous confesser, tout indigne qu'elle en fût toujours. »

La Harpe persévéra en effet, jusqu'à la fin, dans les sentiments qu'il exprime d'une manière si convaincue.

*
* *

Dans son *Cours de Littérature*, La Harpe a écrit de belles
pages à la louange de l'Église catholique. En voici quelques
extraits :

« Les athées revendiquent Buffon à cause des résultats
apparents de sa mauvaise physique : je ne vois pas trop ce
qu'ils peuvent y gagner. S'il fut athée, ce ne serait qu'une
raison de plus de concevoir comment un grand esprit a raisonné si mal sur la nature en méconnaissant son auteur, et
comment un génie d'une trempe bien supérieure, un Newton,

avait une vénération si religieuse pour le Créateur, qu'il re-
connaissait pour la seule cause possible du mouvement, dont
lui, Newton, a le premier connu et démontré les lois. On sent
combien ce contraste est loin d'être défavorable à la religion,
qui, sans avoir aucun besoin de ce fragile appui des lumières
humaines, se trouve pourtant, par un ordre secret qu'il faut
admirer et à la honte de ses ennemis, avoir attiré à elle,
depuis son origine, tout ce que le monde a eu de plus grand
dans tous les genres, et avoir soumis tant de beaux génies à
la foi et à l'Évangile prêché par de pauvres pêcheurs.

« C'est à Dieu seul de savoir et de juger ce que Buffon pensait ; ce qui est certain, en fait, c'est qu'il a voulu recevoir
à la mort les sacrements de l'Église. » (*Sur Buffon.*)

— Il prouve ainsi la nécessité de la révélation.

« Il n'y a qu'un sophiste qui commence à poser en principe
que *la religion naturelle suffit pour donner des mœurs* ; car un
vrai philosophe ne ferait pas un principe d'une proposition
incomplète et indéfinie. Quelles mœurs ? Et à qui ? C'est ce
qu'il fallait dire. Sont-ce les meilleures possibles ? Et à tous ?

« ..... Partout on a senti que la *loi naturelle peut en effet
suffire pour donner des mœurs* à quelques hommes que leur
éducation, leur fortune ou des lumières supérieures mettent
à la fois au-dessus de l'ignorance vulgaire et des tentations du
besoin. Mais cela même prouve que cette foi naturelle *ne suffit* et n'a jamais *pu suffire* ni à tous ni au grand nombre, puisqu'il est reçu que l'exception même prouve la généralité...

« Voilà ce que vous dirait l'homme qui ne serait que philosophe. Le philosophe chrétien ajouterait que, dans une nature
corrompue par l'orgueil et les passions, les lumières de la
conscience, qui sont, en d'autres termes, la loi naturelle, ont
besoin qu'une loi *positive, dictée par Dieu même, éclaire et dirige*
ces notions intimes si faciles à obscurcir, et les élève à une

perfection, soit de théorie, soit de pratique, dont Dieu seul peut donner l'idée et les moyens : c'est l'ouvrage de la Révélation... » (*Sur Toussaint.*)

— Sur les mystères :

« ..... Il peut, il doit sans doute y avoir des mystères, c'est-à-dire des secrets que Dieu s'est réservés. Il suffit, pour nous chrétiens, qu'il nous ait révélé dans les Écritures et par l'organe de son Église, ce que nous ne pouvons savoir et ce que nous devons croire ; la raison d'ailleurs suffit pour nous faire comprendre qu'il peut, qu'il doit même y avoir, dans les opérations d'une justice et d'une bonté également infinies, des choses au-dessus de notre intelligence finie, et c'est là que Malebranche s'arrêtait *tout court* et disait avec saint Paul : *O altitudo divitiarum Dei!* O profondeur des trésors de Dieu !... » (*Sur Helvétius.*)

Une bonne réponse : Des impies interrogeaient La Harpe sur sa religion ; voici la réponse qu'il leur fit : « Je suis chrétien, parce que vous ne l'êtes pas. Une religion qui a pour ennemis mortels les plus mortels ennemis de toute morale, de toute vertu, de toute humanité est nécessairement amie de la morale, de la vertu, de l'humanité : donc elle est bonne. »

DE MAISTRE

(1754-1821)

Le comte Joseph DE MAISTRE, qu'on peut, avec vérité, appeler un écrivain de génie, est né à Chambéry.

A ne considérer que l'homme et non pas l'écrivain, la vie de Joseph de Maistre offrirait encore le sujet d'une intéres-

sante et noble étude. La foi, le travail, la fidélité, l'obéissance :
c'est en ces mots qu'on peut résumer une vie qui traversa tant
d'orages, passa par tant de vicissitudes.

Jeune homme méditatif et recueilli, de Maistre fut bientôt
un magistrat intègre et savant. C'est au milieu de ses fonctions judiciaires, remplies avec honneur et modestie, que la
Révolution surprend de Maistre. La Savoie est envahie, la
République des Allobroges est décrétée. De Maistre quitte son
pays ; il y rentre peu après pour obéir à une loi sur les émigrés. Ce dernier séjour ne fut pas long ; de Maistre, ne pouvant s'astreindre à obéir à un pouvoir usurpateur, abandonna
une seconde fois la Savoie, qu'il ne devait pas de longtemps
revoir.

Son existence est désormais vouée à de singulières destinées.

De la Savoie, il passe en Suisse. En 1797, on le trouve à Turin ; en 1798, de Turin, envahi par les Français, de Maistre
passe à Venise. Puis on le voit bientôt appelé à la première
magistrature de la Sardaigne par un roi dépossédé d'une
moitié de son royaume. C'est à partir de son exil en Suisse
qu'a commencé sa vie d'écrivain. Les *Considérations sur la
France*, les *Lettres d'un royaliste savoisien*, l'*Adresse des émigrés à la Convention nationale*, le *Discours à la marquise de Costa
sur la vie et la mort de son fils* et *Jean-Claude Tétu* se sont
succédé. D'autres ouvrages sont restés inachevés, l'un sur la
Souveraineté, l'autre intitulé *Bienfaits de la Révolution, ou la
République peinte par elle-même*.

Cependant de Maistre est nommé, par son prince, ambassadeur à Saint-Pétersbourg. Au milieu de cette cour dissipée
et peu savante, mais énergique et chevaleresque, il fut
bientôt honoré et recherché.

Alexandre apprécia son dévouement et la dignité de sa
conduite et sut, avec délicatesse, témoigner à l'ambassadeur

son estime et son affection ; c'est ainsi que le frère et le fils
de de Maistre reçurent des distinctions et des grades dans
l'armée russe. La faveur générale s'attachait à de Maistre,
l'envie ne s'y mêlait pas ; l'envie n'avait guère de prise contre
une vie si peu fortunée, et l'austérité de la vertu du philosophe
ne pouvait effrayer personne, tempérée qu'elle était, comme
la causticité de son esprit, par l'aménité de sa parole. Mais,
s'il était bienveillant, de Maistre était aussi bien éloigné de
la flatterie. La vérité était la règle de sa conduite, comme elle
avait été le but de tous ses travaux. La vérité, il la disait à
tous et partout, à l'exilé comme aux têtes couronnées, aux
usurpateurs comme aux rois légitimes. Peu s'en fallut qu'il
ne vînt seul à Paris, pour la dire à Napoléon.

C'est ainsi que de Maistre passa le temps de sa mission à
Saint-Pétersbourg. Sur la fin, quelques nuages s'élevèrent ;
on accusa le philosophe chrétien d'avoir fait des prosélytes
au catholicisme au milieu du sanctuaire de l'orthodoxie de
l'Église russe. De Maistre saisit cette occasion pour demander
son rappel ; c'était en 1817.

Au milieu des embarras, des soucis, des fêtes où l'entraînait
sa position, de Maistre n'avait pas laissé sa plume inactive.
C'est à Saint-Pétersbourg que furent composés les ouvrages
suivants : *Délais de la justice divine* (traduction du traité de
Plutarque) ; *Essai sur le principe générateur des institutions humaines ; du Pape ; de l'Église gallicane ; les Soirées de Saint-Pétersbourg ; Examen de la philosophie de Bacon.* Le premier seul
fut publié dans cette ville.

En quittant Saint-Pétersbourg, de Maistre parut un instant
à Paris, qu'il n'avait jamais vu. Ce fut là que se lièrent d'illustres amitiés. De Maistre et de Bonald sont deux noms qu'on
aime à voir réunis par l'affection, comme ils sont liés par la
communauté des doctrines et l'éclat du génie.

De Maistre, de retour à Turin, y fut nommé chef de la Chancellerie du royaume et ministre d'État. C'est dans cette position qu'il mourut, quelque temps après, peu rassuré sur l'avenir de l'Europe, et prévoyant de nouvelles catastrophes. Il laissait en portefeuille des travaux prêts à voir le jour. Ses *Lettres et Opuscules inédits* sont un riche trésor pour le philosophe, le curieux, l'homme de lettres. Les autres livres de de Maistre révèlent son génie; c'est dans celui-ci qu'on peut apprendre à connaître l'homme, à apprécier la délicatesse de ses sentiments, l'expansive bonté de son âme, la verve de son esprit, la flexibilité de sa plume.

Comment donner en quelques lignes un aperçu des œuvres de de Maistre? La pensée qui y domine, c'est la pensée chrétienne. Soit qu'il traite de la politique ou de la morale, de la nature ou des langues, de Maistre met Dieu partout. En philosophie, c'est sur le Verbe divin qu'il asseoit toute science humaine. En politique, les sociétés sont, aussi bien que l'homme, une création de Dieu; les souverainetés de la terre ne sont qu'un reflet de l'autorité infinie, et c'est de Dieu même que les rois tiennent leur pouvoir.

S'il étudie la société dans son ensemble, il voit en elle un être libre ayant des devoirs sanctionnés, comme ceux de l'homme, par des récompenses et par des peines, si ce n'est que la vie sociale se développant tout entière dans le temps, elle trouve aussi dans le temps la sanction de ses obligations et la punition de ses révoltes. Ainsi s'expliquent, aux yeux du philosophe, les transformations, les révolutions, les invasions, les guerres, les ruines par où ont passé tant de sociétés depuis l'origine du monde.

Un livre capital de de Maistre, c'est le livre *Du Pape*. Pour lui, la Papauté souveraine, toute-puissante, supérieure à tout, maîtresse de l'Église, c'est le Christianisme. Otez le Pape, ou seulement subordonnez ses décisions à l'examen d'une puissance souveraine et le Christianisme n'est plus.

Après le penseur, il faudrait étudier l'homme de lettres : de Maistre a son style comme Bossuet a sa parole. Peu d'écrivains ont mieux le don de faire saisir, goûter, retenir les pensées abstraites, les discussions sérieuses. Il a la lumineuse simplicité des écrivains du xviie siècle, il a leur magnificence, il n'a point leurs formes sévères. Il se peint dans son langage. Chez lui, le style réflète les qualités de l'âme et de l'esprit. Sa plume a la logique, l'imagination, le sentiment sublime et mystique de son génie. Ce n'est pas un paradoxe : la science même de de Maistre avait une influence sur sa manière d'écrire.

Tel est de Maistre : c'est une grande et belle figure dans l'histoire des lettres contemporaines. Peu d'hommes ont été comme lui en tout semblables à eux-mêmes. Chrétien dans la vie publique et dans la vie privée, chrétien par les idées, chrétien même par la fortune, on sent que, si le Christianisme lui eût manqué, l'indépendance originale de son esprit l'eût jeté dans toutes les extrémités du paradoxe. Le Christianisme a fait de lui un moraliste inspiré, un esprit aimable, un homme affectueux et bon. Ajoutons que de Maistre est Français par le caractère et par sa foi dans la mission de la France ; nous pouvons revendiquer sa gloire.

J. Laurentie.

— Comme il a été dit plus haut, de Maistre a composé un ouvrage magistral intitulé : *Du Pape*.

Il l'achève par ces admirables élans de foi et d'amour :

« O sainte Église romaine ! » s'écriait jadis le grand évêque de Meaux devant les hommes qui l'entendirent sans l'écouter, « O sainte Église de Rome ! si je t'oublie, puissé-je m'oublier « moi-même ! Que ma langue se sèche et demeure immobile « dans ma bouche ! »

« O sainte Église romaine ! » s'écriait à son tour Fénelon,
dans ce mémorable mandement où il se recommandait au
respect de tous les siècles, en souscrivant humblement à la
condamnation de son livre : « O sainte Église de Rome, si je
« t'oublie, puissé-je m'oublier moi-même ! Que ma langue se
« sèche et demeure immobile dans ma bouche ! »

« Les mêmes expressions tirées de l'Écriture sainte se pré-
sentaient à deux génies supérieurs, pour exprimer leur foi
et leur soumission à la grande Église. C'est à nous, heureux
enfants de cette Église, mère de toutes les autres, qu'il appartient aujourd'hui de répéter les paroles de ces deux hommes
fameux, et de professer hautement une croyance que les plus
grands malheurs ont dû nous rendre encore plus chère.

« O sainte Église de Rome ! tant que la parole me sera con-
servée, je l'emploierai pour te célébrer. Je te salue, mère immortelle de la science et de la sainteté ! SALVE, MAGNA PA-
RENS ! C'est toi qui répandis la lumière jusqu'aux extrémités de
la terre, partout où les aveugles souverainetés n'arrêtèrent pas
ton influence, et souvent même en dépit d'elles. C'est toi qui
fis cesser les sacrifices humains, les coutumes barbares ou
infâmes, les préjugés funestes, la nuit de l'ignorance ; et partout où tes envoyés ne purent pénétrer, il manque quelque
chose à la civilisation. Les grands hommes t'appartiennent :
MAGNA VIRUM ! »

———

NAPOLÉON Ier

(1769-1821)

Napoléon fut un homme extraordinaire, un homme de génie.
Il a rempli le monde de sa gloire, et il a été, au xix⁰ siècle, le
digne émule de César et d'Alexandre. Sans doute, dans le cours
de sa carrière si brillante et si orageuse, il a commis beaucoup
de fautes, mais il n'a jamais renié sa foi. Souvent même il lui a
rendu d'éclatants témoignages et il est mort en fidèle enfant de
l'Église catholique. Il a appelé la religion pour rendre moins
durs les jours de son exil, et il a trouvé, dans ses sentiments
chrétiens, les consolations dont son âme avait un si vif besoin.
Ces sentiments de foi ont inspiré à un grand orateur chrétien,
qui est en même temps un admirable écrivain, une de ses plus
éloquentes pages.

« Notre âge, dit le P. Lacordaire, s'ouvrit par un homme
qui surpassa tous ses contemporains et que nous, venus après,
nous n'avons pu égaler. Conquérant, législateur, fondateur
d'empire, il eut un nom et une pensée qui sont encore présents
partout. Après avoir accompli l'œuvre de Dieu, sans y croire,
il disparut, cette œuvre achevée, et se coucha comme un astre
éteint dans les eaux profondes de l'océan Atlantique. Là, sur
un rocher, il aimait à ramener devant lui-même sa propre vie,
et, de lui, remontant à d'autres auxquels il avait droit de se
comparer, il ne put éviter, sur ce théâtre illustre dont il faisait partie, d'entrevoir une figure plus grande que la sienne :
le malheur ouvre l'âme à la lumière que la prospérité ne dis-
cerne pas. La figure revenait toujours, il fallut la juger. Un
des soirs de ce long exil, qui expiait les fautes du passé et
éclairait la route de l'avenir, le conquérant tombé s'enquit
d'un des rares compagnons de sa captivité s'il pouvait bien

lui dire ce que c'était que Jésus-Christ. Le soldat s'excusa ;
il avait eu trop à faire depuis qu'il était au monde pour
s'occuper de cette question !

« Quoi ! reprit douloureusement l'interlocuteur, tu as été
baptisé dans l'Église catholique et tu ne peux pas me dire à
moi, sur ce rocher qui nous dévore, ce que c'était que Jésus-
Christ ? Eh bien ! c'est moi qui vais te le dire.

« Et alors, ouvrant l'Évangile, non pas de la main, mais
d'un cœur qui en était rempli, il se mit à comparer Jésus-
Christ avec lui-même et tous les plus grands hommes de l'histoire ; il releva les différences caractéristiques qui mettent
Jésus-Christ à part de toute l'humanité, et après un *torrent
d'éloquence qu'aucun Père de l'Eglise n'aurait désavoué*, il con-
clut par ce mot : Enfin, je me connais en hommes, et je te dis
que Jésus-Christ n'était pas un homme ! »

*
* *

Dans les longues soirées de Sainte-Hélène, parfois la conversation était très animée. On y traitait un sujet de la
plus haute importance : il s'agissait de la divinité de Jésus-
Christ. Napoléon défendait la vérité de ce dogme avec les arguments et l'éloquence d'un homme de génie, avec quelque
chose aussi de la foi native du Corse et de l'Italien.

Aux objections d'un de ses interlocuteurs qui, dans le Sauveur, ne semblait voir qu'un sage, un philosophe illustre, un
grand homme, l'Empereur répondait :

« Je connais les hommes, et je vous dis que Jésus n'est pas
homme.

« Les esprits superficiels voient de la ressemblance entre
le Christ et les fondateurs d'empires, les conquérants et les
dieux des autres religions. Cette ressemblance n'existe pas.

Il y a entre le Christianisme et quelque religion que ce soit la
distance de l'infini.

« Je ne vois dans Lycurgue, Numa, Confucius et Mahomet
que des législateurs qui, ayant le premier rôle dans l'État,
ont cherché la meilleure solution du problème social ; mais
je ne vois rien qui décèle la divinité, eux-mêmes n'ont pas
élevé leurs prétentions si haut...

« Rien chez eux n'annonce des êtres divins ; au contraire, je
vois de nombreux rapports entre eux et moi, je constate des
ressemblances, des faiblesses et des erreurs communes qui les
rapprochent de moi et de l'humanité.

« Il n'en est pas de même du Christ. Tout de lui m'étonne ;
son esprit me dépasse et sa volonté me confond. Entre lui et
quoi que ce soit au monde, il n'y a pas de terme possible de
comparaison. Il est vraiment un être à part ; ses idées et
ses sentiments, la vérité qu'il annonce, sa manière de convaincre ne s'expliquent ni par l'organisation humaine, ni par
la nature des choses.

« Sa naissance et l'histoire de sa vie, la profondeur de son
dogme qui atteint vraiment la cime des difficultés, et qui en
est la plus admirable solution ; son Évangile, la singularité
de cet être mystérieux, son apparition, son empire, sa marche
à travers les siècles et les royaumes, tout est pour moi un
prodige, je ne sais quel mystère insondable... qui me plonge
dans une rêverie dont je ne puis sortir, mystère qui est là
sous mes yeux, mystère permanent que je ne peux nier, et
que je ne puis expliquer non plus.

« Ici je ne vois rien de l'homme.

« Plus j'approche, plus j'examine de près ; tout est au-dessus
de moi, tout demeure grand d'une grandeur qui écrase, et j'ai
beau réfléchir, je ne me rends compte de rien.

« Sa religion est un secret à lui seul et provient d'une intel-

ligence qui, certainement, n'est pas l'intelligence de l'homme.
Il y a là une originalité profonde qui crée une série de mots et
de maximes inconnues. Jésus n'emprunte rien à aucune de nos
sciences. On ne trouve absolument qu'en lui seul l'imitation
ou l'exemple de sa vie. Ce n'est pas non plus un philosophe,
puisqu'il procède par des miracles, et dès le commencement, ses
disciples sont ses adorateurs. Il les persuade bien plus par un
appel au sentiment que par un déploiement fastueux de méthode et de logique ; aussi ne leur impose-t-il ni les études
préliminaires, ni la connaissance des lettres. Toute sa religion
consiste à croire.

« En effet, les sciences et la philosophie ne servent de rien
pour le salut, et Jésus ne vient dans le monde que pour révéler les secrets du ciel et les lois de l'esprit. »

*
* *

— Aussi n'a-t-il affaire qu'à l'âme, il ne s'entretient qu'avec
elle, et c'est à elle seule qu'il apporte son Évangile.

« L'âme lui suffit comme il suffit à l'âme. Jusqu'à lui, l'âme
n'était rien ; la matière et le temps étaient les maîtres du
monde. A sa voix, tout est entré dans l'ordre. La science et
la philosophie ne sont plus qu'un travail secondaire. L'âme a
reconquis sa souveraineté. Tout l'échafaudage scolastique
tombe comme un édifice ruiné par un seul mot : LA FOI.

« Quel maître, quelle parole qui opère une telle révolution !
Avec quelle autorité il enseigne aux hommes la prière, il impose ses croyances ! et nul ici ne peut contredire, d'abord
parce que l'Évangile renferme la morale la plus pure, et ensuite parce que le dogme, dans ce qu'il contient d'obscur, n'est
autre chose que la proclamation et la vérité de ce qui existe,
là où nul œil ne peut voir, et où nul raisonnement ne peut
atteindre.

« Quel est l'insensé qui dira : *Non*, au voyageur intrépide
qui raconte les merveilles des pics glacés, que lui seul a eu
l'audace de visiter ?

« Le Christ est ce hardi voyageur. On peut demeurer incrédule, sans doute ; mais on ne peut pas dire : *Cela n'est pas*.....

« Le bon sens tout seul, le cœur, un esprit droit suffisent
pour comprendre le Christianisme.

« La religion chrétienne n'est pas de l'idéologie ni de la
métaphysique, mais une règle pratique qui dirige les actions
de l'homme, qui le corrige, le conseille et l'assiste dans toute
sa conduite. La Bible offre une série complète de faits et
d'hommes historiques, pour expliquer le temps et l'éternité,
telle qu'aucune autre religion n'est à même d'en offrir ; si ce
n'est pas la vraie religion, on est excusable de s'y tromper,
car tout cela est grand et digne de Dieu.

« Je cherche en vain dans l'histoire pour y trouver le semblable de Jésus-Christ, ou quoi que ce soit qui approche de
l'Évangile. Ni l'histoire, ni l'humanité, ni les siècles, ni la
nature ne m'offrent rien avec quoi je puisse le comparer ou
l'expliquer. Ici tout est extraordinaire, plus je le considère,
plus je m'assure qu'il n'y a rien là qui ne soit en dehors de la
marche des choses et au-dessus de l'esprit humain.

*
* *

« Les impies eux-mêmes n'ont jamais osé nier la sublimité
de l'Évangile, qui leur inspire une sorte de vénération forcée !
Quel bonheur ce livre procure à ceux qui y croient ! Que de
merveilles y admirent ceux qui l'ont médité !

« Tout les mots y sont scellés et solidaires l'un de l'autre,
comme les pierres d'un même édifice. L'esprit qui lie les mots
entre eux est un ciment divin qui tour à tour en découvre le
sens ou le cache à l'esprit. Chaque phrase a un sens complet,

qui retrace la perfection de l'unité et la profondeur de l'ensemble ; livre unique où l'esprit trouve une beauté morale inconnue jusque-là et une idée de l'infini supérieure à celle même que suggère la création. Quel autre que Dieu pouvait produire ce type, cet idéal de perfection, également exclusif et original, où personne ne peut ni critiquer ni ajouter, ni retrancher un seul mot, livre différent de tout ce qui existe, absolument neuf, sans rien qui le précède et sans rien qui le suive ?

« Vous parlez de Confucius, de Zoroastre, de Numa, de Jupiter et de Mahomet ; mais il y a entre eux et le Christ cette différence que, de même que tout ce qu'il a fait est d'un Dieu, il n'est rien chez eux au contraire qui ne soit d'un homme. L'action de ces mortels fut bornée à leur vie, et ce fut de leur vivant qu'ils établirent leur culte à l'aide des passions, avec la force, et à la faveur des événements politiques.

« Le Christ attend tout de sa mort : est-ce là l'invention d'un homme ? Non, c'est au contraire une marche étrange, une confiance surhumaine, une réalité inexplicable. N'ayant encore que quelques disciples grossiers, le Christ est condamné à mort ; il meurt objet de la colère des prêtres juifs, et du mépris de sa nation, abandonné et contredit par les siens. Et comment pouvait-il en être autrement de celui qui avait annoncé par avance ce qui allait lui arriver :

« On va me prendre, on me crucifiera (disait-il), je serai abandonné de tout le monde, mon premier disciple me reniera au commencement de mon supplice, je laisserai faire les méchants ; mais ensuite la justice divine étant satisfaite, le péché originel étant expié par mon supplice, le lien de l'homme avec Dieu sera renoué, et ma mort sera la vie de mes disciples : alors ils seront plus forts sans moi qu'avec moi ; car ils me verront ressuscité : je monterai au ciel, et

je leur enverrai du ciel un Esprit qui les instruira : l'esprit
de la Croix leur fera concevoir mon Évangile ; enfin, ils y
croiront, ils le prêcheront, ils le persuaderont à l'univers
tout entier. »

« Et cette follè promesse, si bien appelée par saint Paul la
folie de la Croix, cette prédiction d'un misérable crucifié s'est
accomplie littéralement... Et le mode de l'accomplissement
est peut-être plus prodigieux que la promesse.

*
* *

« Ce n'est ni un jour, ni une bataille qui en ont décidé ; est-ce
la vie d'un homme ? Non. C'est une guerre, un long combat de
trois cents ans, commencé par les apôtres et entretenu par
leurs successeurs, et par le flot successif des générations
chrétiennes. Depuis saint Pierre, les trente-deux évêques de
Rome qui ont succédé immédiatement à sa primauté, ont été
comme lui martyrisés. Ainsi, trois siècles durant, la *chaire*
romaine fut un échafaud, qui procurait infailliblement la mort
à celui qui y était appelé. Et rarement les autres évêques,
pendant cette période de trois cents ans, eurent une destinée
meilleure.

« Dans cette guerre, tous les rois et toutes les forces de la
terre se trouvent d'un côté, et de l'autre je ne vois pas d'armée,
mais une énergie mystérieuse, quelques hommes disséminés
çà et là dans toutes les parties du globe, n'ayant d'autres signes
de ralliement qu'une foi commune dans le mystère de la Croix.

« Quel étrange symbole : l'instrument de supplice de
l'Homme-Dieu ! ses disciples en sont armés ; ils portent la croix
dans l'univers avec leur conviction, flamme ardente qui se pro-
page de proche en proche : « Le Christ, Dieu, disent-ils, est
« mort pour le salut des hommes. » Quelle lutte, quelle tem-

pête soulèvent ces simples paroles autour de l'humble éten-
dard du supplice de l'Homme-Dieu !

« Que de sang versé des deux parts : quel acharnement !
Mais ici, la colère et toutes les fureurs de la haine et de la
violence ; là, la douceur, le courage moral, une résignation
infinie. Pendant trois cents ans, la pensée lutte contre la bru-
talité des sensations, la conscience contre le despotisme, l'âme
contre le corps, la vertu contre tous les vices. Le sang des chrétiens coule à flots. Ils meurent en baisant la main de celui qui les
tue. L'âme seule proteste, pendant que le corps se livre à
toutes les tortures. Partout les chrétiens succombent, et
partout ce sont eux qui triomphent.

*
* *

« Dans toute autre existence que celle du Christ, que d'im-
perfections, que de vicissitudes ! Quel est le caractère qui ne
fléchisse, abattu par de certains obstacles ? Quel est l'individu
qui ne soit modifié par les événements ou par les lieux, qui ne
subisse l'influence du temps, et qui ne transige avec les mœurs
et les passions, avec quelque nécessité qui le surmonte ?

« Je défie de citer aucune existence, comme celle du Christ,
exempte de la moindre altération de ce genre, qui soit pure de
ces souillures et de ces vicissitudes.

« Depuis le premier jour jusqu'au dernier, il est le même,
toujours le même, majestueux et simple, infiniment sévère et
infiniment doux. Dans un commerce de la vie pour ainsi dire
public, Jésus ne donne jamais de prise à la moindre critique :
sa conduite, si prudente, ravit l'admiration par un mélange de
force et de douceur. Qu'il parle ou qu'il agisse, Jésus est lumineux, immuable, impassible. Le sublime, dit-on, est un trait
de la Divinité : quel nom donner à celui qui réunit en lui tous
les traits du sublime ?

« Il est vrai que le Christ propose à notre foi unè série de mystères. Il commande avec autorité d'y croire, sans donner d'autre raison que cette parole épouvantable : *Je suis Dieu.*

« Il le déclare ! quel abîme il creuse par cette déclaration entre lui et tous les faiseurs de religions ! Quelle audace, quel sacrilège, quel blasphème, si ce n'est vrai ! Je dis plus : le triomphe universel d'une affirmation de ce genre, si ce triomphe n'était bien réellement celui de Dieu même, serait une excuse plausible, et la preuve de l'athéisme.

« D'ailleurs, en proposant des mystères, le Christ est conséquent avec la nature des choses qui est profondément mystérieuse. D'où viens-je, ou vais-je, que suis-je ? La vie humaine est un mystère dans son origine, dans son organisation et dans sa fin. Dans l'homme et hors de l'homme, dans la nature, tout est mystère, et l'on voudrait que la religion ne fût pas mystérieuse ? La création et la destinée du monde sont un abîme impénétrable, aussi bien que la destinée et la création d'un seul individu. Le Christianisme, du moins, n'élude pas ces grandes questions : il les attaque en face, et nos dogmes en sont une solution pour celui qui croit. Les païens ne niaient pas que la nature des choses ne fût mystérieuse ; chez eux, le mystère était partout ; ils en avaient de toutes les sortes : mystères d'Isis, mystères des bacchanales, mystères de sagesse et d'infamie. C'est ici qu'à bon droit l'on peut se révolter de la nuit impure et profonde qui enveloppe le sanctuaire.

« Le Christianisme a un avantage sur tous les philosophes et sur toutes les religions : les chrétiens ne se font pas illusion sur la nature des choses. On ne peut leur reprocher ni la subtilité, ni le charlatanisme des idéologues, qui ont cru résoudre la grande énigme des questions théologiques avec de vaines dissertations sur ces grands objets. Insensés, dont la folie ressemble à celle d'un petit enfant qui veut toucher le ciel avec

sa main, ou qui demande la lune pour son jouet ou sa curiosité.
Le Christianisme dit avec simplicité : « Nul homme n'a vu
« Dieu, si ce n'est Dieu. Dieu a révélé ce qu'il était. Sa révé-
« lation est un mystère que la raison ni l'esprit ne peuvent
« concevoir ; mais puisque Dieu a parlé, il faut y croire. »
Cela est d'un grand bon sens.

« L'Évangile possède une vertu secrète, je ne sais quoi
d'efficace, une chaleur qui agit sur l'entendement et qui charme
le cœur : on éprouve à le méditer ce qu'on éprouve à contempler le ciel. L'Évangile n'est pas un livre, c'est un être vivant,
avec une action, une puissance, qui envahit tout ce qui s'op-
pose à son extension. Le voici sur cette table, ce livre par excellence (et ici l'empereur le toucha avec respect), je ne me lasse
pas de le lire, et tous les jours avec le même plaisir.

« Enfin, et c'est mon dernier argument, il n'y a pas de Dieu
dans le ciel, si un homme a pu concevoir et exécuter, avec un
plein succès, le dessein gigantesque de dérober pour lui le
culte suprême, en usurpant le nom de Dieu. Jésus est le seul
qui l'ait osé, il est le seul qui ait dit clairement, affirmé imper-
turbablement lui-même de lui-même : *Je suis Dieu*. Ce qui est bien
différent de cette affirmation : *Je suis un Dieu*, ou de cette autre :
Il y a des dieux. L'histoire ne mentionne aucun autre individu qui
se soit qualifié lui-même de ce titre de Dieu dans le sens absolu.
La fable n'établit nulle part que Jupiter et les autres dieux se
soient eux-mêmes divinisés. C'eût été de leur part le comble
de l'orgueil et une monstruosité, une extravagance absurde.
C'est la postérité, ce sont les héritiers des premiers despotes
qui les ont déifiés.....

« Comment donc un Juif, dont l'existence historique est
plus avérée que toutes celles des temps où il a vécu, lui seul,
fils d'un charpentier, se donne-t-il tout d'abord pour Dieu
même, pour l'Être par excellence, pour le créateur de tous les

êtres ? Il s'arroge toutes les sortes d'adorations. Il bâtit son culte de ses mains, non avec des pierres, mais avec des hommes. On s'extasie sur les conquêtes d'Alexandre : eh bien ! voici un conquérant qui confisque à son profit, qui unit, qui incorpore à lui-même, non pas une nation, mais l'espèce humaine. Quel miracle ! l'âme humaine, avec toutes ses facultés, devient une annexe de l'existence du Christ.

*
* *

« Le Christ parle, et désormais les générations lui appartiennent par des liens plus étroits, plus intimes que ceux du sang, par une union plus sacrée, plus impérieuse que quelque union que ce soit. Il allume la flamme d'un amour qui fait mourir l'amour de soi, qui prévaut sur tout autre amour.

« A ce miracle de sa volonté, comment ne pas reconnaître le Verbe créateur du monde ?

« Les fondateurs de religion n'ont pas même eu l'idée de cet amour mystique qui est l'essence du Christianisme, sous le beau nom de *charité.*

« C'est qu'ils n'avaient garde de se lancer contre un écueil. C'est que, dans une opération semblable, se faire aimer, l'homme porte en lui-même le sentiment profond de son impuissance.

« Aussi le plus grand miracle du Christ, sans contredit, c'est le règne de la charité.

« Lui seul, il est parvenu à élever le cœur des hommes jusqu'à l'invisible, jusqu'au sacrifice du temps ; lui seul, en créant cette immolation, a créé un lien entre le ciel et la terre.

« Tous ceux qui croient sincèrement en lui ressentent cet amour admirable, surnaturel, supérieur : phénomène inexplicable, impossible à la raison et aux forces de l'homme ; feu sacré donné à la terre par ce nouveau Prométhée, dont le

temps, ce grand destructeur, ne peut ni user la force ni
limiter la durée. Moi, Napoléon, c'est ce que j'admire davantage, parce que j'y ai pensé souvent, et c'est ce qui me prouve
absolument la divinité du Christ ! ! !

« J'ai passionné des multitudes qui mouraient pour moi.
A Dieu ne plaise que je forme aucune comparaison entre l'enthousiasme des soldats et la charité chrétienne, qui sont aussi
différents que leur cause ; mais enfin il fallait ma présence,
l'électricité de mon regard, mon accent, une parole de moi ;
alors j'allumais le feu sacré dans les cœurs.. Certes, je possède
le secret de cette puissance magique qui enlève l'esprit, mais
je ne saurais le communiquer à personne ; aucun de mes généraux ne l'a reçu ou deviné de moi ; je n'ai pas davantage
le secret d'éterniser mon nom et mon amour dans les cœurs,
et d'y opérer des prodiges sans le secours de la matière.

« Maintenant que je suis à Sainte-Hélène..., maintenant
que je suis seul cloué sur ce roc, qui bataille et conquiert des
empires pour moi ? où sont les courtisans de mon infortune ?
pense-t-on à moi ? qui se remue pour moi en Europe ? qui m'est
demeuré fidèle ? où sont mes amis ? Oui, deux ou trois, que votre
fidélité immortalise, vous partagez, vous consolez mon exil. »

*
* *

« Telle est la destinée des grands hommes, celle de César
et d'Alexandre, et l'on nous oublie ! et le nom d'un conquérant
comme celui d'un empereur n'est plus qu'un tèhme de collège !
Nos exploits tombent sous la férule d'un pédant qui nous loue
ou nous insulte !

« Que de jugements divers on se permet sur le grand
Louis XIV ! A peine mort, le grand roi lui-même fut laissé seul,
dans l'isolement de sa chambre à coucher de Versailles..., négligé par ses courtisans et peut-être l'objet de la risée. Ce

n'était plus leur maître ! C'était un cadavre, un cercueil, une fosse, et l'horreur d'une imminente décomposition.

« Encore un moment, voilà mon sort, et ce qui va m'arriver à moi-même... Assassiné par l'oligarchie anglaise, je meurs avant le temps, et mon cadavre aussi va être rendu à la terre pour y devenir la pâture des vers.

« Voilà la destinée très prochaine du grand Napoléon... Quel abîme entre ma misère profonde et le règne éternel du Christ, prêché, encensé, aimé, adoré, vivant dans tout l'univers !... Est-ce là mourir ? n'est-ce pas plutôt vivre ? Voilà la mort du Christ ! voilà celle de Dieu ! »

L'Empereur se tut, et, comme le général Bertrand gardait également le silence : « Si vous ne comprenez pas, reprit l'empereur, que Jésus-Christ est Dieu, eh bien ! j'ai eu tort de vous faire général !!! »

*
* *

La mort de Napoléon fut chrétienne ; et, pour en peindre toute la grandeur, M. de Châteaubriand a su trouver des accents vrais, profondément sentis, qui figureraient avec honneur à côté des plus belles pages du *Génie du Christianisme* : « A sa dernière heure, dit-il, le sentiment religieux dont Bonaparte avait toujours été pénétré, se réveilla. Thibaudeau, dans ses *Mémoires sur le Consulat*, raconte, à propos du rétablissement du culte, que le premier consul lui avait dit : « Dimanche dernier, au milieu du silence de la nature, je me « promenais dans ces jardins (la Malmaison) ; le son de la « cloche de Ruel vint tout à coup frapper mon oreille et re- « nouvela toutes les impressions de ma jeunesse ; je fus ému, « tant est forte la puissance des premières habitudes, et je « me dis: S'il en est ainsi pour moi, quel effet de pareils sou- « venirs ne doivent-ils pas produire sur les hommes simples

« et crédules ? Que vos philosophes répondent à cela !...» Et levant les mains vers le ciel : — « Quel est celui qui a fait tout cela ?...» Bonaparte, donnant à Vignali les détails de la chapelle ardente dont il voulait qu'on environnât sa dépouille, crut s'apercevoir que sa recommandation déplaisait à Antomarchi ; il s'en expliqua avec le docteur et lui dit : « Vous êtes au-dessus de ces faiblesses ; mais que vou-« lez-vous ? je ne suis ni philosophe ni médecin ; je crois à « Dieu ; je suis la religion de mon père. N'est pas athée qui « veut... Pouvez-vous ne pas croire à Dieu? car enfin tout « proclame son existence, et les plus grands génies l'ont cru. « Vous êtes médecin..., ces gens-là ne brassent que de la matière : ils ne croient jamais à rien. »

« Fortes têtes du jour, s'écrie M. de Châteaubriand, quittez votre admiration pour Napoléon ; vous n'avez rien à faire de ce pauvre homme ; ne se figurait-il pas qu'une comète était venue le chercher, comme jadis elle emporta César ! De plus, *il croyait à Dieu ; il était de la religion de son père ;* il n'était pas *philosophe ;* il n'était pas *athée ;* il n'avait pas, comme vous, livré de bataille à l'Éternel, bien qu'il eût vaincu bon nombre de rois ; il trouvait que *tout proclamait l'existence de l'Être suprême ;* il déclarait que *les plus grands génies avaient cru à cette existence* et il voulait croire comme ses pères. Enfin, chose monstrueuse, ce premier homme des temps modernes, cet homme de tous les siècles était chrétien dans le XIXᵉ siècle ! Son testament commence par cet article : JE MEURS DANS LA RELIGION APOSTOLIQUE ET ROMAINE, DANS LE SEIN DE LAQUELLE JE SUIS NÉ IL Y A PLUS DE CINQUANTE ANS. Au troisième paragraphe du testament de Louis XVI on lit : *Je meurs dans l'union de notre sainte mère l'Église catholique, apostolique et romaine.* — La Révolution nous a donné bien des enseignements ; mais en est-il un seul compa-

rable à celui-ci? Napoléon et Louis XVI faisant la même
profession de foi! Voulez-vous savoir le prix de la croix?
Cherchez dans le monde entier ce qui convient mieux à la
vertu malheureuse ou à l'homme de génie mourant.

« Le 3 mai, Napoléon se fit administrer l'extrême-onction
et reçut le saint viatique. Le silence de la chambre n'était
interrompu que par le hoquet de la mort mêlé au bruit régulier du balancier d'une pendule : l'ombre, avant de s'arrêter sur le cadran, fit encore quelques tours ; l'astre qui la
dessinait avait de la peine à s'éteindre. Le 4, la tempête de
l'agonie de Cromwell s'éleva : presque tous les arbres de
Longwood furent déracinés. Enfin, le 5, à six heures moins
onze minutes du soir, au milieu des vents, de la pluie et du
fracas des flots, Bonaparte rendit à Dieu le plus puissant
souffle de vie qui jamais anima l'argile humaine. Les derniers mots saisis sur les lèvres du conquérant furent :
Tête... armée ou *tête d'armée*. Sa pensée errait encore au
milieu des combats. Quand il ferma pour jamais les yeux,
son épée, expirée avec lui, était couchée à sa gauche, un
crucifix reposait sur sa poitrine : le symbole pacifique, appliqué au cœur de Napoléon, calma les palpitations de ce cœur,
comme un rayon du ciel fait tomber la vague. »

DE FONTANES
(1757-1821)

De Fontanes naquit à Niort en 1757. Il fut poète et administrateur. Lors du rétablissement des études, sous Bonaparte,
il devint professeur de belles-lettres au collège des Quatre-
Nations et membre de l'Institut. Nommé député en 1804, il

arrivait, l'année suivante, à la présidence du Corps législatif, où il se distingua par son éloquence. En 1808, il était grand-maître de l'Université : il fit refleurir les bonnes études et favorisa la religion. Napoléon Ier le fit sénateur en 1810.

Dans sa jeunesse, Fontanes avait connu d'Alembert. Il alla le voir un jour et, le trouvant malade et sans espérance, il adressa ces mots au philosophe incrédule :

« Actuellement, monsieur, que pensez-vous d'une autre vie ? »

D'Alembert, laissant tomber sa tête sur sa poitrine et mettant en même temps la main sur le bras de Fontanes, lui répondit :

« Jeune homme, je n'en sais rien. »

Deux jours après, revenant chez d'Alembert, Fontanes rencontra Naigeon (autre philosophe), qui lui dit :

« Il est mort, et il en était temps, car il aurait fait le plongeon. »

« Ces étranges paroles, dit Roger, frappèrent vivement Fontanes et ranimèrent en lui les sentiments religieux que sa première éducation avait déposés dans son âme. Emporté par le tourbillon du monde, il avait une foi peu agissante, et pourtant une foi sincère... Il affectionnait particulièrement ceux de ses amis qui avaient le plus de religion. Il avait dit à Pie VII dans l'audience publique de Fontainebleau : « Toutes « les pensées irréligieuses sont des pensées impolitiques ; « tout attentat contre le Christianisme est un attentat contre « la société. »

« Lorsque l'abbé Duvoisin (depuis évêque de Nantes) publia, vers 1802, sa *Démonstration évangélique*: « Je conçois, « dit-il, qu'on puisse rester incrédule après avoir lu les *Pen-* « *sées* de Pascal, mais non après avoir lu Duvoisin. »

La Bible, qui lui a inspiré de si beaux vers, était son livre

favori, surtout dans ses moments d'affliction et d'abattement :
« On ne peut trouver, disait-il, quelques consolations que là ! »

Ces consolations, il en eut grandement besoin dans ses dernières années, car il fut éprouvé par une cruelle douleur, la perte de son fils adoptif, M. de Saint-Marcellin, dont la fin tragique fut sans doute cause de sa propre mort.

Dès la première atteinte de la maladie qui l'emporta, Mme de Fontanes donna l'ordre d'aller chercher le médecin :

« Commencez, dit le malade, par aller chercher le curé. » Ce qui fut fait.

Le 17 mars 1821, il avait cessé de vivre, et la foule qui s'empressa à ses obsèques n'était point composée d'indifférents, car ses qualités lui avaient fait de nombreux amis.

Dans la dernière strophe de l'*Ode sur la Vieillesse*, de Fontanes avait dit :

> Ainsi sur notre vieillesse
> Luit un astre aux doux rayons,
> Dont le calme éteint l'ivresse
> Des bruyantes passions ;
> Je le suis, phare céleste !
> Le court chemin qui me reste
> N'est pas éloigné du port ;
> Et j'accepte les présages
> De ce long jour sans nuages
> Qui commence après la mort.

La foi, cet *astre aux doux rayons* dont parlait le poète, avait lui en effet sur sa vieillesse, et, plein d'espérance, il est allé dans *ce long jour sans nuages* qui s'appelle l'heureuse éternité.

VOLTA

(1745-1827)

Volta (Alexandre), célèbre physicien, est né à Côme, en
Italie. Il fut d'abord professeur dans sa ville natale, puis occupa trente ans la chaire de physique à l'Université de Pavie.
Lors de la conquête de l'Italie, Bonaparte le fit sénateur du
nouveau royaume et l'inscrivit le premier sur la liste des
membres de l'Institut italien. Depuis 1802, il était déjà associé étranger de l'Institut de France.

Volta s'est surtout beaucoup occupé de l'électricité, et sa
principale gloire est la découverte de l'appareil électrique
appelé de son nom *pile voltaïque*, qui a ouvert à la science une
carrière toute nouvelle.

Volta ne cachait pas ses sentiments religieux, comme on le
voit par les paroles suivantes de l'illustre savant :

« J'ai toujours tenu et je tiens pour unique, vraie et infaillible cette sainte religion catholique, et je remercie Dieu sans fin
de m'avoir infusé cette foi surnaturelle. Je n'ai pas toutefois
négligé les moyens même humains de me confirmer davantage
dans cette foi et d'écarter tous les doutes qui auraient pu sur-
gir et me tenter, en l'étudiant attentivement dans ses fondements et en recherchant par la lecture de beaucoup de livres,
tant apologétiques qu'hostiles, les raisons pour ou contre,
d'où surgissent les arguments les plus valides qui la rendent
très croyable même à la raison humaine, et *telle que tout esprit bien fait ne peut que l'embrasser et l'aimer*. Puisse une telle
protestation, que je désire être connue de tout le monde, car
je ne rougis pas de l'Évangile, *non erubesco Evangelium*, produire de bons fruits ! »

LE CONVENTIONNEL ISNARD

(1751-1830)

ISNARD (Maximin) est né à Grasse (Var). Révolutionnaire fougueux, membre de la Convention, qu'il présida à plusieurs reprises, il avait voté la mort de Louis XVI. Il se distinguait entre les plus hostiles à la religion et au clergé. Dans la séance du 14 novembre 1791, il s'écriait dans son discours : « La religion est un instrument avec lequel on peut faire plus, beaucoup plus de mal qu'avec les autres ; ainsi, il faut traiter ceux qui s'en servent beaucoup plus sévèrement ; il faut chasser de France ces prêtres perturbateurs ; ce sont des pestiférés qu'il faut renvoyer dans les lazarets de Rome et d'Italie... Je réponds à ceux qui disent que rien n'est plus dangereux que de faire des martyrs que ce danger n'existe que lorsque l'on persécute des hommes vertueux, fanatiques ; il n'est question ici, ni d'hommes vertueux, ni de fanatiques, mais d'hypocrites et de perturbateurs, etc. »

Quelques années plus tard, ce même député farouche se convertissait d'une manière éclatante, et il écrivait lui-même l'histoire de cette conversion.

Par un décret du mois d'octobre 1794, il fut mis hors la loi, et eut le bonheur de se réfugier dans un asile sûr.

« Proscrit, dit-il, condamné par un acte de dévouement envers ma patrie, la Providence, sans me faire quitter Paris, me retint emprisonné dans une retraite isolée où, n'apercevant en arrière que mon échafaud dressé, devant moi que le soleil, la nuit et la nature, n'ayant plus d'autre intérêt en bas que de réfléchir sur Dieu, sur mon âme, sur la religion, je me livrai tout entier à une méditation sur les objets métaphysiques et religieux, qui dura seize mois, pendant quinze

heures par jour, et, certes, on ne réfléchit jamais plus profondément qu'au pied de l'échafaud.

« Je retrouvai dans mon cœur ces germes religieux qu'une
saine éducation y avait semés dans l'enfance et qui, si longtemps étouffés par la prospérité, se ravivaient dans le malheur.

« Mais si mon âme était entraînée vers la religion, mon
esprit répugnait à réfléchir sur ses dogmes et ses mystères,
que je trouvais absurdes ; je ne pouvais les croire, parce que
je n'avais pu me les expliquer.

« Ceux qui, en matière religieuse, ont tant fait une fois
que de soumettre à l'examen rigide de leur faible raison
ce que tant de gens mieux avisés croient sans y réfléchir, ne
peuvent plus trouver vrai ce qui leur est assez démontré
pour les frapper d'une entière conviction. Ils *veulent* absolument qu'on *leur prouve tout*, et je me trouvais dans ce cas. Il
faut alors que ces sceptiques en fait de religion restent égarés
dans le dédale de la métaphysique, ou bien qu'à force de méditation et de philosophie, ils parviennent à soulever presque tous
les voiles du sanctuaire, et à parcourir le cercle entier des
connaissances religieuses pour revenir enfin, les yeux ouverts
et un flambeau à la main, dans le même endroit où l'humble
foi les aurait laissés paisiblement, son bandeau sur les yeux.

« J'ai heureusement parcouru le cercle ; mais encore plus
heureux celui qui n'a pas besoin de faire le tour du monde
pour retourner au point d'où il était parti !

« Avec un cœur plein de zèle, mais un esprit égaré, résolu
à ne prendre du repos qu'après avoir distingué la vérité, j'en-
trepris ce long pèlerinage de la pensée. Celui qui m'en inspira
la résolution m'entretint dans la persévérance.

« Je m'aperçus d'abord qu'en matière religieuse la solution
de la vérité dépend moins de l'effort de notre esprit que de la
disposition de notre cœur ; que sur ces questions, qui tiennent

autant au sentiment qu'à l'intelligence, l'aveugle raison s'égare et tombe, si elle veut marcher seule d'un pas présomptueux ; *qu'il faut que la vertu lui prête le ferme appui de son bras, et que la charité seule peut délier le bandeau que le vice et l'erreur retiennent sur nos yeux.* Je reconnus que, dans la nuit obscure de la métaphysique religieuse, la vérité ne se montre que par éclairs qu'il faut saisir et comme *une flamme que l'humble prière allume et que l'orgueil éteint.* C'est pourquoi tant de personnes sont si peu propres à cultiver cette science, tandis qu'elles sont si habiles dans toutes les autres.

« Je commençai donc par prier, et, plus en rapport avec Dieu, je devins meilleur, plus calme, plus au-dessus de l'infortune, plus apte à discerner la vérité.

« Séquestré des hommes et sans distraction, je pus me concentrer tout à fait en moi-même, et je découvris que cette concentration est le plus sûr moyen d'atteindre directement le vrai. Les anciens ont ingénieusement placé la vérité dans le fond d'un puits ; mais ils auraient dû ajouter que ce puits se trouve creusé lui-même au fond de notre âme..... Je me concentrai donc chaque jour davantage, et j'en vins au point de vivre uniquement, quant à l'esprit, dans moi-même. Des milliers d'espions étaient à ma recherche ; *le glaive fatal était suspendu sur ma tête et je n'y songeais pas.* Le torrent de la Révolution roulait en flots de sang à la lueur des incendies, au bruit de la guerre ; j'étais placé dans le lieu même où bouillonnait sa source (1), et je ne l'entendais pas. Ce philosophe de l'antiquité qui traçait des cercles à l'instant même où l'ennemi saccageait la ville, où des soldats enfonçaient sa porte pour l'égorger, était moins absorbé dans son problème que je ne l'étais dans la solution des vérités divines.

____

(1) Isnard était caché dans le faubourg Saint-Antoine.

« C'est à la suite de ces longues méditations, filles du malheur, du recueillement, de la prière, que j'établis dans mon esprit les bases de mon opinion en matière religieuse, dont l'immortalité de l'âme est une des principales. De retour dans le monde, je ne perdis pas ces objets de vue ; et toutes mes observations me confirmèrent dans mes principes. »

Ces remarquables pages se trouvent, en forme de *notes*, à la fin d'un petit traité de l'*Immortalité de l'âme*, publié en 1802 par Isnard.

Rendu à la liberté, il se retira dans sa ville natale, où il vécut paisiblement, tout occupé de ses études favorites relatives à la religion et à la philosophie, et fidèle à la pratique des devoirs du chrétien. Il mourut, vers 1830, dans de grands sentiments de piété et après avoir protesté une dernière fois de ses regrets et de son repentir pour ses longs et terribles égarements.

DUPUYTEN

(1777-1835)

DUPUYTREN (Guillaume) est né en 1777 à Pierre-Buffière (Haute-Vienne). Il fut un des chirurgiens les plus célèbres qu'ait eus la France au XIXe siècle. Sa fécondité de ressources dans les cas les plus graves, son infaillible sûreté de jugement et de main firent de lui le premier praticien de l'époque. Son talent remarquable lui avait conquis l'estime et l'admiration de ses confrères, mais il n'inspira jamais de grandes sympathies ni à ses malades ni à ses nombreux élèves.

Son caractère était dur, froid, despotique. Il paraissait avoir un souverain mépris pour l'humanité et manquer de ces sen-

timents privés qui font le charme de la vie. L'orgueil, la vanité
aidant et aussi la dévorante activité de sa vie, ses préjugés,
son indifférence ou même son hostilité avaient tenu l'illustre
chirurgien éloigné de toute pratique religieuse.

Mais enfin il vint un jour, il vint une heure où d'autres
pensées, nouvelles, inattendues, étonnèrent tout à coup et
inquiétèrent ce grand esprit : des sentiments qu'il ne connaissait pas émurent son cœur et l'ouvrirent à Dieu.

Le R. P. Lacordaire a raconté les circonstances de la conversion du docteur Dupuytren dans les admirables pages suivantes :

« Un jour qu'il avait dépassé le terme ordinaire, Dupuytren,
épuisé de fatigue, allait prendre quelque repos, lorsqu'un
dernier visiteur en retard se présenta à la porte de son cabinet.
C'était un vieillard de très petite taille, dont il eût été difficile
de deviner l'âge. Il avait une de ces physionomies heureuses
sur lesquelles le regard s'arrête avec satisfaction. Il tenait à
sa main droite une canne à corbin : son costume et sa large
tonsure montraient que c'était un prêtre.

« Le regard de Dupuytren se leva sur lui morne et glacé.

« Qu'avez-vous ? lui dit-il durement,

« — Monsieur le docteur, répondit doucement le prêtre, je
vous demande la permission de m'asseoir, mes jambes sont déjà
un peu vieilles. Il y a environ deux ans, il m'est venu une gros-
seur au cou. L'officier de santé de mon village, car je suis curé
d'une paroisse près de Nemours, m'a dit d'abord que ce
n'était pas grand'chose, mais le mal a augmenté et au bout
de cinq mois il s'est formé un abcès ; j'ai gardé le lit longtemps
sans éprouver d'amélioration. Et puis j'étais forcé de me lever
pour remplir mes fonctions, car je suis seul pour desservir
quatre paroisses.

« — Montrez-moi votre mal.

« Le vieillard obéit et continua : « Ces braves gens m'ont bien
« offert de se réunir tous les dimanches dans la même église
« pour entendre la sainte messe ; mais je me suis dit : Il n'est
« pas juste que tout le monde se dérange pour toi. Et puis, vous
« savez, il y a les premières communions, les instructions à don_
« ner aux enfants. Monseigneur voulait attendre pour m'en-
« voyer un confrère qui m'aidât. Alors tous mes paroissiens
« m'ont pressé pour venir à Paris pour vous consulter. J'ai été
« quelque temps à me décider, car un pareil voyage coûte
« beaucoup d'argent et j'ai beaucoup de pauvres dans ma
« paroisse, mais il a fallu céder à leurs instances et me mettre
« en route. Voilà mon mal, monsieur le docteur, » poursuivit-il
en présentant son cou.

« Dupuytren l'examina longtemps. La plaie était si effrayante
qu'il s'étonnait que le malade pût encore se tenir debout. Il
écarta largement les lèvres de l'abcès, en scruta les environs
avec une pression douloureuse à faire évanouir le malade,
mais celui-ci ne tressaillit même pas.

« Quand l'examen fut terminé, Dupuytren laissa la tête du patient, qu'il tenait entre ses mains, et, le regardant fixement, il
lui dit brusquement, d'un ton qui ne permettait plus d'éspérer :

« Je dois vous dire, monsieur l'abbé, qu'il n'y a point de
« remède à un tel mal. Avec cela, il faut mourir ! »

« L'abbé prit ses linges, s'enveloppa le cou sans dire un mot ;
Dupuytren avait toujours les yeux fixés sur lui.

« Quand le pansement fut terminé, le prêtre retira de sa poche
une pièce de cinq francs enveloppée dans un morceau de papier
et la posa sur la cheminée.

« Monsieur le docteur, dit-il, je ne suis pas riche et j'ai
« bien des pauvres dans ma paroisse. Pardonnez-moi, si je
« ne puis pas payer plus cher une consultation du docteur
« Dupuytren. »

« Puis il ajouta avec un sourire d'une ineffable douceur :

« Je suis heureux d'être, venu vous trouver, au moins j'ai
« la certitude du sort qui m'attend. Peut-être auriez-vous pu
« m'annoncer cette nouvelle avec un peu plus de précaution.
« Mais je ne vous en veux pas : vous ne m'avez pas surpris,
« j'étais préparé depuis longtemps... Adieu, monsieur le doc-
« teur, je retourne à mon presbytère pour y attendre la
« mort. »

« Et il sortit.

« Dupuytren resta pensif. Cette nature de fer, ce génie puissant était venu se briser contre quelques simples paroles d'un
pauvre vieillard qu'il avait tenu malade et faible entre ses mains
et dont la vie n'avait pour lui aucun prix ; dans ce corps faible
et souffreteux, il avait encore rencontré un cœur et une volonté
qui était encore plus ferme que la sienne ; il s'était aperçu qu'il
avait trouvé son maître dans ce prêtre courageux. Il s'élança
tout à coup vers l'escalier. Le prêtre descendait lentement les
marches en s'épaulant à la rampe.

« Monsieur l'abbé, cria-t-il, voulez-vous bien remonter? »

« L'abbé remonta?

« Il y a peut-être un moyen de vous sauver, si vous voulez
« que je vous opère ?

«— Mon Dieu, monsieur le docteur, répondit le prêtre, pen-
« dant qu'il déposait sa canne et son chapeau, je ne suis venu
« à Paris que pour cela ; coupez, taillez, je vous en prie, comme
« vous voudrez.

« — Mais peut-être ferons-nous une tentative inutile, et ce
« sera long et douleureux.

« — Opérez toujours, monsieur le docteur; coupez autant
« qu'il le faudra, j'endurerai tous les tourments ! Mes pauvres
« paroissiens seraient si contents !

«— Eh bien ! vous allez vous rendre à l'Hôtel-Dieu, salle

« Sainte-Agnès. Vous serez là parfaitement, et les bonnes
« sœurs vous prodigueront les soins les plus attentifs. Vous
« vous reposerez bien ce soir et demain, et après-demain de
« bonne heure nous commencerons l'opération.

« — C'est entendu, dit le prêtre ; monsieur le docteur, je
« vous remercie. »

« Dupuytren écrivit à la hâte quelques mots et remit le papier au prêtre.

« Celui-ci se rendit sur-le-champ à l'hospice, où la communauté tout entière s'empressa de l'installer le plus commodé-
ment possible. Le troisième jour, les cinq à six cents élèves
qui suivaient les leçons du maître étaient à peine rassemblés
que Dupuytren arriva. Il se dirigea vers le lit du prêtre, suivi
de cet imposant cortège et l'opération commença. Elle dura
vingt-cinq minutes, et détermina une perte de sang considérable. Mais le prêtre soutint ces cruelles épreuves avec une
héroïque patience ; il ne fronça pas le sourcil. Seulement, quand
les poitrines qui l'entouraient se dégagèrent toutes ensemble,
haletantes d'attention et de crainte, et que Dupuytren dit avec
joie au patient :

« Je crois que tout ira bien maintenant : vous avez bien
« souffert, n'est-ce pas ?

« — Un peu, répondit simplement l'héroïque malade, mais
« j'ai cherché à penser à autre chose ; maintenant je me trouve
« bien mieux. »

« Dupuytren l'examina longtemps avec une profonde attention, jusqu'au moment où le malade s'assoupit ; puis il tira les
rideaux blancs du lit et s'en alla avec ses élèves.

« A partir de ce jour, lorsque Dupuytren arrivait, par une
étrange infraction à ses habitudes, il passait devant les lits
des autres malades et courait au lit de son malade favori. Plus
tard, lorsque celui-ci commença à se lever et à pouvoir faire

quelques pas, il allait à lui, prenait son bras sous le sien, et
harmonisant son pas avec celui du convalescent, faisait avec
lui le tour de la salle. Pour qui connaissait l'insouciante dureté
du médecin, ce changement de conduite était inexplicable.

« Lorsque l'abbé fut rétabli et en état de supporter le voyage,
il prit congé des sœurs et du docteur, et retourna vers ses
chers paroissiens.

« Longtemps après, Dupuytren en entrant à l'Hôtel-Dieu, vit
s'avancer vers lui l'abbé, qui attendait dans la salle Sainte-
Agnès. Il portait toujours son costume noir, mais il était cette
fois couvert de poussière; on eût dit qu'il venait de faire
un long voyage à pied. Il avait au bras un long panier d'osier,
soigneusement attaché avec des ficelles, et d'où s'échappaien
des brins de paille. Dupuytren lui fit le meilleur accueil, et
lui demanda si l'opération n'avait eu aucune suite fâcheuse,
et pourquoi il était venu à Paris.

« Monsieur le docteur, répondit le prêtre, c'est aujourd'hui
« l'anniversaire du jour où vous m'avez opéré; et je n'ai pas
« voulu le laisser passer sans venir vous voir et vous apporter un
« faible témoignage de ma reconnaissance. J'ai dans mon panier
« deux beaux poulets de mon poulailler et des poires de mon jar-
« din, comme vous n'en mangez guère à Paris ; il faut que vous
« me promettiez, mais là, bien sûr, de goûter un peu à tout cela.

« Dupuytren lui serra affectueusement la main et l'engagea
à dîner avec lui, mais il n'accepta pas ; ses moments étaient
comptés et il fallait retourner aussitôt dans sa paroisse.

« Deux années encore après, le bon vieillard revint avec son
panier renfermant des poulets et des poires, le docteur recevait ses visites avec une sorte d'émotion. Ce fut alors que
Dupuytren ressentit les premières atteintes de la maladie qui
mit un terme à une vie précieuse, et contre laquelle tous les
efforts de la science furent impuissants. Il partit pour l'Italie,

mais sans espoir d'être sauvé par ce voyage que la Faculté
réunie lui avait conseillé d'entreprendre. Lorsqu'il revint en
France, au mois de mars 1834, son état semblait s'être s'amélio-
ré ; mais cette amélioration n'était qu'apparente, et Dupuytren
le sentait bien. Il se voyait mourir, et son caractère devenait
plus sombre à mesure qu'il s'approchait du terme fatal.

« Dans ses dernières et tristes heures, cette solitude morale, cet isolement qu'il s'était d'avance si cruellement préparé, furent pour lui un solennel avertissement. Un soir,
comme il était seul sur son lit de souffrances, il appela son fils
adoptif, qui veillait dans un cabinet voisin, et lui dicta la
lettre suivante :

« *A Monsieur le curé de la paroisse de X ....., près de Nemours*
(Seine-et-Marne).

« Mon cher abbé,

« Le docteur a besoin de vous à son tour. Venez vite, peut-
« être arriverez-vous trop tard.

« Votre ami, Dupuytren. »

« Le prêtre accourut aussitôt.

« Il resta longtemps enfermé avec Dupuytren. Quand l'abbé
sortit de la chambre du mourant, ses yeux étaient humides
et une profonde émotion se lisait sur son visage. Le lendemain,
Dupuytren appelait vers lui l'archevêque de Paris.

« Ce fut le 8 avril 1834 que mourut le grand praticien.

« Le jour de l'enterrement, le ciel, dès le matin, fut tristement couvert de nuages gris. Une pluie fine, mêlée de neige,
glaçait la foule immense et silencieuse qui encombrait la
vaste cour de la maison mortuaire. L'Église Saint-Eustache
eut peine à contenir le cortège.

« Après le service, les élèves portèrent à bras le cercueil jusqu'au cimetière. Le bon petit vieillard suivait le convoi en pleurant. La sainteté avait vaincu un cœur dont aucune autre puissance n'avait pu amollir la dureté. Armé de la seule force religieuse, le petit vieillard, nouveau David, avait triomphé du Goliath de la science médicale. Il n'avait fallu pour cela ni ruse ni stratagème : la vertu et la grâce étaient les seuls instruments dont il s'était servi pour gagner le cœur du célèbre médecin et en faire la conquête... »

LACORDAIRE.

AMPÈRE

(1775-1836)

AMPÈRE (André-Marie) naquit le 20 janvier 1775 à Polémieux, village près de Lyon. Enfant, avant même de connaître les chiffres, il faisait des opérations d'arithmétique avec de petits cailloux. Pendant une maladie grave qu'il fit étant très jeune, sa mère ayant enlevé ses cailloux, afin de forcer son esprit au repos, il continua ses calculs, sur son lit, avec les morceaux d'un biscuit qui lui avait été donné, après plusieurs jours de diète.

Son aptitude pour les sciences était telle, qu'à l'âge de onze ans, le jeune Ampère était déjà très fort en algèbre et en géométrie. A dix-huit ans, il étudiait la mécanique analytique de Lagrange, dont il avait refait presque tous les calculs.

Ces grandes et profondes études ne l'empêchaient pas d'apprendre, en se jouant, le latin, le grec, l'italien, d'être attiré par l'histoire des voyages, la botanique, et de dévorer des montagnes de livres, dont il pouvait, après cinquante ans, grâce à sa mémoire extraordinaire, répéter les principaux passages. Il eut une passion spéciale pour les poètes latins, Horace, Virgile, Lucain.

Il écrivit aussi beaucoup de vers français, et ébaucha une multitude de poèmes, tragédies, comédies, sans compter les chansons, madrigaux, charades, etc.

Il enseigna d'abord les mathématiques et la physique à Bourg et à Lyon ; devint en 1805 répétiteur d'analyse à l'École polytechnique, fut admis à l'Institut en 1814, fut nommé, vers 1820, professeur de physique au collège de France et enfin inspecteur général de l'Université.

« En même temps, dit M. Littré, qu'Ampère était un mathématicien profond, un physicien ingénieux, il était porté par la nature de son esprit et par une prédilection particulière, vers les études métaphysiques. Après avoir professé pendant quelque temps la philosophie, il ne cessa, jusqu'à la fin, d'y consacrer une partie de ses heures et une partie de ses jours. »

C'est entre 1820 et 1827 qu'Ampère fit les fameuses découvertes qui ont immortalisé son nom. La plus populaire est celle du télégraphe électrique, dont il fit connaître le principe, bien qu'il n'ait été appliqué que plus tard.

Voici, en effet, les paroles qu'il prononçait, en 1821, à l'Académie des sciences :

« Autant d'aiguilles aimantées que de lettres de l'alphabet qui seraient mises en mouvement par des conducteurs qu'on ferait communiquer successivement avec la pile, à l'aide des touches du clavier qu'on baisserait à volonté, pourraient donner lieu à une correspondance télégraphique qui franchirait toutes les distances et serait plus prompte que l'écriture de la parole pour transmettre les pensées. »

Épuisé par un travail incessant, Ampère mourut le 10 juin 1836, à l'âge de soixante et un ans.

****

« Les idées religieuses, dit Sainte-Beuve, avaient été vives chez le jeune Ampère, à l'époque de sa première communion ; nous ne voyons pas qu'elles aient cessé complètement dans les années qui suivirent, mais elles étaient certainement affaiblies. Le malheur les réveilla avec puissance. On sait et on l'a dit souvent, que M. Ampère était religieux, qu'il était croyant comme tant d'autres illustres savants de premier ordre, les Newton, les Leibnitz, les Haller, les Euler, les Jussieu ».

Ampère, chrétien fervent, s'est révélé dans des pages intimes, où débordent sa foi et son amour envers Dieu. Nous en citons les extraits suivants :

« 28. Samedi, veille de la Pentecôte. Je parlai pour la première fois à M. l'abbé Lambert, un instant, dans son confessionnal.

« 6. Lundi. Absolution.

« 7. Mardi. Saint Robert. Ce jour a décidé du reste de ma vie.

« 14. Mardi. J'entrai dans l'église d'où sortait un mort. Communion spirituelle.

« 4 juillet. Lundi. Messe du Saint-Esprit.

« 13. Mercredi, à neuf heures du matin :

« *Multa flagella peccatoris : sperantem autem in Domino misericordia circumdabit.* (Psaumes.)

« Les fléaux qui frappent le pécheur sont nombreux ; mais la miséricorde enveloppera celui qui espère dans le Seigneur.

« *Firmabo super te oculos meos et instruam te in vià quá gradieris.*

« *Amen.*

« J'arrêterai sur toi mes regards, et je t'armerai pour marcher dans ta voie. »

Suit une prière écrite sans doute à l'approche des derniers moments de sa femme :

« Mon Dieu : je vous remercie de m'avoir creé, racheté et éclairé de votre divine lumière, en me faisant naître dans le sein de l'Église catholique. Je vous remercie de m'avoir rappelé à vous, après mes égarements ; je vous remercie de me les avoir pardonnés. Je sens que vous voulez que je ne vive que pour vous, que tous mes moments vous soient consacrés. M'ôterez-vous tout bonheur sur cette terre ? Vous en êtes le maître, ô mon Dieu ! Mes crimes m'ont mérité ce châtiment. Mais peut-être écouterez-vous encore la voix de vos miséricordes.

« J'espère en vous, ô mon Dieu ! mais je serai soumis à votre arrêt, quel qu'il soit ; j'eusse préféré la mort. Mais je ne méritais pas le ciel, et vous n'avez pas voulu me plonger dans l'enfer. Daignez me secourir pour qu'une vie passée dans la douleur me mérite une bonne mort, dont je me suis rendu indigne.

« O Seigneur ! Dieu de miséricorde ! daignez me réunir dans le ciel à ce que vous m'aviez permis d'aimer sur la terre ».

Le 23 février 1805, M. Barret, de Lyon, écrit à Ampère, alors à Paris, répétiteur de l'École polytechnique. On verra par cette lettre que le jeune savant ne se contentait pas de pratiquer la religion, mais qu'il s'efforçait d'y amener ses amis par ses paroles et ses exemples :

« ..... Chaque jour j'éprouve de plus en plus les effets de la bonté de Dieu. Mon frère est venu me visiter ; il a passé une semaine avec moi ; j'ai pu remarquer que son caractère s'est heureusement modifié par les sentiments religieux. Il m'a remis une lettre de son ami, dans laquelle celui-ci, également ému d'une grâce céleste, me témoigne qu'il sent mieux que jamais le bonheur d'être chrétien ; et comme s'ils s'étaient tous donné le mot, je reçois, le même jour, un mot de Bredin, qui déclare que l'orgueil seul a pu le faire reculer dans le chemin de la vérité, et que pour y marcher avec plus de fermeté, il réclame mes services et les vôtres. Ce n'est pas tout: Roujour paraît s'ébranler, et j'ai engagé Bredin à s'attacher à lui, promettant que vous et moi le seconderions. D'un autre côté, Grognier s'est marié : sa femme est pieuse, cela doit contribuer à le ramener au Christianisme. Enfin, c'est dans de telles circonstances que M. Lambert doit prêcher le carême à Saint-Jean ; c'en est assez, je pense, pour que nous puissions espérer la conversion sincère de nos amis. Mon brave et digne petit Ampère, notre petit apostolat n'a donc pas été inutile. Après Dieu, c'est vous qui avez puissamment agi sur l'esprit de mon frère. Je vous engage, par tout ce que vous aimez, à tenter la même entreprise auprès de son cadet, mais la guérison d'un tel malade n'est pas une petite cure. Cette œuvre accomplie, vous pourriez, non pas m'être plus cher, mais devenir plus agréable à Dieu. Faites ce miracle, et j'oublierai tout à fait que vous avez quitté Lyon pour Paris. »

Quinze mois après la mort de sa femme, Ampère écrivait cette dernière méditation :

« Septembre 1805.

« Défie-toi de ton esprit, il t'a souvent trompé ! Comment pourrais-tu encore compter sur lui ? Quand tu t'efforçais de devenir philosophe, tu sentais déjà combien est vain cet esprit qui consiste en une certaine facilité à produire des pensées brillantes. Aujourd'hui que tu aspires à devenir chrétien, ne sens-tu pas qu'il n'y a de bon esprit que celui qui vient de Dieu ? L'esprit qui nous éloigne de Dieu, l'esprit qu i nous détourne du vrai bien, quelque pénétrant, quelque agréable, quelque habile qu'il soit, pour nous procurer des biens corruptibles, ce n'est qu'un esprit d'illusion et d'agrément.

« L'esprit n'est fait que pour nous conduire à la vérité et au souverain bien.

« Heureux l'homme qui se dépouille pour être revêtu ! qui foule aux pieds la vaine sagesse pour posséder celle de Dieu, méprise l'esprit autant que le monde l'estime ! Ne conforme pas tes idées à celles du monde, si tu veux qu'elles soient conformes à la vérité.

« La doctrine du monde est une doctrine de perdition. Il faut devenir simple, humble et entièrement détaché avec les hommes ; il faut devenir calme, recueilli et point raisonneur avec Dieu.

« La figure de ce monde passe. Si tu te nourris de ses vanités, tu passeras comme elle. Mais la vérité de Dieu demeure éternellement; si tu t'en nourris, tu seras permanent comme elle. — Mon Dieu! que sont toutes ces sciences, tous ces raisonnements, toutes ces découvertes de génie, toutes ces vastes conceptions que le monde admire et dont la curiosité se repaît si avidement! En vérité, rien que de pures vanités.

« Étudie cependant, mais sans empressement. Que la chaleur déjà à demi-éteinte de ton âme te serve à des objets moins frivoles. Ne la consume pas à de semblables vanités...

. . . .

« Étudie les choses de ce monde, c'est le devoir de ton état, mais ne les regarde que d'un œil; que ton autre œil soit constamment fixé sur la lumière éternelle. Écoute les savants, mais ne les écoute que d'une oreille, que l'autre soit toujours prête à recevoir les doux accents de la voix de ton ami céleste ;

n'écris que d'une main ; de l'autre, tiens-toi aux vêtements de
Dieu, comme un enfant se tient aux vêtements de son père.

« Que mon âme, à partir d'aujourd'hui, reste ainsi unie à
Dieu et à Jésus-Christ.

« Bénissez-moi, mon Dieu. »

Citons encore cette dernière phrase, bien touchante dans
sa simplicité :

« Je finis cette lettre, parce que j'entends sonner une messe
où je veux aller demander la guérison de ma Julie (sa femme,
qu'il eut la douleur de perdre). »

*
* *

Achevons cette notice par ce trait, qui nous montre le grand
chrétien alimentant sa ferveur dans la prière et les pratiques
pieuses :

Frédéric Ozanam avait dix-huit ans. Il arrivait à Paris, non
point incrédule, mais l'âme plus ou moins atteinte de ce que le
R. P. Gratry appelait : la *crise* de la foi.

Un jour, le jeune homme entre dans une église de Paris,
et il aperçoit, agenouillé dans un coin, près du sanctuaire,
un homme, un vieillard, qui récitait pieusement son chapelet.
Il s'approche, et reconnaît Ampère, son idéal, la science et le
génie vivants ! Cette vision l'émeut jusqu'au fond de l'âme ;
il s'agenouille doucement derrière le maître ; la prière et les
larmes jaillissent de son cœur. C'était la pleine victoire de la
foi et de l'amour de Dieu, et Ozanam se plaisait ensuite à
redire : « Le chapelet d'Ampère a plus fait sur moi que tous
les livres et même tous les sermons ! »

— Ampère avait accepté Ozanam comme son commensal et
le grand mathématicien aimait à s'entretenir avec son jeune
ami. « Leurs entretiens, dit le P. Lacordaire, amenaient dans

« l'âme du savant, à propos des merveilles de la nature, des
« élans d'admiration pour leur auteur. Quelquefois, mettant
« sa tête entre ses deux mains, il s'écriait tout transporté :
« Que Dieu est grand ! Ozanam, que Dieu est grand ! »

Pendant sa dernière maladie, à Marseille, la religieuse qui
veillait à son chevet, lui proposa de faire la lecture de quelques passages de l'*Imitation de Jésus-Christ*. « N'en prenez pas
la peine, ma sœur, répondit-il, *je la sais par cœur*. »

Merveilleuse et touchante union du génie et de la foi,
comme tu condamnes cette prétendue science athée ou sceptique qui dessèche le cœur, lui enlevant les vraies joies de
la vie, en même temps que les espérances éternelles !

———

LE COMTE DE LA FERRONAYS

(1836)

De la Ferronays (Albert) joignait à une belle intelligence
la foi la plus ardente. Cette foi lui fit accomplir un acte héroïque. Il avait épousé une femme protestante : il échangea
sa vie contre la conversion de cette âme, et Dieu agréa le
sacrifice.

Les pages suivantes, qui racontent la dernière communion
du chrétien mourant et la première communion de l'épouse
convertie, peuvent être comptées parmi les plus belles de
notre langue française. Elles ont été écrites par Mgr Gerbet,
mort évêque de Perpignan. La scène avait lieu à Paris en
1836.

« Sachez donc que de deux âmes qui s'étaient attendues
sur la terre et qui s'y étaient rencontrées, et que Dieu avait

unies, par le nom d'époux et d'épouse, en ouvrant devant elles
une longue perspective de ce qu'on appelle bonheur ; que de
ces deux âmes, l'une arriva par une volonté pure à la vraie
foi, au moment où l'autre arrivait par une sainte mort à la
vraie vie ; l'une sortait des ombres de l'erreur, comme l'autre
était près de sortir des ombres de la terre ; l'une se disposait
à participer pour la première fois au plus auguste mystère du
Christ, lorsque l'autre allait le recevoir comme une transition
dernière à la communion éternelle.

« Or c'était une chose sainte, consolante, desirée des anges
et des hommes, que ces deux âmes pussent accomplir chacune
sa communion, ou plutôt cette communion une et double dans
le même lieu, à la même heure, à coté l'un de l'autre, comme
à la veille d'un voyage qui sépare on prend en commun un
dernier repas de famille. Il était juste aussi pour celui qui allait partir et qui devait demander avec tant d'instances la foi
pour celle qui restait, il était juste qu'il vit de ses derniers
regards descendre en elle le Dieu qu'il allait rejoindre, afin
qu'il pût répondre dans toute l'étendue de son cœur : *Maintenant, Seigneur, laissez aller votre serviteur en paix, puisque mes
yeux ont vu votre salut*, qui n'est ni le mien ni le sien, mais le
nôtre, ô mon Dieu ! Et comme le pauvre malade ne pouvait
aller à l'église assister au saint sacrifice, le sacrifice vint à
lui, et, par une dispense miséricordieuse, sa chambre, presque
funèbre, fut transformée en sanctuaire. En face de ce lit qui
était déjà comme une espèce d'autel où l'ami mourant du
Christ offrait à Dieu sa propre mort, on éleva un crucifix, un
autel où le mystère du Christ mourant allait se renouveler.
Elle y suspendit des ornements et des fleurs, car une première communion est toujours une fête ; mais les broderies
que sa main attacha au-devant de l'autel rappelaient une
autre fête, elles avaient été portées dans une autre cérémonie,

dans un autre jour que le jour de la séparation, et après avoir été depuis lors mises à l'écart, elles sortaient de nouveau, elles reparaissaient là comme pour nous dire que la joie du monde n'est qu'un tissu à jour, bien frêle, et que nos espérances ne sont guère qu'une parure qui se déchire.

« Tout à coup cette chambre, sombre jusqu'alors, s'éclaire de la lumière qui jaillissait des flambeaux de l'autel, comme la mort, la ténébreuse mort s'illumine, pour le juste, des rayons que Dieu tient en réserve pour ses derniers regards. Le sacrifice commença, et il était minuit. Pourquoi fut-il célébré à cette heure ? Je vous en dirais bien une raison que les hommes savent, mais j'aime à croire que les anges de Dieu en savent bien encore d'autres, parce qu'ils savent toutes les mystérieuses concordances des moments, des heures et des nombres. C'était l'heure de la naissance du Christ, consommateur de notre foi, auteur de notre ciel ; et il y avait là aussi, je vous l'ai dit, entre ce lit de mort et cet autel, une double naissance, l'une au ciel, l'autre à la foi : réunion rare et privilégiée. Je crois que le temps, si fantasque, si souvent rebelle à nos arrangements profanes, est sous la main de Dieu un rythme souple et docile qui obéit mieux que nous ne le pensons aux convenances des élus. Le sacrifice donc commença à minuit. Toute une famille y assistait, et avec elle un ami fidèle à toutes les douleurs. De vous dire quelles pensées, quelles émotions passèrent alors dans toutes ces âmes, je ne l'essayerai pas ; nulle d'entre elles ne sait ce que Dieu lui a fait sentir. Comme en un jour où le ciel est moitié sombre, moitié serein, un éclair n'en traverse pas moins en un instant tout l'espace d'un pôle à l'autre, ainsi en était-il du sentiment et de la prière au milieu de cette admirable scène : ces éclairs de l'âme étaient en quelque sorte présents à la fois sur tous les points de l'étendue que Dieu a donnée au cœur de l'homme, depuis les pensées

les plus douces, jusqu'aux plus déchirantes ; car tous les contrastes étaient réunis dans cette chambre sacrée, ils y étaient
représentés, sensibles, vivants : cet autel paré qui semblait
adossé à un cercueil ; ces fleurs qui prédisaient parmi les
glaces de la mort l'approche de l'éternel et invisible printemps,
cette garde-malade au sombre habit, qui se tenait comme une
mort voilée en face de l'aube et de l'étole du prêtre, symbole
d'immortalité ; ces vêtements blancs de la première commu-
niante, de l'épouse de Dieu, qui allaient se changer en la
robe de la veuve de l'homme ; cette première et cette dernière
communion mêlées ensemble ; ces sanglots et ces actions de
grâces qui se confondaient dans chaque âme ; cette hostie
partagée entre l'époux et l'épouse, double viatique, pour lui
de la mort, pour elle de la douleur ; toute cette famille ense-
velie dans un profond silence, où l'on n'entendait que les
larmes qui tombaient sur les livres de prières, et, au milieu
de ce prosternement général, la tête seule du mourant soule-
vée sur sa couche, dominant, calme et sereine, toutes ces têtes
inclinées par la douleur. Et si ce divin spectacle, si expressif,
si parlant, n'était lui-même qu'un voile qui couvrait d'autres
merveilles saintes ; si je vous disais que celle qui restait avait
demandé la foi au milieu du bonheur, et que celui qui partait
avait, jeune et heureux, offert sa vie pour lui obtenir la foi ;
si, lorsqu'il vit cette grâce descendre enfin du ciel, mais
comme une flamme qui venait, en consumant sa vie, accomplir l'holocauste qu'il avait préparé ; si, dis-je, à cette vue, re-
cueillant ses forces défaillantes, il avait tracé en quelques
lignes, et sous la forme d'une élévation à Dieu, un des plus
sublimes testaments de résignation tendre et d'héroïque
amour que l'âme d'un chrétien ait jamais inspirés au cœur d'un
époux ; si, portant tour à tour ses pensées vers les anges du
ciel et ses regards vers les êtres chéris qui entouraient son lit

de mort, ces deux apparitions se confondaient parfois dans
son esprit, de telle sorte qu'il semblait prendre les unes pour
les autres, Dieu permettant cette douce méprise pour que la
transition de ce monde fût plus unie et plus simple; si, au
moment où il venait de quitter la terre, son image, peinte
sous des traits déjà si beaux dans tous les cœurs qui le connaissaient intimement, commença à y grandir encore, à s'y
transfigurer, parce qu'ils découvrirent tout à coup, dans de
modestes papiers qu'il avait cachés, des traces, des reflets de
son âme jusqu'alors inconnus, semblables à ces sillons de lumière qui laissent après eux une apparition qui s'évanouit!
Non, je ne puis vous dire ce que j'ai vu et senti: j'ai lu autrefois les méditations des sages sur le monde futur, je les ai
interrogés sur les secrets de la mort et de la vie; mais les
clartés que j'en ai reçues sont bien ternes près des révéla-
tions qui ont éclairé cette sainte et grande nuit. Jamais je
n'ai senti si vivement, en deçà de la tombe, la présence de
ce qui est au delà; jamais le voile qui s'étend entre les deux
mondes ne m'a paru si transparent; jamais je n'ai eu pareille intuition de l'immortalité. Je prie Dieu de me réserver
ce souvenir pour l'instant de ma mort; car, s'il me réapparaît
alors, il me semble que mes dernières pensées de la terre
iront se joindre par une transition plus douce à la première
vision qui suit le grand réveil. »

DE SACY (Sylvestre)

(1758-1838)

Antoine-Isaac-Sylvestre DE SACY est né à Paris en 1758.
On le surnomma *de Sacy* pour le distinguer de ses deux frères,
et aujourd'hui il n'est connu que par ce surnom. De bonne
heure il donna des marques de cette prodigieuse activité pour
l'étude qui devait un jour faire de lui le premier orientaliste
et un des hommes les plus savants de l'Europe.

A l'âge de vingt-trois ans, il s'était déjà fait connaître par divers travaux qui lui valurent les fonctions de conseiller du roi à
la cour des monnaies, et quatre ans plus tard, à vingt-sept ans,
le titre d'associé de l'Académie des inscriptions. Lors de la tour-
mente révolutionnaire de 93, de Sacy, qui n'approuvait pas les
nouvelles doctrines, se montra chrétien énergique et courageux jusqu'à l'héroïsme : car tous les dimanches il faisait
célébrer la messe chez lui, par un prêtre qu'il abritait au
péril de sa vie. Il était tellement estimé et aimé des paysans
des environs qu'il ne fut jamais dénoncé.

La Convention, par un décret du 2 avril 1795, ayant créé
une chaire de langues orientales près la Bibliothèque nationale,
M. de Sacy fut nommé professeur d'arabe, et en 1806, il fut
de plus chargé de la chaire de professeur de persan au Collège
lde France ; car il savait non seulement l'arabe, mais le persan,
le turc, et la plupart des langues vivantes.

Jusqu'à ce moment, M. de Sacy avait vécu dans la vie privée, absorbé par ses travaux et le soin de ses cours publics ;
mais en 1808, il commença sa carrière publique ; les élec-
teurs de Paris l'envoyèrent au Corps législatif. En 1815,
il était nommé recteur d'académie et membre du Conseil
de l'instruction publique. Il laissa cette dernière fonction

en 1823, et fut chargé de l'administration du Collège de France
et de l'école spéciale de langues orientales. En 1832, le gouvernement de Juillet donna à l'illustre savant et chrétien une
rare récompense : il fut élevé à la dignité de pair de France,
et nommé peu après inspecteur des types orientaux de
l'imprimerie royale. Il fut ensuite élu secrétaire perpétuel de l'Académie des belles-lettres dont il était membre
depuis longtemps.

Cet homme, étonnant par sa science, conserva jusqu'à la fin
de sa vie toutes ses facultés intellectuelles, et une rare ardeur
pour le travail. Il revoyait lui-même toutes les épreuves des
ouvrages arabes et persans qui s'exécutaient à l'imprimerie
royale, il entretenait la correspondance et rédigeait les pro-
cès-verbaux des séances de l'Académie ; il faisait l'éloge
des membres morts; en un mot, il était d'une incomparable
activité.

Animé d'une piété sincère, il s'acquittait avec une exemplaire fidélité de toutes les pratiques d'un vrai chrétien.

Fils soumis et respectueux de l'Église, il avait pour elle une
filiale affection et la consolait par son ardente foi.

Il était administrateur du bureau de charité de son arrondissement : chaque jour, il recevait les pauvres et avait pour
eux tant de bonté que ceux mêmes qu'il ne pouvait secourir
s'en retournaient consolés.

M. de Sacy a laissé un grand nombre d'ouvrages, qui pour
la plupart ont rapport aux langues orientales ; c'est à lui
que nous devons presque toutes les facilités que nous possé-
dons aujourd'hui pour leur étude, facilités qu'il a créées et
qui lui ont demandé, avec une intelligence prodigieuse, un
immense travail.

Ses principaux ouvrages sont : une grammaire *arabe;* —
une *Chrestomathie arabe*, avec la traduction française ; — *les*

Séances de Hariri, ouvrage qui tient lieu aux Arabes de dictionnaire des synonymes, et de divers autres traités ; — *Exposé de la doctrine des Druses*, de nombreux et importants mémoires sur des questions orientales, etc. etc...

M. de Sacy, le plus illustre savant orientaliste de notre siècle, fidèle à Dieu et à l'Église, est une nouvelle preuve de l'alliance intime qui existe entre la science et la foi.

DE BONALD

(1754-1840)

Le vicomte L.-G.-A. DE BONALD est né à Monna, petite commune de l'arrondissement de Millau (Aveyron). Il embrassa d'abord la carrière des armes et y débuta dans un régiment de la maison militaire du roi. Mais bientôt, pressentant les horribles tempêtes révolutionnaires qui allaient fondre sur la France, il abandonna le tumulte des camps et, en 1791, se retira avec sa famille à Heidelberg, ville du grand-duché de Bade, célèbre par son Université. C'est là que commença à se manifester son génie philosophiquement chrétien, qui a entouré son nom d'un si grand éclat.

Son premier ouvrage : *Théorie du pouvoir politique et religieux dans la société civile*, imprimé en 1796, produisit une telle sensation que le Directoire le fit saisir pour en empêcher la circulation.

La doctrine spéculative de la théorie du pouvoir fut ensuite développée par son application à la *Législation primitive*. Ce livre eut encore plus de retentissement que l'autre.

Lorsque, en 1804, M. de Bonald revint en France, sa grande

réputation le fit accueillir avec empressement par le monde savant. En 1808, il obtint une place de conseiller titulaire de l'instruction publique. En 1815, il fut nommé député de son département et entra à l'Académie l'année suivante. Réélu député en 1820, il était ministre d'État en 1822 et pair de France en 1823.

Dans toutes les circonstances de sa vie, M. de Bonald se montra toujours profondément chrétien, et dans ses livres, dans ses écrits de circonstance, aussi bien que dans les débats des Chambres législatives, il fut partout le courageux défenseur des doctrines religieuses.

Voici quelques pages où le savant philosophe nous montre ses sentiments au sujet de la religion catholique :

« Les écrivains qui depuis un siècle ont fait de la religion chrétienne et surtout de la religion catholique l'objet de leurs sarcasmes, de leurs sophismes ou de leurs déclamations, ont tous supposé que jusqu'à cette bienheureuse époque, pompeusement décorée du nom de *siècle de lumières*, le monde chrétien avait été dans l'erreur, que l'enseignement religieux n'avait été que mensonge et imposture, la foi des peuples qu'esclavage et aveuglement, la piété qu'hypocrisie ou faiblesse d'esprit ; qu'eux seuls avaient porté les lumières dans les ténèbres et mis les hommes sur la route de la vérité, ou plutôt hors des voies de l'erreur et d'une honteuse crédulité ; car ces hommes ne se sont chargés que de démolir, sans rien mettre à la place, et en annonçant pour une autre époque de nouvelles constructions, ils ne se sont pas du tout occupés de ce que deviendrait la société pendant l'intérim... »

— « Je l'ai donc vue, cette religion tant calomniée, parler au cœur des hommes les plus simples comme à l'esprit des plus éclairés, inspirer à tous les dévouements les plus généreux et les sacrifices les plus pénibles à la nature, les sacri-

fices qui sont la plus grande force de l'homme : le mépris des
richesses, des grandeurs, des douceurs de la vie, de la vie
elle-même ; envoyer ses missionnaires aux extrémités du
monde, chez des peuples barbares, combattre toutes les erreurs et braver tous les périls ; je l'aie vue appeler le sexe le
plus faible à consacrer sa vie entière aux soins les plus rebu-
tants du soulagement des infirmes ou de l'éducation de l'enfance ; ouvrir des asiles à ceux qui ne veulent pas du monde,
ou dont le monde ne veut pas, et les y employer au service et
à la sanctification des hommes ; obtenir de l'opulence ces fondations pieuses où sont servies et soulagées toutes les misères
humaines ; je l'aie vue régner sur les sociétés les plus fortes
et les plus éclairées qui furent jamais ; multiplier enfin, si les
gouvernements ne la contrariaient pas, ses bienfaits, ses secours, ses services, à mesure que la dépravation des mœurs,
le désordre des doctrines et la haine de ses ennemis aug-
mentent ; toujours féconde et toujours jeune, car une religion
qui, après dix-huit cents ans, inspire tant de dévouements et
de sacrifices, ne fait que commencer.

« A la vue de tant de prodiges et de tant de bienfaits, j'ai
regardé, non comme une opinion fausse, mais comme une opinion absurde, que cette religion n'eût été qu'une grande imposture et une longue erreur ; et sans demander à son enseignement la démonstration de sa vérité, je me suis demandé
à moi-même si, la religion étant une société et la mère de
toutes les autres, l'homme ne pouvait pas trouver dans la
constitution naturelle et générale de la société la raison des
croyances religieuses qu'il ne découvrait pas en lui-même et
dans la raison individuelle ; je me suis demandé si la facilité
avec laquelle le Christianisme s'est propagé à sa naissance
chez les peuples païens et de nos jours chez les peuples sauvages, ne prouvait pas, indépendamment des œuvres surna-

turelles qui ont pu accompagner sa prédication, qu'il y a dans
les croyances même les plus mystérieuses quelque chose qui
s'assimile aux pensées, aux sentiments de l'homme social,
même à son insu, pour les éclairer et les diriger. »

— « ... Le goût des hommes pour le merveilleux et le surnaturel, ou plutôt le surhumain qu'ils cherchent dans les fictions, est à mes yeux la preuve la plus forte que l'homme sent
en lui et hors de lui quelque chose de plus élevé que lui-même,
qu'il le cherche surtout dans la religion pour y trouver la
raison des devoirs qu'elle lui impose.

« Une religion sans mystères, sans miracles, sans mission
divine, réelle ou supposée, ne paraîtrait à l'homme que l'ouvrage de l'homme ; il se révolterait contre elle comme contre
une insupportable tyrannie qui n'obtiendrait, par conséquent,
ni créance dans son esprit, ni autorité sur ses mœurs, et ce
système de religion, purement humain, ne pourrait contenter
tout au plus que celui qui l'aurait inventé. L'homme qui de son
chef veut imposer à ses semblables des croyances morales s'an_
nonce par cela seul pour une intelligence supérieure à celle des
autres hommes, s'érige lui-même en Dieu, et il faut autre chose
que des mots et des phrases pour légitimer cette usurpation. »

— « On demandera peut-être pourquoi il y a tant d'incrédules et d'ennemis de la religion, si elle est prouvée à la fois
par la raison et par l'autorité. La réponse est facile : il y a
longtemps qu'on a dit que, s'il résultait quelque obligation
morale de la proposition géométrique, que les *trois angles d'un
triangle sont égaux à deux angles droits*, cette proposition serait
combattue et sa certitude mise en problème. Même quand
l'esprit consent aux vérités religieuses, le cœur trop souvent
s'y refuse ; et si la philosophie peut éclairer l'esprit, la
religion seule a le pouvoir de changer les cœurs : et puis, il y
a si peu d'hommes qui aient la force de suivre toute leur raison !

« ... Je n'ignore pas que tout écrivain qui traite aujourd'hui,
même philosophiquement, dans un sens religieux et monar-
chique, des matières religieuses et politiques, au lieu de critiques qui l'éclairent, ne trouve que des ennemis qui l'ou-
tragent. Les uns, qui n'ont ni assez de force d'esprit pour
croire à la religion, ni assez de force de caractère pour la
pratiquer, l'accusent d'hypocrisie ou de fanatisme... Dans ce
dernier combat de l'erreur et de la vérité, la détraction et
l'imposture sont un métier lucratif, et leur publication impu-
nie et sans frein est comptée au nombre des libertés publiques.
Mais le sacrifice de soi est le premier que demande à ses défenseurs la sainte cause catholique... » (*Préface de la démonstration philosophique des principes constitutifs de la société.*)

Contre les matérialistes : « Vous qui ne voyez dans
l'homme tout entier qu'un fragment détaché de la masse
générale de la matière, une composition fortuite d'éléments
terrestres que la fermentation rassemble et qu'une autre fermentation dissout, une *masse organisée* enfin, pour des fonctions tout animales, cette fragile combinaison de molécules
organiques sera à mes yeux de quelque prix ! Je serais plus
disposé à respecter l'enfance, *mucus* encore inconstant, opération ébauchée de la nature et qu'elle n'achèvera peut-être
jamais ! Je pourrais honorer la vieillesse, amas d'humeurs
dégénérées, de solides décomposés, de fluides épaissis,
machine usée et dont le frêle assemblage croule de toutes
parts ! Ce composé chimique que nous appelons *homme*, qui
doit bientôt s'évaporer en gaz et se résoudre en fibrine ou en
gélatine, je pourrais regarder comme un devoir d'en prolonger la durée, ou comme un crime d'en hâter de quelques instants l'inévitable dissolution ; et, lorsque tout ce que vous
m'apprendrez de cet animal, organisé dans son espèce comme
les autres dans la leur, ne peut me donner de lui une autre

idée que celle que j'ai d'un singe ou d'un chien, ni inspirer pour lui d'autres sentiments, il faut tout à coup, et sans préparation comme sans motif, que je passe aux idées les plus nobles, aux affections les plus tendres, et vous m'imposez envers l'homme le joug des devoirs, quand vous m'avez affranchi même de tout sentiment de respect !..... » (*Considérations générales.*)

Bienfaits de la religion : « Le Christianisme qui a appelé tous les hommes *à la liberté des enfants de Dieu,* a rendu à l'homme, même le plus faible d'âge, de sexe ou de condition, sa dignité première et naturelle.

« Mais la religion chrétienne, en affranchissant les corps par l'abolition de l'esclavage et de tout ce qu'il entraînait d'avilissant et de cruel, et par la protection accordée à toutes les faiblesses de l'humanité, a aussi affranchi les esprits de l'erreur et de l'ignorance, par les connaissances morales qu'elle a répandues partout.

« Elle seule a évangélisé les pauvres en leur annonçant la *bonne nouvelle* de leur affranchissement civil et religieux (et c'est la première preuve que son divin fondateur donne de sa mission), et elle a initié l'enfant aux plus hautes vérités de la morale et de la philosophie. Le Christianisme a non seulement affranchi les peuples du joug de l'esclavage, il a, si l'on peut le dire, délivré les gouvernants eux-mêmes du joug de leur propre despotisme, «souvent, comme le remarque Mon- « tesquieu, plus pesant aux gouvernants qu'aux peuples « mêmes... »

«Ainsi, gouvernants et gouvernés, nous devons tout au Christianisme, tout ce qui produit la sécurité des uns et la juste sévérité des autres.... Je le répète, nous devons tout à la religion, force, vertu, raison, lumières. » (*Considérations générales, etc.*)

— « Ainsi, depuis dix-huit siècles, la religion chrétienne
entretient avec simplicité les plus petits de ses enfants de ces
vérités que la méditation la plus sévère du philosophe lassé
de contradictions n'aborde qu'en tremblant. Ainsi, il se trouve
même dans la philosophie, ce médiateur ineffable entre Dieu
et l'homme, ce ministre universel du pouvoir de Dieu sur les
hommes, *moyen* par qui tout a été fait et réparé, et la raison
montre la nécessité de l'Être dont la religion enseigne l'existence. Qui n'admirerait cette doctrine sublime qui *humanise*
Dieu, qui *divinise* l'homme, qui fait connaître comme Dieu,
qui rend présent réellement comme *homme*, cet Être auguste,
fils de Dieu, et *fils de l'homme;* envoyé par l'un, venu pour
l'autre; *faisant*, dit-il lui-même, *la volonté de celui qui l'a envoyé* et à qui *tout pouvoir a été donné* sur le monde des esprits
et sur le monde des corps ; réunissant dans sa seule personne
la nature divine et la nature humaine, toutes les grandeurs
de la divinité et toute l'infirmité corporelle de l'humanité?
Mais l'admiration n'est-elle pas à son comble, lorsqu'on voit
cette substance des forts mise en lait pour nourrir les faibles,
et la religion chrétienne déduire de ces hautes vérités
les conséquences usuelles les plus utiles au bonheur de
l'homme, à la prospérité des familles, à la puissance des
États, les plus propres à porter les hommes à la vertu, à
les détourner du vice, à leur inspirer la modération dans
la bonne fortune, la patience dans l'adversité, la fermeté
dans le malheur, à leur enseigner les devoirs domestiques
et les devoirs publics, l'amour de Dieu et l'amour de leurs
frères?

« Et cependant on voit des hommes livrés à l'étude de quelques sciences particulières et qui se disent amis de la sagesse,
nier hardiment ces vérités sur lesquelles ils n'ont jeté que le
regard du mépris et de la haine et blasphémer ce qu'ils

ignorent, détournés, comme dit Bacon, par un peu de science,
du but et de l'objet de toute philosophie... »

Éloge de la religion: « La religion nous apprend que
nous avons tous été créés par la même *cause*, perfectionnés
par le même *moyen*, appelés à la même *fin*, tous faits à l'image
et à la ressemblance de l'Être souverainement parfait, tous
doués de la faculté de connaître et d'aimer. Elle nous donne
à tous le même Dieu pour *père*, la même société pour *mère*,
tous les hommes pour *frères*, le même bonheur pour notre
commun *héritage*. Elle fait donc réellement et à la lettre, du
genre humain tout entier, un État, une société, une famille, un
peuple de *frères* et de concitoyens. Elle renferme, dit Bossuet, les règles de la justice, de la bienséance, de la société,
ou pour mieux parler, de la fraternité humaine.

« Ainsi, elle ennoblit l'homme le plus obscur, elle relève le
plus faible, elle n'ôte pas même au plus coupable le sacré caractère dont elle l'a revêtu, et, sans faire de l'homme un dieu,
comme l'orgueilleuse philosophie des stoïciens, elle le fait *enfant de Dieu*, en même temps qu'elle le fait *frère* de l'homme,
puisqu'elle fait de l'amour du prochain un commandement
égal, pour l'importance et la nécessité, à celui de l'amour de
Dieu même, et jamais l'homme ne pourrait même imaginer
des titres plus augustes à sa dignité, des motifs plus puissants
à ses vertus, de plus précieux gages de ses espérances, de
plus forts liens pour la société. »

MAURICE DE GUÉRIN

(1839)

Maurice de Guérin, mort à la fleur de l'âge, était un poète d'avenir, et les œuvres qu'il a laissées portent le cachet d'une intelligence supérieure.

M. de Sainte-Beuve, de l'Académie française, a consacré au jeune poète une étude biographique et littéraire. Il la commence ainsi:

« Le 15 mai 1840, la *Revue des Deux-Mondes* publiait un article de George Sand sur un jeune poète dont le nom était parfaitement ignoré jusque-là, Maurice de Guérin, mort l'année précédente, à l'âge de vingt-neuf ans. Ce qui lui valait cet honneur posthume d'être ainsi classé, à l'improviste, à son rang d'étoile, parmi les poètes de la France, était une magnifique et singulière composition, le *Centaure*, où toutes les puissances naturelles primitives étaient senties, exprimées, personnifiées énergiquement, avec goût toutefois, avec mesure, et où se déclarait du premier coup, un maître.......... Rien n'est puissant comme ce rêve de quelques pages, rien n'est plus accompli et plus classique d'exécution. »

M. de Sainte-Beuve termine par ces paroles : « Ce beau jeune homme, emporté mourant dans le Midi, expira dans l'été de 1839, au moment où il revoyait le ciel natal et où il y retrouvait toute la fraîcheur des tendresses et des piétés premières. Les anges de la famille veillaient en prières à son chevet et ils consolèrent son dernier regard. Il n'avait que vingt-neuf ans. Ces deux volumes qu'on donne aujourd'hui le feront revivre, et par une juste compensation d'une destinée cruellement tranchée, ce qui était épars, ce qui n'était écrit et noté que pour lui seul, ce qu'il n'a pas eu le temps de tresser et de transfor-

mer selon l'art devient sa plus belle couronne qui ne se flé-
trira point. »

***

Eugénie de Guérin a raconté dans son *Journal* la mort de
ce frère chéri :

« Je veux vous dire aussi comme ce cher frère m'a laissé
sujet de consolation dans ses sentiments chrétiens. Ceci ne
date pas de ses derniers jours seulement ; il avait fait ses
pâques à Paris, au commencement du carême, et il m'écrivait :
« L'abbé Buquet est venu me voir ; demain, il revient encore
« pour causer avec moi comme tu l'entendais. » Cher ami !
oui, j'avais entendu cela pour son bonheur, et lui l'avait fait
pour le mien, non en cédant par complaisance, mais en faisant
par *conviction :* il était incapable du semblant d'un acte de foi.
Je l'ai vu seul à Tours, dans sa chambre, lisant les prières de
la messe, un dimanche.

« Depuis quelque temps il se plaisait aux lectures de piété,
et je me suis applaudie de lui avoir laissé sainte Thérèse et
Fénelon, qui lui ont fait tant de bien. Dieu ne cessait de m'inspirer pour lui. Aussi, j'eus la pensée d'emporter pour la route
un bon petit livre, pieux et charmant à lire, traduit de l'italien, du P. Quadrupani, qui lui fit grand plaisir. De temps en
temps, il m'en demandait quelques pages : « *Lis-moi un peu*
« *du Quadrupani.* » Il écoutait avec attention, puis faisant signe
quand c'était assez, se recueillait là-dessus, fermait les yeux
et restait là à se pénétrer de ces douces et confortantes paroles saintes. Ainsi, chaque jour au Cayla, nous lui avons lu
quelques sermons de Bossuet et de des passages de l'*Imitation.*

« .... C'était le 18 juillet, à dix heures du soir ....., J'entendis sa femme lui parler, la nuit fut mauvaise. Dès qu'il fut
possible, j'entrai le matin pour le voir, et son regard me frappa.

C'était quelque chose de fixe : « — Qu'est-ce que cela augure ?
« dis-je au docteur qui vint bientôt. — C'est que Maurice est
« plus malade. — Ah ! mon Dieu ! »

« Érembert alla avertir mon père, qui accourut. Bientôt il
sortit, et s'étant concerté avec le médecin, celui-ci annonça
qu'il fallait penser aux derniers sacrements. M. le curé fut
mandé ... Je passai au lit du malade, et, priant Dieu de me
soutenir, je me penchai sur lui : « Mon ami, lui dis-je, je veux
« t'annoncer quelque chose. J'ai écrit pour toi au prince de
« Hohenlohe (saint prêtre dont les prières étaient très puis-
« santes). *— Oh ! que tu as bien fait !* — Tu sais qu'il fait des mi-
« racles de guérison. Dieu opère par qui il veut et comme il
« veut. C'est surtout le souverain médecin des malades. N'as-tu
« pas bien confiance en lui ? — *Confiance suprême* (ou *pleine* je
« ne m'en souviens pas). — Eh bien ! mon ami, demandons-lui
« en toute confiance ses grâces, unissons-nous en prières, nous
« à l'église, toi dans ton cœur. On doit dire une messe où nous
« communierons : toi, tu pourrais communier aussi. Jésus-
« Christ allait trouver les malades, tu sais ? — *Oh ! je veux
bien ! oui, je veux m'unir à vos prières.* — C'est très bien,
« mon ami, M. le curé devant venir, tu vas te confesser.
« N'est-ce pas que tu n'as pas de peine à parler à M. le curé ?
« — *Pas du tout.* »

« Il demanda son livre d'examen, se fit faire toutes les
prières qui précèdent la confession. On le voyait tout pénétré
et recueilli. Il fit appeler le prêtre et demeura avec lui près
d'une demi-heure. « Jamais je n'ai entendu confession mieux
« faite, » nous dit M. le curé. Ce qui m'assure bien de ses dispositions, c'est ce qu'il fit, comme M. le curé s'en allait. Il le
rappela pour lui parler de M. Lamennais et faire une haute
et dernière rétractation de ses doctrines. Puis il se prépara
aux derniers sacrements ..... Il reçut le saint viatique avec

toute l'expression de la foi. Il colla ses lèvres à une croix que lui présentait sa femme, puis il s'affaiblit ; nous nous mîmes tous à le baiser, et lui à mourir, vendredi matin, 19 juillet 1839, à onze heures et demie, huit mois après son mariage.

« La voilà, cette fin de vie telle que j'ai pu la retrouver pour vous, dans mes larmes. »

Quelle fin consolante, en effet, pour ceux qui restent, et quelle assurance pour le chrétien, de paraître devant Dieu, pardonné et béni !

MONCEY

(1754-1842)

Moncey (Adrien), maréchal de France, duc de Conegliano, né à Moncey, près de Besançon, était fils d'un avocat. Il s'engagea à 15 ans. Son avancement fut si rapide, qu'au mois d'août 1794, âgé de 40 ans, il était général en chef de l'armée chargée d'opérer contre l'Espagne.

Ses succès furent brillants, il remporta de nombreuses et éclatantes victoires : aussi un décret de la Convention déclara que le général en chef avait bien mérité de la patrie.

Sa vaillance fut bientôt appréciée par Napoléon, qui avait en lui une grande confiance, et qui le nomma, en 1804, grand-cordon de la Légion d'honneur et maréchal de France. En 1808, Moncey recevait le titre de duc de Conegliano, et en 1825, Charles X le nomma gouverneur des Invalides.

Lors du retour en France des cendres de Napoléon Ier et de la solennité funéraire du 15 décembre, Moncey, quoique malade et pouvant à peine se mouvoir, malgré la rigueur d'un

froid excessif, se fit porter dans l'église et voulut assister à la
cérémonie tout entière. « Lorsque parut le glorieux cercueil
porté sur les épaules des marins, dit le capitaine Ambert, un frémissement parcourut l'assemblée, le roi descendit de son siège
pour venir à la rencontre du cercueil ; tout le monde se leva.

« Le vieillard (Moncey), assis à gauche de l'autel, voulait se
lever aussi, les forces lui manquèrent, il retomba sur son
fauteuil. Un éclair d'émotion passa sur ce visage déjà marqué
de l'empreinte de la mort, et de son regard éteint, un instant
ranimé, le vieillard semblait dire : *J'ai assez vécu !*

« Quelques semaines après, le vieux guerrier, en effet,
avait cessé de vivre. Les premières impressions chrétiennes
de son enfance ne s'étaient pas effacées et le vieux maréchal
de France se souvenait des principes que recevait jadis le fils
de l'avocat de Besançon. Moncey était religieux. Nous avons
vu le prêtre administrer les derniers sacrements au vieux
soldat, et ce spectacle était plein de grandeur et de majesté. »

LARREY

(1766-1842)

Larrey (J.-Dominique) est né à Baudéan (Hautes-Pyrénées).
Il perdit son père de bonne heure. « Un digne prêtre, dit
M. Loménie, l'abbé de Grasset, curé de Baudéan, charmé de la
gentillesse et de la vivacité de l'enfant, se chargea de sa
première instruction... Élevé comme le petit Joas, à l'ombre
du sanctuaire, le jeune Larrey présentait au curé de Baudéan
l'*encens* ou le *sel*, parait de fleurs le modeste autel du village
et mêlait sa voix pure aux chants religieux des paysans béar-
nais ; il était enfant de chœur. »

A l'âge de treize ans il dit adieu à sa mère et à son bon curé, pour aller continuer ses études. Il choisit ensuite la carrière médicale, et à *vingt-huit ans*, il était *chirurgien en chef* de de l'armée Napoléon Ier, qu'il suivit sur les champs de bataille.

Son dévouement fut admirable ; Napoléon ne l'appelait que le *vertueux* Larrey, et on l'avait surnommé la *Providence du soldat*.

A Austerlitz il reçut la croix de commandeur de la Légion d'honneur ; après Wagram, il fut créé baron de l'Empire.

Pendant la retraite de Moscou, la conduite de l'illustre chirurgien fut au-dessus de tout éloge ; à Waterloo, n'écoutant que son zèle, il s'était laissé entraîner au plus fort de la mêlée, reçut plusieurs blessures, fut fait prisonnier et faillit être fusillé.

Membre de l'Institut de l'Égypte et de l'Académie de médecine, Larrey fut admis à l'Institut de France, en 1828.

Le gouvernement de Louis-Philippe le nomma chirurgien en chef des Invalides.

Au commencement de l'année 1842, il se rendit en Algérie, pour visiter les hôpitaux de la colonie, en sa qualité de membre du Conseil supérieur de santé et de chirurgien inspecteur. Sa mission accomplie, il revint en France, mais pendant la route de Marseille à Paris il fut atteint d'une maladie, à Lyon, où il mourut. Il succomba dans les bras de son fils, après avoir demandé et reçu les secours de la religion, prouvant à cette heure solennelle, comme par tant d'actes d'une admirable charité, qu'il n'avait jamais oublié les leçons du bon curé de Baudéan, qu'il avait quelque temps auparavant reçu avec une filiale cordialité.

« Après bien des années, dit M. Loménie, le bon curé de Baudéan, vieillard presque octogénaire, a eu la joie de presser dans ses bras, avant de mourir, l'illustre chirurgien en chef de la Grande-Armée, il a retrouvé son disciple en cheveux blancs, couvert de gloire, chamarré de décorations, conservant sous une enveloppe bronzée par le fer cette âme bonne, cet esprit jeune, cette sensibilité délicate, cette fraîcheur d'impression qui distinguaient l'enfant de chœur à cet âge heureux où il puisait, dans les exemples et les leçons du pasteur, les premières notions du bon et du beau. »

Une statue en bronze, œuvre de David, a été érigée à Larrey, au Val-de-Grâce.

DANIEL O'CONNELL

(1775-1847)

Daniel O'Connell, issu d'anciens chefs de clan du pays, est né dans l'Irlande, dont il est une des gloires. Il fut un admirable orateur populaire et il a remporté d'incomparables triomphes. Il possédait d'ailleurs tout ce qu'il faut pour agir sur la foule : taille athlétique, voix retentissante, éloquence vive, style hardi et plein de métaphores, foi ardente et inébranlable. Aussi pendant sa vie il exerça un ascendant prodigieux sur le peuple irlandais.

Le P. Ventura et le P. Lacordaire ont fait son oraison funèbre. Nous empruntons au premier de beaux détails sur la foi de O'Connell :

« Qui eut plus de piété et de dévotion que lui ! Au milieu des travaux sans nombre de son apostolat politique, il ne laissa jamais d'assister chaque jour à la messe, et de s'approcher une et même plusieurs fois la semaine du tribunal de la pénitence et de la table eucharistique. Qui plus que lui avait

un saint respect pour le nom de Dieu? Malheur à qui, en sa
présence, eût osé le prononcer sans le respect qui lui est dû ?

« Mais qui fut surtout plus tendre pour la Reine du ciel et
plus zélé pour son culte? Il en parlait au peuple comme de la
mère du peuple. Il est devenu fameux, ce jour qu'emporté
par un sentiment extraordinaire de dévotion et de tendresse
pour Marie, il en fit l'éloge en présence de plus de cent mille
personnes, catholiques et protestants tout ensemble. Cette
multitude ravie, et comme suspendue à ses lèvres, crut
entendre un docteur, un Père de l'Église, énumérer les
gloires et chanter les louanges de la Mère de Dieu.

« Après sa célèbre harangue, qui devait faire ouvrir aux
catholiques les portes du Parlement, pendant que les plus
fameux orateurs s'animaient dans ce grand débat, O'Connell
se tenait là, retiré dans un angle de la salle, récitant le
rosaire.....

« ..... Quand cette religion sainte (le catholicisme) n'obte-
nait que l'indifférence et le mépris comme une malheureuse
proscrite, O'Connell, loin d'en rougir, s'en fit toujours un titre
de gloire ; jamais il ne se présenta à la cour, sans avoir près
de lui un prêtre catholiqué; partout et toujours il le voulait à
ses côtés.

« Jamais il ne s'assit à un banquet politique, où, mêlés à
des catholiques se trouvaient des hérétiques de toutes les sec-
tes et de toutes les opinions, sans que son prêtre, auquel il
céda toujours et partout la première place, eût béni la table
du festin. Dans les réunions publiques, il se faisait une gloire
particulière de professer par ses actes et ses paroles son attachement à la foi romaine.....

« Mais ce qui est au-dessus de toute idée et de toute expression, c'est le zèle de O'Connell pour cette même religion ;
il laissait tout, sacrifiait tout quand il s'agissait de la servir

et de se mettre à l'œuvre pour elle. Les pauvres curés, les communes, les villages sans ressources qui avaient besoin d'églises recouraient à lui ; sa prodigieuse activité, et son éloquence trouvaient aussitôt le moyen de leur faire bâtir comme par enchantement de beaux et vastes temples.....

« Quelqu'un s'avisait-il de lui jeter l'insulte à voix basse et sur le ton sacrilège des anciens jours en l'appelant *papiste*, il se retournait aussitôt et lui répliquait hardiment : « Misé-
« rable ! tu crois en m'appelant *papiste*, me faire injure, et tu
« m'honores ; oui, je suis *papiste*, et je m'en glorifie, je suis
« papiste et cela veut dire que ma foi, par une suite non
« interrompue de Papes, remonte jusqu'à Jésus-Christ ; tan-
« dis que la tienne ne va pas au delà de Luther, de Calvin,
« d'Henri VIII et d'Élisabeth. Eh bien, oui, papiste ! Si tu avais
« une étincelle de bon sens, ne comprendrais-tu pas qu'en ma-
« tière de religion, il vaut mieux dépendre du pape que du roi,
« de la tiare que de la couronne. de la crosse que de l'épée, de
« la soutane que de la jupe, des conciles que des parlements ? »

« O'Connell, fidèle à la maxime de saint Augustin : *Diligite homines, interficite errores,* tout en combattant les erreurs dont les protestants étaient victimes, ne cessait de respecter et d'aimer encore leurs personnes. Ainsi, sévère, implacable et terrible contre eux sur le champ de bataille de la discussion, dans la vie privée il n'avait plus une parole contre eux : il se faisait un devoir de les excuser, de les défendre et de leur rendre tous les bons offices de la charité chrétienne.

« Ses adversaires politiques eux-mêmes furent plus d'une fois obligés de rendre justice à la générosité chrétienne de ses sentiments : « O'Connell, disaient-ils, est une grande
« âme, on est forcé de lui vouloir du bien. Ennemi impi-
« toyable de nos opinions, il est le meilleur ami de nos
« intérêts et de nos personnes. »

« Il rencontre un jour sur la route une foule de catholiques
que l'on traînait au tribunal, pour être jugés, disait-on,
comme coupables d'un crime d'État, mais, en réalité, pour
être immolés parce qu'ils étaient catholiques. Ils ne pouvaient compter sur leurs juges, qui étaient leurs ennemis
mortels.

« Soudain, O'Connell, entraîné par le seul enthousiasme
de sa charité, se présente pour prendre la défense des accusés ; il harangue, il crie, il tonne avec tant de force, de
véhémence, d'émotion et de feu qu'il fait rougir et trembler
les juges sur leurs sièges, les rappelle aux sentiments de
l'humanité, aux devoirs des magistrats et fait proclamer
l'innocence de ses frères de religion. Ce fut le premier acte
de justice que les hérétiques rendirent aux catholiques de
l'Irlande, dans le XIXe siècle.

« Depuis ce jour, O'Connell fut pendant toute sa vie, c'est-
à-dire pendant quarante-cinq ans, le défenseur gratuit de
tous les accusés catholiques, en même temps il était le soutien de tous les pauvres, l'appui de tous les malheureux, la
consolation de tous les affligés.....

« Ses marches étaient un continuel triomphe, triomphe
dont il serait impossible de se faire l'idée. A peine le bruit
se répand-il de l'arrivée du libérateur que des provinces
entières s'émeuvent, les populations entières des lieux les
plus lointains viennent à sa rencontre, les bannières déployées
et rangées en bon ordre. En voyant apparaître dans le lointain le grand homme avec ses formes athlétiques, son air
imposant, son front majestueux, son regard plein de bonté et
son aimable sourire, les joyeux vivats, lancés avec toute
l'énergie du cœur, font retentir les airs ; mais lui, à travers
les cris de triomphe, les rues couvertes de tapis et de fleurs,
entre les haies épaisses d'une foule immense, impatiente

de voir son visage et d'entendre sa voix, il ¡va tout d'abord
adorer Dieu dans son temple.....

« Voici un de ses grands triomphes : il s'agissait de
se faire admettre comme membre du Parlement, dans
l'enceinte de l'assemblée dont tout catholique avait été
formellement exclu depuis l'avénement au pouvoir du protestantisme.

« Il se présente à la Chambre des Communes : un huissier
lui en refuse l'entrée : « Vous êtes catholique, lui dit-il, il n'y
« a pas de place pour un catholique dans une assemblée
« protestante. Jurez-vous le trente-neuvième article de
« la loi anglicane ? — Je jure, répond O'Connell, fidélité à
« mon roi et à toutes les lois justes du Parlement, mais je ne
« jure pas l'hérésie et le blasphème. Je demande à la Chambre
« d'être admis à prouver mon droit. » Cette demande si
nouvelle est accordée plutôt par un instinct de curiosité
que par un principe de justice.

« Il pénètre dans l'assemblée ; on respire à peine, tous les
yeux sont tournés vers lui, tout les cœurs palpitent, ici, d'espérance, là de crainte. O'Connel parle, mais d'un ton si majestueux, d'une voix si ferme, avec une telle élévation de sentiments, une telle force de raison, une telle magnificence de
style, une si grande vigueur d'expressions, un feu et une émotion tels, qu'il ébranle et fait frémir tout d'abord l'assemblée,
puis il convainc les plus difficiles, dompte les plus rebelles,
émeut les plus insensibles, et enfin les laisse tous comme
stupéfaits et hors d'eux-mêmes, et ayant l'air de se demander
dans un éloquent silence : « Jamais homme a-t-il parlé ainsi ? »
Aussi les vieux usages ne sont plus écoutés, l'hérésie se rend,
et voilà qu'en la personne de O'Connell, le Catholicisme prend
place dans le Parlement dont depuis trois siècles il était
banni...

« Après d'innombrabes combats et de glorieuses victoires,
après surtout une si admirable vie chétienne, O'Connell,
pressentant sa fin prochaine, voulut venir déposer aux pieds
du grand représentant de Dieu sa dépouille mortelle. Il fit
vœu d'accomplir un pèlerinage vers cette cité sainte, métropole de l'empire de Jésus-Christ sur la terre, patrie universelle. La mort vint le surprendre à Gênes, sur le chemin de
Rome. Mais non, je me trompe, il ne fut pas surpris par la
mort. J'ai vu moi-même, j'ai eu entre les mains le précieux
exemplaire de l'ouvrage de saint Alphonse de Liguori, intitulé :
Préparation à la mort, dont il a fait usage, annoté de sa propre main ; preuve évidente qu'au milieu des plus grandes agitations de sa vie, il se préparait toujours à la mort et qu'il
réglait son action dans le temps à la lumière sincère des
grandes maximes de l'éternité.

« Il demanda et reçut les derniers sacrements avec l'humilité d'un enfant et la ferveur d'un saint. Ce fut en répétant
souvent la tendre prière de saint Bernard : *Memorare, o piïs-
sima virgo,* en récitant les psaumes, en renouvelant à chaque
instant des actes de contrition, en prononçant les noms si
doux de Jésus et de Marie, que s'éteignit cette grande voix
qui avait ébranlé le monde et que s'envola cette grande âme
qui avait éveillé l'admiration de la terre.

« Et comme il ne lui fut pas accordé de venir en personne
à Rome, il y vint du moins en esprit, et il y mourut de cœur,
car ses dernières dispositions furent ces mots : « Mon corps à
« l'Irlande, mon cœur à Rome, mon âme au ciel ! »

CHATEAUBRIAND

(1768-1848)

Chateaubriand (François-René, vicomte de) est né à Saint-Malo d'une famille noble et ancienne. Après de brillantes études au collège de Dol, il obtint, à 17 ans, un brevet de sous-lieutenant au régiment de Navarre, et deux ans après, en 1787, il était capitaine. A la vue des excès populaires, il quitta la France et voyagea dans l'Amérique du Nord. En 1792, il alla rejoindre, à Coblentz, l'armée des émigrés, fut blessé au siège de Thionville et ramené mourant à Jersey. Dès lors il quitta l'épée pour la plume.

Les principales œuvres de Chateaubriand sont : *Atala* et *René, le Génie du Christianisme, les Martyrs,* beau poème et chef-d'œuvre de l'illustre écrivain. Elles ont été imprimées en 31 volumes in-8°, auxquels il faut joindre douze volumes des *Mémoires d'outre-tombe.*

Chateaubriand avait reçu une éducation très chrétienne. Cependant la fougue et l'égarement des passions de sa jeunesse lui avaient fait oublier sa foi.

Il était doublement coupable, car il avait été richement doué de Dieu, et il abusait de tous les dons du Ciel. Mais il était le fils d'une pieuse mère qui, chaque jour, nouvelle Monique, priait et pleurait sur lui.

Un jour, le jeune homme reçut une navrante nouvelle. Sa mère était morte, morte comme elle avait vécu, priant pour celui qui vivait loin d'elle et contristait son cœur. Jusqu'au dernier soupir, ses lèvres avaient murmuré le nom de l'enfant prodigue absent... Ses mains l'avaient cherché pour le bénir. Sa recommandation suprême avait été celle-ci : « Écrivez-lui que sa mère mourante le conjure de revenir à des sentiments meilleurs. »

Nul ne saura jamais ce qu'éprouva Chateaubriand à la lecture de cette lettre, lui dont le cœur était sensible et tendre. Ce que nous savons, c'est qu'il retrouva bientôt les saintes croyances de sa mère. Dès ce jour, il tourna sa belle intelligence, son génie, vers cette religion catholique faite surtout pour ceux qui pleurent. Puis, sous le regard de sa mère et pour réparer ses erreurs passées, il écrivit le *Génie du Christianisme*, où il a montré victorieusement que le Christianisme, supérieur au paganisme par la pureté de sa morale, n'est pas moins apte que les fictions de l'antiquité à inspirer les chefs-d'œuvre de la littérature et des arts.

*
* *

« Les hommes de notre génération, dit A. Gabourd, toujours en garde contre les émotions de l'âme, ne comprendront jamais ce que fut pour la poésie l'apparition de ces pages (*Atala*, qui était un épisode du *Génie du Christianisme*). Dire combien de détracteurs nièrent le mérite de l'œuvre, c'est faire l'histoire accoutumée de toute chose de génie. Malgré eux, la France littéraire se sentit émue ; elle entrevit l'homme qui devait rattacher à l'intelligence d'un grand siècle celle du siècle naissant, l'écrivain qui surgissait pour renouer les chaînons interrompus de notre littérature nationale. »

Le *Génie du Christianisme* fut d'ailleurs une œuvre bien autrement monumentale. Ce livre vint à son temps, son auteur eut la consolation de réveiller dans les classes intelligentes le sentiment religieux au moment où le premier consul (1802), obéissant à la même pensée, relevait les autels et rouvrait les temples.

« Le jour même dit un savant littérateur (1), où la France célébrait la restauration du culte catholique, le *Moniteur* annonçait la publication du *Génie du Christianisme*. Nulle œuvre ne pouvait être plus opportune. C'était, après Voltaire, l'éclatante réparation faite par l'esprit français à la civilisation chrétienne. Car, dans son éloquente apologie, le jeune écrivain montrait qu'au lieu d'accuser l'Église de retenir les peuples dans l'ignorance et la barbarie, c'était à sa doctrine sainte et à ses institutions que le monde, au contraire, était redevable, non seulement de tous les bienfaits de la civilisation moderne, mais encore de tous les progrès dans les arts et dans les sciences. Il faisait partout sentir l'inspiration généreuse du Christianisme ; il relevait la croix sur toutes les avenues de l'esprit humain où elle avait été abattue par le fanatisme du xviiiᵉ siècle. »

Mais surtout il redisait avec un charme infini les souvenirs du culte, le retour des fêtes aimables ou pathétiques de l'Église, ou encore les émotions religieuses de la nef antique, et la poésie des dévotions populaires, s'attachant à raviver ainsi au fond des cœurs mille expressions d'enfance d'une douceur souveraine et d'une pénétrante mélancolie. A ces temples désolés, le poète rendait une voix, à ce culte désaccoutumé, son âme, à la France encore imprégnée de l'esprit de Voltaire, le respect tout au moins, en attendant la foi, pour cette religion ressuscitée.

« Les dimanches et les jours de fêtes, dit-il dans *René*, j'ai souvent entendu dans les grands bois, à travers les arbres, les sons de la cloche lointaine qui appelait au temple l'homme des champs : appuyé contre le tronc d'un ormeau, j'écoutais

---

(1) C. Benoît, doyen de la Faculté des Lettres. Étude qui a obtenu le prix d'éloquence décerné par l'Académie française, dans la séance du 31 juillet 1864.

en silence le pieux murmure. Chaque frémissement de l'airain portait à mon âme naïve l'innocence des mœurs champêtres, le calme de la solitude, le charme de la religion et la délectable mélancolie des souvenirs de ma première enfance. Oh ! quel cœur si mal fait n'a tressailli au bruit des cloches de son lieu natal, de ces cloches qui frémirent de joie sur son berceau, qui annoncèrent son avènement à la vie, qui marquèrent le premier battement de son cœur, qui publièrent dans tous les lieux d'alentour la sainte allégresse de son père, les douleurs et les joies encore plus ineffables de sa mère ! Tout se trouve dans les rêveries enchantées où nous plonge le bruit de la cloche natale : religion, famille, patrie, et le berceau et la tombe, et le passé et l'avenir. »

Voilà, sans doute, des souvenirs d'enfance qui aidèrent Chateaubriand à revenir à la pratique de la foi.

Dans l'introduction au *Génie du Christianisme*, Chateaubriand annonce qu'il essayera de montrer « que de toutes les religions qui ont jamais existé, la religion chrétienne est la plus poétique, la plus humaine, la plus favorable à la liberté, aux arts et aux lettres ; que le monde moderne lui doit tout, depuis l'agriculture jusqu'aux sciences abstraites, depuis les hospices pour les malheureux jusqu'aux temples bâtis par Michel-Ange et décorés par Raphaël... ; qu'il n'y a rien de plus divin que sa morale ; rien de plus aimable, de plus pompeux que ses dogmes, sa doctrine et son culte ; qu'elle favorise le génie, épure le goût, développe les passions vertueuses, donne de la vigueur à la pensée, offre de nobles formes à l'écrivain, et des moules parfaits à l'artiste... ; que loin de rapetisser la pensée, elle se prête merveilleusement aux élans de l'âme et peut enchanter l'esprit aussi divinement que les dieux de Virgile et d'Homère... et

qu'il n'y a point de honte à croire avec Newton et Bossuet,
Pascal et Racine,..

*
* *

On aimera à relire cette belle description de la mort du
juste :

« Mais c'est à la vue de ce tombeau, portique silencieux
d'un autre monde, que le Christianisme déploie sa sublimité.
Si la plupart des cultes antiques ont consacré la cendre des
morts, aucun n'a songé à préparer l'âme pour ces rivages
inconnus dont on ne revient jamais.

« Venez voir le plus beau spectacle que puisse présenter la
terre, venez voir mourir le fidèle. Cet homme n'est plus
l'homme du monde, il n'appartient plus à son pays ; toutes ses
relations avec la société cessent. Pour lui, le calcul par le temps
finit, et il ne date plus que de la grande ère de l'éternité. Un
prêtre, assis à son chevet, le console. Ce ministre saint s'entretient avec l'agonisant de l'immortalité de son âme, et la
scène sublime que l'antiquité entière n'a présentée qu'une
seule fois dans le premier de ses philosophes mourants, cette
scène se renouvelle chaque jour sur l'humble grabat du dernier
des chrétiens qui expire.

« Enfin le moment suprême est arrivé ; un sacrement a ouvert à ce juste les portes du monde, un sacrement va les clore ;
la religion le balança dans le berceau de la vie ; ses beaux
chants et sa main maternelle l'endormiront encore dans le
sein de la mort. Elle prépare le baptême de cette seconde
naissance ; mais ce n'est plus l'eau qu'elle choisit, c'est l'huile,
emblême de l'incorruptibilité céleste. Le sacrement libérateur
rompt peu à peu les attaches du fidèle ; son âme, à moitié
échappée de son corps, devient presque visible sur son visage,
déjà il entend le concert des séraphins : déjà il est prêt à

s'envoler vers les régions où l'invite cette espérance divine, fille de la vertu et de la mort.

« Cependant l'ange de la paix, descendant vers ce juste, touche de son sceptre d'or ses yeux fatigués et les ferme délicieusement à la lumière. Il meurt et l'on n'a point entendu son dernier soupir; il meurt, et longtemps après qu'il n'est plus, ses amis font silence autour de sa couche, car ils croient qu'il sommeille encore, tant le chrétien a passé avec douceur ! » (Liv. I, ch. XI.)

*
* *

Louis Veuillot, dans l'*Univers* du 17 septembre 1875, écrivait sur l'auteur du *Génie du Christianisme* les lignes suivantes, qui résument très bien l'œuvre de l'illustre écrivain :

« Un monument élevé à Chateaubriand par la ville de Saint-Malo ramène sa mémoire. On relit ses livres et on scrute son caractère. Nous ne voyons rien depuis lui qui s'élève à sa taille : c'est un homme tel que nous n'en fournissons plus.

« La tempête révolutionnaire allait emporter son nom, sa fortune et son rang; il revint à l'appel et aux pleurs de sa mère mourante, non pour essayer de ressaisir ses biens terrestres, mais son Dieu. Il avait dit: *On a prouvé que le Christianisme est excellent parce qu'il vient de Dieu, il faut prouver qu'il vient de Dieu, parce qu'il est excellent.* Il le cria d'une voix si puissante et soudain répétée par tant d'échos, que ce monde couvert de boue et de sang dut l'entendre. Il trouva des pleurs, il éveilla des repentirs. Bientôt la prière publique humilia l'orgie révolutionnaire. Sur la tombe des martyrs on commença de voir à genoux les fils des meutriers épelant le *Credo*.

« Voilà trente ans qu'il est mort: des légions de travailleurs ardents et savants se sont levés pour refaire et achever

son livre interrompu. Cette œuvre renouvellera la face de
cette prétendue science qui était une conspiration contre la
vérité ; elle démontrera clairement que le Christianisme est
excellent parce qu'il vient de Dieu. Certes, personne de ce
temps n'a engagé l'esprit humain dans un plus grand travail,
et ni Dieu ni les hommes n'oublieront que Chateaubriand en
a été le premier ouvrier. »

*

* *

Le R. P. Lacordaire, dans sa 2ᵉ *Lettre à un jeune
homme sur la vie chrétienne*, trace ainsi le portrait de Chateaubriand : «... Il y a peu d'années, les *Martyrs* de M. de Chateaubriand me tombèrent sous la main ; je ne les avais pas lus
depuis ma première jeunesse. Il me prit fantaisie d'éprouver
l'impression que j'en ressentirais, et si l'âge aurait affaibli en
moi les échos de cette poésie qui m'avait autrefois transporté.
A peine avais-je ouvert le livre et laissé mon cœur à sa merci,
que des larmes me vinrent aux yeux avec une abondance qui
ne m'était pas ordinaire, et rappelant mes souvenirs sous le
charme de cette émotion, je compris que je n'étais plus le
même, et que, loin d'avoir perdu de ma tendresse littéraire,
elle avait gagné en profondeur et en vivacité. Ce n'était pas
seulement l'âge qui l'avait mûrie ; un nouvel élément l'avait
transfigurée : j'étais chrétien. Les *Martyrs* qui n'avaient parlé
qu'à mon imagination et à mon goût de jeune homme, leur
parlaient encore sans doute, mais trouvaient dans ma foi
un second abîme l'un à côté de l'autre, et c'était le mélange
de deux mondes, le divin et l'humain, qui, tombant à la fois
dans mon âme, l'avait saisie sous l'étreinte d'une double éloquence, celle de l'homme et celle de Dieu. Aucun écrivain,
avant M. de Chateaubriand, n'avait eu cet art au même degré.

Saint Jérôme, le plus passionné des Pères, avait bien retenu de l'antiquité profane et des ardeurs de sa jeunesse un accent qui retentissait dans son syle ; mais, pénétré de Jésus-Christ jusqu'à la moelle des os, le saint diminuait en lui les restes du poète et du voyageur. Il se frappait la poitrine en souvenir de l'ancien Jérôme, et ce qui s'en entendait encore n'était plus que le cri du lion affaibli par l'immensité du désert. En M. de Chateaubriand l'homme avait survécu. Comme le solitaire de Bethléem, il avait assisté aux révolutions des empires, il avait vu tomber Versailles et persécuter le Christianisme ; comme lui, victime d'une mélancolie native que les événements du monde avaient nourrie, il avait cherché dans les lointains exils le remède de ses douloureuses contemplations ; la foi lui était venue de ses larmes, et purifiant tout à coup son génie, jusque-là sans règle, elle lui avait inspiré, sous les ruines de l'Église et de la monarchie, les premières pages qui eussent consolé le sang des Martyrs et les tombes de Saint-Denis. Mais, si chrétien qu'il fût, l'homme était demeuré ; il remuait tout vivant, dans la magie de son style, et jamais le Christianisme n'avait eu pour prophète une âme où le monde eût tant d'éclat et Jésus-Christ tant de grandeur. Jusque dans ses traits, M. de Chateaubriand portait cet illustre combat de sa destinée contre elle-même. Il y avait dans sa tête la majesté pensive de la foi, les rayons de la gloire et de la solitude, mais non pas toute la paix du chrétien qui depuis longtemps s'est assis au Calvaire en face de la croix. Dieu nous l'avait donné aux confins de deux siècles, l'un corrompu par l'infidélité, l'autre qui devait essayer de se reprendre aux choses divines, et sa muse avait reçu le même jour, pour mieux nous charmer, la langue d'Orphée et celle de David. »

* *

Dans une notice sur Ozanam, l'illustre religieux a raconté
ce trait :

« Comme tout jeune homme chaste, dont le regard n'a
point plongé trop avant dans les mystères du monde, Ozanam était timide et abordait difficilement les célébrités qu'il
avait l'ambition de connaître. Il était porteur d'une lettre de
recommandation de M. l'abbé de Bonnevie, chanoine de
Lyon, homme de ce grand air sacerdotal que j'ai vu à
plusieurs des membres du clergé français, et qui annonçait
tout ensemble la distinction de la nature et l'élévation de la
grâce. M. de Bonnevie aimait les jeunes gens, il les accueil-
lait bien, et la mémoire de son cœur lui a survécu plus que
ses sermons. La lettre qu'il avait donnée à Ozanam était
pour M. de Chateaubriand. Ozanam la retint plusieurs mois
sans en faire usage. Il ne pouvait se décider à franchir un
seuil qui lui semblait être gardé par la gloire elle-même.
Enfin, au premier jour de l'an 1832, il se décide, et, à midi
précis, sonne en tremblant à la porte d'une *puissance de ce
monde,* comme Charles X à Prague désignait M. de Chateaubriand. Celui-ci rentrait d'entendre la messe ; il reçut l'étudiant d'une manière aimable et paternelle, et après bien des
questions sur ses projets, ses études, ses goûts, il lui demanda, en le regardant d'un œil plus attentif, s'il se proposait
d'aller au spectacle. Ozanam surpris hésitait entre la vérité, qui était la promesse faite à sa mère de ne pas mettre
le pied au théâtre, et la crainte de paraître puéril à son noble
interlocuteur. Il se tut quelque temps, par suite de la lutte
qui se passait dans son âme. M. de Chateaubriand le regardait
toujours, comme s'il eût attaché à sa réponse un grand prix.

A la fin la vérité l'emporta, et l'auteur du *Génie du Christianisme*, se penchant vers Ozanam pour l'embrasser, lui dit affectueusement : « Jé vous conjure de suivre le conseil de « votre mère ; vous ne gagneriez rien au théâtre et vous pour- « riez y perdre beaucoup. »

« Cette parole demeura comme un éclair dans la pensée d'Ozanam, et lorsque quelques-uns de ses camarades, moins scrupuleux que lui, l'engageaient à les accompagner au spectacle, il se défendait par cette phrase décisive : « M. de Chateaubriand m'a dit qu'il n'était pas bon d'y « aller. »

*
* *

Un journal, après avoir, dans un ses articles, reconnu la sainteté et les bienfaits de la religion chrétienne, en censurait certaines pratiques comme surannées, puériles et peu faites pour les hautes intelligences.

« Nous voudrions bien savoir, par exemple, ajoutait-il, quel est le confesseur de M. de Chateaubriand. »

Le lendemain, dans la même feuille, on lisait la lettre suivante :

« Monsieur le rédacteur, je trouve dans votre numéro d'hier une phrase ainsi conçue : *Nous voudrions bien savoir quel est le confesseur de M. de Chateaubriand.* Je m'empresse, monsieur, de satisfaire votre curiosité. Mon confesseur est M. l'abbé Séguin, prêtre de Saint-Sulpice, demeurant rue Servandoni, 16.

« J'ai l'honneur d'être, avec la considération la plus distinguée, votre très humble serviteur,

« Vicomte de CHATEAUBRIAND. »

C'était en 1848, à Paris, le canon de la guerre civile grondait dans une rue peu éloignée de l'église Sainte-Clotilde, où l'auteur du *Génie du Christianisme* touchait au terme de sa glorieuse carrière.

Le bruit du canon ou les sourdes rumeurs qui s'élèvent de la grande cité aux jours d'émeute, troublaient de temps en temps le silence qui régnait autour du lit du mourant. Il arriva qu'un tumulte plus fort, une clameur plus sauvage parvint jusqu'aux oreilles de l'illustre vieillard, fatigué de la vie, et lassé d'orages et de tempêtes.

Il prit alors son crucifix, attacha sur l'image du Sauveur un regard ferme et doux, et dit : « *Jésus-Christ seul sauvera la société moderne, voilà mon Dieu, voilà mon Roi !* »

Ce furent les dernières paroles de Chateaubriand. Après cette suprême profession de foi, sa grande intelligence parut éteinte jusqu'au moment où il rendit le dernier soupir.

LE MARÉCHAL BUGEAUD

(1784-1849)

BUGEAUD DE LA PICONNERIE (Thomas-Robert), né à Limoges, est une des gloires de l'armée française. Son nom surtout est inséparable de l'Algérie, qui fut le champ de ses nombreux combats et de ses brillantes victoires. La bataille d'Isly, où 10,000 Français mirent en déroute une armée quatre fois plus nombreuse, mérita au général vainqueur le titre de duc d'Isly.

Bugeaud fut créé maréchal de France en 1843. Il venait d'être nommé général en chef de l'armée des Alpes lorsqu'il fut emporté par le choléra. C'est à Paris que la maladie vint l'atteindre, et, le 10 juin 1849, il expira dans d'admirables sentiments de foi, digne couronnement d'une noble vie.

« *Fiat voluntas tua,* » répéta-t-il avec le prêtre qui, après lui avoir donné la sainte communion, l'exhortait à se résigner pour une bonne mort. Ce fut la mort d'un grand chrétien, d'un héros, dont la devise peut se résumer en ces trois mots, dont il fut une réalité vivante : *Cruce, Ense et Aratro.*

Mgr Lavigerie, dans une lettre intéressante que nous reproduisons, donne les pieux détails suivants sur l'illustre maréchal:

« En 1841, le maréchal Bugeaud vint prendre la direction des affaires de la plus difficile des guerres. Sa famille était dans les plus vives angoisses, parce que tout le monde savait qu'il ne s'épargnerait pas, qu'il était toujours le premier au feu. L'une de ses pieuses filles lui demanda la veille de son départ, d'accepter, de sa main, une médaille de la sainte Vierge et de lui permettre de la placer à son cou, comme une sauvegarde contre tant de périls ; il accéda aussitôt au désir de son enfant et lui laissa placer sur sa poitrine, attachée à un simple cordon, une petite médaille en argent.

« Le jour même, le général dînait à Périgueux dans une société nombreuse fort peu chrétienne, comme la société officielle de ce temps-là. L'évêque du diocèse s'y trouvait pourtant, et comme il exprimait au général son espoir que Dieu protégerait ses armes.

« Ah ! monseigneur, répond Bugeaud, je ne suis pas un « incrédule ; moi aussi, j'ai confiance en Dieu, et pour vous en « donner la preuve, voici une des armes que j'emporte « avec moi. »

« Et en disant ces mots, le gouverneur de l'Algérie tira de sa poitrine la petite médaille suspendue à son cordon.

« C'est une médaille de la sainte Vierge, dont j'ai promis « à ma fille de ne plus me séparer ! »

« Le vieux maréchal a tenu sa parole. Dans toutes ses guerres d'Afrique, la petite médaille de la sainte Vierge est restée sur son cœur, et Marie s'est plu à recompenser la confiance pieuse de l'enfant et l'acte de foi du vieux maréchal (1). Il sortit sain et sauf de tous les périls de ses dix-huit campagnes, où tant de braves tombèrent à ses côtés sous les coups des Arabes. Aussi lorsqu'il partit d'Alger, voulut-il garder sa petite médaille en témoignagne de reconnaissance. Elle était encore suspendue à son cou lorsqu'il mourut, quelques mois après, d'une mort prématurée, dans les sentiments les plus admirables, et c'est seulement après sa mort que les mains de sa fille ont repris, avec un pieux respect, l'image de Marie sur la poitrine du vieux soldat.

« Cette médaille bien pauvre en elle-même, mais si précieuse par tous ses souvenirs, je l'ai demandée et obtenue pour le sanctuaire de Notre-Dame-d'Afrique, où sa place est si bien marquée et où elle reposera aux pieds de la Madone entre l'épée du vieux duc d'Isly et celle du brave Yusuf.

(1) Voici un trait qui confirmes ces paroles :

Un jour d'expédition, s'apercevant, deux heures après le départ, qu'il avait oublié sa médaille, il appela un spahis et lui dit : « Mon brave, ton cheval arabe peut faire quatre lieues à l'heure. J'ai laissé ma médaille suspendue à ma tente dans le camp ; je ne veux pas livrer bataille sans elle. J'arrête l'armée, et montre en main, j'attends dans une heure. » Le cavalier partit à toute bride et fut de retour une heure après. Quand il présenta la médaille au maréchal, ce guerrier, lui aussi sans peur et sans reproche, la baisa en présence de tout son état-major, la replaça sur sa poitrine et dit à haute voix : « Maintenant, je puis marcher. Avec ma médaille, je n'ai jamais été blessé. En avant, soldats, allons battre les Kabyles ! »

« Je la fais encadrer dans un cercle d'or, sur lequel ceux
qui viendront visiter Notre-Dame-d'Afrique pourront lire
bientôt ces paroles :

« Médaille de la très sainte Vierge que le maréchal
« Bugeaud a portée sur sa poitrine pendant toutes les guerres
« d'Afrique et qu'il avait encore à son heure dernière.

« Sa pieuse fille, Mme la comtesse Feray d'Isly, des mains de
« laquelle il l'avait reçue et qui l'a reprise après sa mort, l'a
« donnée au sanctuaire de Notre-Dame-d'Afrique. »

—On ne lira pas sans intérêt cette lettre, qui est d'une frappante actualité, bien qu'elle date de près de quarante ans:

« Alger, fin juin 1843.

« Je ne suis, ni jésuite ni bigot, mais je suis humain et
j'aime à faire jouir tous mes concitoyens, quels qu'ils soient,
de la somme de liberté dont je veux jouir moi-même. Je ne
puis vraiment m'expliquer la terreur qu'inspirent les jésuites
à certains hommes.

« Quant à moi, qui cherche par tous les moyens à mener
à bonne fin la mission difficile que mon pays m'a confiée,
comment prendrais-je ombrage des jésuites, qui, jusqu'ici, ont
donné de si grandes preuves de charité et de dévouement aux
pauvres émigrants qui viennent en Algérie, croyant y trouver
une terre promise, et qui n'y rencontrent tout d'abord que
déceptions, maladies et souvent la mort ?

« Eh bien! oui, ce sont les sœurs de Saint-Joseph et les jésuites qui m'ont puissamment aidé à secourir ces affreuses
misères, que l'administration, avec toutes les ressources dont
elle dispose, est complètement insuffisante à soulager.

« Les sœurs de Charité ont soigné les malades qui ne trouvaient plus de place dans les hôpitaux et se sont chargées
des orphelines.

« Les jésuites ont adopté les orphelins.

« Le P. Brumeau, leur supérieur, a recueilli plus de cent trente orphelins européens qui, sous la direction de différents professeurs, apprennent les métiers de laboureur, jardinier, charpentier, menuisier, maçon, etc.

« Il sortira de là des hommes utiles à la colonisation, au lieu de vagabonds dangereux qu'ils eussent été.

« Sans doute les jésuites apprendront à leurs orphelins à aimer Dieu. Est-ce là un si grand mal? Tous mes soldats, à de rares exceptions près, croient en Dieu, et je vous affirme qu'ils ne s'en battent pas avec moins de courage.

« Je ne puis m'empêcher de sourire quand je lis dans les journaux l'énumération des dangers dont la corporation des jésuites menace la France. Il faudrait, en vérité, qu'un gouvernement fût bien faible pour redouter quelques prêtres.

« Pour moi, gouverneur de l'Algérie, je demande à conserver *mes* jésuites, parce que, je vous le répète, ils ne me portent nullement ombrage et qu'ils concourent efficacement au succès de ma mission.

« Que ceux qui veulent les chasser nous offrent donc les moyens de remplacer les soins et la charité *gratuits* de ces terribles fils de Loyola.

« Bugeaud. »

CHOPIN

(1810-1849)

Chopin, célèbre pianiste, dont la réputation était universelle, naquit à Varsovie. Il parcourut l'Europe presque tout entière et se fit partout admirer par l'originalité de ses œuvres et de son jeu qui unissait à la hardiesse la méthode classique. Il a laissé un très grand nombre de productions, bien qu'il soit mort jeune encore, n'ayant pas encore atteint sa quarantième année. Chopin compte au nombre des classiques de l'art.

Un orateur éminent, autant qu'écrivain distingué, compatriote et ami du grand compositeur, a raconté la maladie et les derniers moments de Chopin. Ce sont de belles et touchantes pages :

« Encore sous l'impression profonde qu'a produite sur moi la mort de Chopin, je me mets à écrire ces lignes.

« Mon pauvre ami est mort le 17 octobre 1849, vers deux heures du matin.

« Depuis plusieurs années la vie de Chopin était, si je puis me servir de cette expression vulgaire, comme suspendue à un fil. Son corps toujours faible et chancelant se consumait dans le feu de son génie. Aussi les personnes qui l'approchaient étaient-elles étonnées que dans un être si chétif pût encore habiter une âme, et qu'il n'eût rien perdu de la finesse de son esprit ni de la bonté de son cœur. Son visage ressemblait à de l'albâtre, froid, blanc et transparent; ses yeux, habituellement voilés comme par un nuage, brillaient parfois d'un éclat extraordinaire. Toujours bienveillant, aimable, spirituel et débordant de sentiment ; il vivait d'une vie pour ainsi dire détachée de ce monde. Et cependant, pour le ciel, rien : il n'y pensait pas. Chopin eut peu de bons amis, mais en retour il en eut beaucoup de trop mauvais, c'est-à-dire d'incrédules. Ses triomphes dans l'art musical étouffèrent vite en lui les inspirations de l'Esprit-Saint. La piété que lui avait transmise sa mère, une vraie Polonaise, n'était plus pour son âme qu'un souvenir d'enfance. Dans ses dernières années surtout, l'irréligion de ses compagnons et de ses amis avait poussé de pro-

fondes racines dans cette riche nature, et, semblable à un
poids horrible, le doute étouffait son cœur. Jamais cependant
on ne l'entendit tourner en ridicule les saintes choses de
Dieu, tant il avait de noblesse dans ses goûts et de délicatesse
exquise dans ses manières.

« Il en était donc là lorsqu'il contracta la maladie de poitrine dont il est mort. A mon retour de Rome à Paris, j'appris que Chopin était à toute extrémité. Immédiatement je
me hâtai d'aller voir cet ami d'enfance dont l'âme m'était si
chère. Nous nous embrassâmes, et nos larmes à tous deux me
confirmèrent dans cette idée que sa fin était proche. Il était
d'une faiblesse extrême et baissait à vue d'œil, et malgré cela
il ne pleurait pas sur lui, mais sur moi qui l'entretenais de la
mort de mon frère Edouard, l'un de ses amis aussi. Je profitai
de cette circonstance pour lui rappeler sa mère, et avec ce
souvenir je m'efforçai de réveiller en lui la foi qu'elle lui avait
apprise. « Ah ! je te comprends, me dit-il, pour ne point con-
« trister ma mère, il me faudrait recevoir les sacrements,
« mais, vois-tu, je ne puis les recevoir parce que leur sens
« m'échappe. L'utilité de la confession, je la comprends, en
« tant que confidence d'un ami à son ami, seulement comme
« sacrement elle dépasse ma pensée. Si tu veux, je vais me
« confesser à toi, parce que tu es mon ami, mais rien de plus. »
— En entendant ces paroles de Chopin, mon cœur était navré
et je versais des larmes. Je souffrais tant à cause de sa pauvre
âme, j'étais si malheureux ! Je le consolai comme je pus en
l'entretenant du Sauveur, de la très sainte Vierge et des infinies miséricordes de Dieu. Comme je m'offrais à lui amener le
confesseur qu'il me demanderait, il me répondit: « Si je me
« confesse, ce ne sera qu'à toi. » Et c'est précisément ce que
je redoutais par-dessus tout, moi qui connaissais si bien son
existence par ouï-dire ou par les feuilles publiques.

« Jamais personne ne pourra se représenter la nuit épouvantable que je passai après l'entretien que je viens de dire.
Le lendemain nous célébrions la fête de saint Édouard, patron
de mon bien-aimé frère. J'offris le saint sacrifice |pour l'âme
de ce cher défunt, et j'adressai à Dieu cette prière : « O Dieu
« tout-puissant, si l'âme de mon Édouard vous est agréable,
« donnez-moi, je vous en prie, l'âme de Frédéric (le surnom
« de Chopin). »

« Mon anxiété ne fit que s'accroître lorsque je me rendis
auprès de Chopin. Je le trouvai qui déjeûnait, et il m'invita à
prendre quelque chose avec lui. Puis je lui dis : « Mon cher
« ami, c'est aujourd'hui la fête de mon frère Édouard. » Chopin se mit à soupirer, et je continuai : « Pour la fête de mon
« frère, tu devrais bien m'accorder une chose, une seule
« chose : — Tout ce que tu demanderas, tu l'auras, » dit Chopin. Et je répliquai : « Donne-moi donc ton âme ! — Je te
« comprends, prends-la ! » répondit-il, et en même temps il
s'assit sur son lit.

« Alors j'éprouvai une joie inexprimable mêlée d'une an-
goiss eindescriptible. Comment devais-je recevoir cette chère
âme pour la donner à Dieu ? Je tombai à genoux et je criai
vers Dieu de toute l'énergie de ma foi : « Recevez-la vous
« seul, ô mon Dieu ! » Et je tendis à Chopin l'image du Sauveur crucifié, en la lui serrant dans ses deux mains, sans mot
dire. De ses yeux tombèrent alors de grosses larmes.

« Crois-tu ? lui demandai-je. — Je crois ! répondit-il.

« — Crois-tu comme ta mère te l'a enseigné ?

« — Comme ma mère me l'a enseigné, » répondit-il encore.
Et, les yeux fixés sur l'image de son Sauveur, il se confessa
en versant des torrents de larmes. Puis il reçut la saint Viatique et le sacrement de l'Extrême-Onction, qu'il réclama lui-
même. Après un instant il voulut qu'on donnât au sacristain

vingt fois plus qu'on ne lui donne d'ordinaire. Comme je lui faisais observer que ce serait beaucoup trop : « Non, non, « répliqua-t-il, ce n'est pas trop, car ce que j'ai reçu, n'a pas « de prix. » De ce moment, par la grâce de Dieu, ou plutôt sous la main de Dieu lui-même qu'il avait reçu, il devint tout autre, et l'on pourrait presque dire qu'il devint un saint.

« En ce même jour commença l'agonie, qui dura quatre jours et quatre nuits. Sa patience et son entière résignation à la volonté de Dieu ne l'abandonnèrent pas jusqu'à la dernière minute. Pendant ses souffrances les plus vives il remerciait Dieu, parlait de son amour pour les hommes et exprimait le désir d'être bientôt avec lui. Il faisait part de son bonheur à ses amis qui venaient le visiter et qui veillaient dans les chambres voisines à la sienne. Tout à coup le pauvre malade prit une faiblesse. On crut à sa fin et l'on se précipita vers son lit, dans l'attente du dernier moment. Chopin ouvrit alors les yeux, et voyant ceux qui l'entouraient, il demanda : « Que « faites-vous donc ici ? Pourquoi ne pas prier ? » Et avec moi tous se mirent à genoux, et je récitai à haute voix les litanies des saints auxquelles répondirent les protestants eux-mêmes.

« Le jour et la nuit, il retint presque constamment mes mains pressées dans les siennes. « Au moment décisif tu ne m'aban- « donneras pas, n'est-ce pas ? » disait-il, et il se penchait douce- ment vers moi comme un enfant qui se penche sur sa mère, lors- qu'un danger le menace. A tout instant il s'écriait : « Jésus, Marie ! » A tout instant il embrassait le crucifix, témoignant ainsi de sa foi, de son espérance, de sa charité. Parfois il disait avec grande émotion aux personnes qui l'entouraient : « J'aime « Dieu, j'aime les hommes. Il est heureux que je meure comme « cela. Ma chère bonne sœur, ne pleure pas ! Et vous tous aussi, « mes amis, ne pleurez pas ! je suis si heureux ! Je sens que « je meurs. Priez pour moi. Au ciel nous nous reverrons ! »

« Aux médecins qui s'efforçaient de prolonger sa vie, il disait: « Laissez-moi mourir en paix, Dieu m'a pardonné, le
« voici qui m'appelle. Laissez-moi; je voudrais tant mourir ! »
Après une pause il poursuivait : « Oh! la belle science que
« savoir faire durer la douleur. Encore si on le faisait pour le
« bien, pour accomplir un sacrifice ; mais m'accabler et me tour-
« menter avec tous ceux qui m'aiment! Oh! la belle science! »
Après quelques minutes : « Vous me faites souffrir bien
« inutilement, vous me faites beaucoup souffrir. Vous vous
« trompez peut-être, mais Dieu ne se trompe pas. Il m'éprouve.
« Oh! comme Dieu est bon! »

« Enfin lui qui parlait toujours un langage si choisi, il me
dit brusquement : « Vraiment, mon cher, sans toi, je serais
« mort comme une bête! » Chopin voulait m'exprimer de la
sorte toute la reconnaissance qu'il éprouvait pour moi, et en
même temps, me faire sentir l'affreux malheur de ceux qui
meurent sans sacrements.

« Au dernier moment il répéta de nouveau les noms de
Jésus, de Marie, de Joseph, pressa de nouveau le crucifix sur
ses lèvres et sur son cœur, et en rendant le dernier soupir il
dit encore : « Maintenant je suis à la source du bonheur. »
Et en prononçant ces paroles il mourut.

« Ainsi finit le grand artiste Frédéric Chopin. »

LE GÉNÉRAL DROUOT

(1774-1847)

Drouot, général d'artillerie, est né à Nancy. Il assista aux grandes batailles de l'Empire et contribua puissamment aux succès des armées françaises, surtout à Wagram, à la Moskowa, à Lutzen. — A 39 ans il était général de division.

Napoléon, à qui Drouot fut toujours fidèle, l'avait surnommé le *Sage de la Grande Armée*, et dans son exil de Sainte-Hélène, il disait « qu'il n'existait pas deux officiers dans le monde pareils à Murat pour la cavalerie, et à Drouot pour l'artillerie. »

Après la chute de Napoléon, Drouot se retira dans la vie privée et n'eut d'autre ambition que celle de servir Dieu et de se rendre utile aux petits et aux pauvres.

Le P. Lacordaire a fait l'oraison funèbre du guerrier et du chrétien ; nous lui empruntons ce qui suit :

« Drouot écrivait un jour : « Lorsque mes ressources seront « entièrement épuisées, ou bien qu'elles viendront à me man- « quer, je me présenterai à l'hospice Saint-Julien, pour occu- « per moi-même un des lits que j'y ai fondés en faveur des « vieux soldats. Si ce moment arrive, il ne sera certainement « pas le moins doux de ma vie. »

Quelques mois avant sa mort, n'ayant plus rien à donner, il se souvint d'un grand uniforme qu'il conservait comme une sorte de relique de ses anciens jours. Il en fit découper et vendre les galons. Un de ses neveux lui en témoigna du regret, disant qu'il aurait eu du plaisir à le transmettre à ses enfants : « Mon neveu, répondit le général, je vous l'aurais donné volontiers, mais j'aurais craint que vos enfants, en voyant l'uniforme de leur oncle, ne fussent tentés d'oublier une chose qu'ils doivent se rappeler toujours, c'est qu'ils sont les petits-fils d'un boulanger. »

« Sans doute, dit le R. P. Lacordaire, la nature du général Drouot était une nature admirablement douée, mais si droite, si bonne, si grande qu'elle fût de son fonds, elle n'aurait point atteint le degré de perfection où elle est parvenue, sans un principe supérieur aux pensées et aux affections de la terre.

« Lui-même a confessé hautement qu'il devait tout à Dieu, non pas au Dieu abstrait de la raison, mais au Dieu des chrétiens, manifesté dans toute l'histoire par un commerce positif avec le genre humain.

«... Quoique enfant d'un siècle léger, et avant d'avoir vu la grande révolution qui en illumina le fin, il avait sucé avec le lait de sa mère une foi qui avait été confirmée par la forte éducation du travail et de la pauvreté.

« Cette foi ne chancela pas un seul jour et ne se cacha pas une seule fois. Sous la tente du soldat comme dans l'orgueil des palais, Drouot fut publiquement chrétien. Il lisait la Bible appuyé sur son canon ; il la relisait aux Tuileries dans l'embrasure d'une fenêtre. Cette lecture fortifiait son âme contre les dangers de la guerre et contre les faiblesses des cœurs. Quand Napoléon, sans détourner la tête, prononçait cette brève parole : « Drouot ! » l'aide-de-camp recommandait son âme à Dieu, partait à toute bride, et quelques minutes après on le voyait précipiter au galop 50 ou 100 bouches à feu qui, sans paraître s'arrêter, vomissaient la mort dans les rangs ennemis...

« Mais aussi quand l'heure du hasard était passée, Drouot se retrouvait dans la parole ce qu'il avait été dans l'action, plein de mépris pour le mensonge comme il l'avait été pour la mort ; après s'être montré l'enfant du Dieu des batailles, il se montrait l'enfant du Dieu de la vérité. Il prenait hardiment l'intérêt du soldat trop souvent sacrifié, il méritait que l'empereur l'appelât le tribun du soldat, aussi justement qu'il l'avait appelé le sage de la grande armée.

« Ne vous persuadez même pas, messieurs, que la foi du général Drouot fût une foi qui ne s'élevât point jusqu'aux pratiques vulgaires de la religion ; il croyait à tout et il accomplissait tout. Vous l'avez entendu dire à l'empereur qu'il ne désirait *qu'une chose, qui était d'habiter sur la paroisse où il avait été baptisé.*

« L'idée de son baptême, par lequel il avait été fait enfant de Dieu, pénétrait son cœur d'un pieux souvenir, et l'église où il avait reçu ce sacrement de la vie formait pour lui, avec tout son territoire, une patrie spirituelle qui ne lui était pas moins chère que la patrie temporelle. Il disait souvent qu'il eût préféré une cabane dans ce coin sacré de la terre natale à un palais bâti partout ailleurs. Il y acheta, en effet, la modeste habitation où il a passé les vingt dernières années de sa vie.

« Il ne manquait pas de faire offrir le sacrifice du corps et du sang de Jésus-Christ aux jours commémoratifs de la mort de son père, de sa mère et de l'empereur Napoléon.

« Il communiait plusieurs fois dans l'année, et on ne saurait dire avec quel respect militaire et filial il recevait, dans sa solitude, le Dieu qui avait réjoui sa jeunesse, protégé sa vie de soldat et qui répandait sur la fin de ses jours une inénarrable consolation. La prière jaillissait de son cœur avec une onction dont le secret a été plus d'une fois surpris. Un jeune artiste, introduit furtivement dans sa chambre pour recueillir ses traits, vit l'illustre aveugle, qui se croyait seul avec Dieu, lever à plusieurs reprises ses mains vers le ciel, dans un épanchement religieux attesté, sur sa noble figure, par l'illumination d'une pure et divine joie.

« Aussi à la mort du sage, le peuple ne s'est pas trompé, il est venu vénérer bien moins le héros que le chrétien, bien moins la vertu qui donne la gloire du monde que la vertu qui révèle et qui donne la gloire de Dieu.

« O mon Dieu ! Dieu de Charlemagne et de Godefroy de Bouillon, Dieu des grands capitaines qui ont fondé ou défendu l'Europe, nous vous remercions d'avoir montré à notre âge, et surtout à la France, un exemplaire incontesté de l'homme, du soldat et du citoyen, tels qu'ils se forment sous l'inspiration de votre grâce et dans l'imitation de votre Fils ! »

FRÉDÉRIC SOULIÉ

(1800-1847)

Soulié (Frédéric) est né à Foix en 1800. Il fut un poète dramatique et un des romanciers les plus célèbres de notre siècle.

Élevé en dehors de tout principe de foi, sa vie se passa loin de Dieu, et plusieurs de ses écrits sont très irréligieux et même très immoraux.

Il se convertit pendant la maladie qui précéda sa mort. M. le curé de Bièvre, témoin de cette conversion, l'a ainsi racontée :

« Frédéric Soulié vient de mourir. Cette mort, qui est une perte pour la littérature, en est une aussi pour la religion. La religion aurait trouvé dans cet écrivain le dévouement et la reconnaissance d'un fils que lui avait ramené une longue maladie. Frédéric Soulié eût continué d'écrire avec son esprit et son cœur ; car c'est de cœur et d'esprit qu'il a fait, sans réserve, sa soumission publique à la religion dont il a demandé et reçu les sacrements, dans toute la plénitude de ses facultés intellectuelles.

« Les dogmes divins lui avaient apparu dans tout leur éclat, toutes ses pensées étaient purifiées par la foi.

« Après avoir reçu les sacrements, Frédéric Soulié éprouva deux jours après, un bien-être physique qui lui donna l'espoir d'un retour réel à la santé. Et alors, quand il croyait tenir à la vie, quand son horizon en ce monde semblait s'étendre à ses yeux, quand le monde et les plaisirs lui apparaissaient de nouveau, pour le tenter, avec leurs illusions et leurs promesses, il me disait, il répétait à ceux qui venaient s'asseoir à son chevet, qu'il ne regrettait point la crise menaçante qu'il avait éprouvée deux jours auparavant, parce qu'elle lui avait fait prendre un grand parti, celui de se donner à Dieu. Ces paroles étaient franches comme son cœur.

« Dans sa dernière agonie, Frédéric Soulié disait encore ces belles et touchantes paroles, que ses amis édifiés ont recuillies : « J'ai beaucoup de pensées, et elles sont toutes bonnes : je « demande à Dieu de ne pas perdre le fruit de mes souffrances. »

« C'est ainsi qu'il s'est préparé à son passage par delà la tombe, et la mort l'a trouvé sanctifié par la foi, la souffrance et les sacrements, quand elle est venue le marquer au front du signe de l'éternité. »

Voici un touchant épisode de sa maladie :

« Une sœur de Charité était agenouillée au pied de son lit et disait de tout son cœur son rosaire. Des larmes se formaient sous ses paupières et roulaient sur ses joues. Le malade lève la tête : « Que dites-vous donc ainsi, ma sœur ?... Notre père qui « êtes aux cieux... que cela est beau ! Redites-le donc encore !... »

Et la sœur de recommencer. « C'est magnifique !..... je « veux l'apprendre avec vous. » Et comme un enfant l'apprend des lèvres de sa mère, ainsi Frédéric Soulié apprit mot pour mot l'Oraison dominicale des lèvres de celle dont la prière avait touché son cœur.

DROZ, de l'Académie Française

(1773-1850)

M. Droz est né à Besançon d'une famille de magistrats. Il professa d'abord les belles-lettres dans sa ville natale, puis vint à Paris, où il se fit remarquer comme écrivain.

L'*Essai sur l'art d'être heureux* fut le premier ouvrage qui attira sur Joseph Droz l'attention de ses contemporains. Épris des charmes de la philosophie antique, admirateur passionné de Platon, il lui emprunta quelque chose de sa douce sérénité et de sa simplicité majestueuse. Mais la foi du chrétien éclate à chaque page dans ce livre, dont le style élevé et rempli d'onction reflète l'âme d'un pieux philosophe.

Le plus important de ses ouvrages est l'*Histoire de Louis XVI*, en trois volumes, œuvre accomplie, à laquelle il consacra trente années de sa vie et dans laquelle l'auteur a manifesté une grande élévation d'âme, et toutes les qualités d'un talent supérieur.

Dans les dernières années de sa vie, M. Droz voulut consacrer exclusivement son intelligence à la défense du Christianisme, et il publia, en 1843, un petit chef-d'œuvre, sous le nom de *Pensées sur le Christianisme*. Mgr Affre, archevêque de Paris, donna son entière approbation à ce travail chrétien, fort par la raison, le bon sens, la science.

A ceux qui disent que la religion est triste et qui détournent les yeux à la vue d'une croix, M. Droz adresse ces paroles, où son âme se peint tout entière :

« .....Dans ma jeunesse....., je cherchais les sites riants ; ils plaisaient à mes yeux, à mon imagination... Alors, si j'apercevais une croix sur le haut d'une colline, ou sur le bord du entier par lequel j'allais passer, je détournais mes regards :

pourquoi, disais-je, attrister par la vue d'un instrument de
supplice ces lieux que le Créateur s'est plu à rendre heureux ?... Un sentiment de répulsion m'agitait.

« Le signe de la rédemption produisit en moi une émotion
toute nouvelle, lorsque, dans un port de mer, je vis la croix
gigantesque élevée près du phare. Oh! me dis-je, ici, au bord
des écueils, en face des tempêtes, que ce signe d'espérance
est bien placé! Les matelots luttant contre les flots, l'aper-
çoivent de loin et l'invoquent, tandis que leurs femmes l'en-
tourent en faisant retentir la grève de cris et de prières !

« Quand je revis nos campagnes charmantes, un souvenir
des tempêtes s'offrit à ma pensée. Ces lieux sont riants, me
dis-je ; mais ceux qui les habitent n'ont-ils jamais de douleur
à supporter ou à craindre ! Quel séjour terrestre est exempt
d'orages ? Croix du Rédempteur, bénie soit la main qui t'élève
partout où peut passer un affligé ! »

Quelle philosophie profonde dans ce délicieux fragment!
Oh ! oui, aux jours de la jeunesse et des passions, quand nous
disons que la religion est triste, nous lui imputons ce qu'il
faut attribuer à nous-mêmes, à nous seuls ! Née de la bonté
céleste, la religion est douce, affectueuse, consolante. Mais ce
n'est pas assez pour nous : nous désirons autre chose. Nous
voudrions que le Christianisme nous laissât jouir de tout ce
qui nous séduit ; nous voudrions qu'il nous permît de nous
bercer dans nos illusions et de nous endormir dans nos vices ;
et ce n'est que quand nous avons été battus par la tempête
que nous bénissons la croix du Rédempteur !

*
* *

Sur le bord de la fosse qui allait recevoir les restes mortels
de ce chrétien convaincu et l'un des plus vénérés de notre

époque, un membre de l'Académie française, célèbre à plus d'un titre, M. Guizot, prononça ces belles paroles :

« ... Je ne connais pas, je n'imagine pas une vie plus pure et plus harmonieuse, où les idées et les actions, le caractère et la destinée aient été dans un plus complet et plus bel accord. Un moment, dans les premiers jours de sa jeunesse, M. Droz prit part à l'activité orageuse de son pays. Il entra comme volontaire dans le bataillon du Jura et fut bientôt élu officier par ses camarades. Au bout de trois ans....., M. Droz rentra dans la vie civile, et quitta Besançon pour venir à Paris se consacrer tout entier aux lettres et à la philosophie.

« Pendant cinquante ans, il ne s'en est pas un moment laissé distraire... Ce fut là toute sa vie ; il n'en chercha et n'en accepta aucune autre. Quel autre lui eût donné ce qu'il trouva dans celle-là de bonheur si doux et d'honneur si pur? Dieu ne lui a pas épargné, dans sa famille, les épreuves douloureuses. Mais il lui a laissé, jusqu'à sa dernière heure, les joies qui aident à supporter les épreuves.

« Il est mort entouré de ses enfants, de trois générations de ses enfants, tendrement aimé de ces jeunes cœurs et les aimant comme s'il eût été jeune lui-même. Ses études philosophiques ont été couronnées du plus souhaitable succès, car elles l'ont conduit à placer le bonheur dans la vertu et à se reposer dans la foi. Il est mort chrétien, fervent dans ses convictions, et toujours respectueux et doux pour les convictions d'autrui..... C'est un beau mérite et un grand honneur que de faire retentir d'avance au milieu des orages de son propre temps, la voix des honnêtes gens de la postérité.

« La génération qui s'agite maintenant dans le monde avec tant d'efforts et au sein de si profondes ténèbres, a besoin

d'avoir sous les yeux des caractères tels que celui de M. Droz.
Il était pour le pays un bel exemple moral qui lui manquera.
Quand on a ainsi vécu sur la terre, on entre avec confiance
dans l'éternité... »

VICTOR ORSEL

(1793-1852)

André-Jacques-Victor ORSEL naquit à Oullins en 1795. De
bonne heure il manifesta de grandes dispositions pour la peinture, et sa famille favorisa son talent. Jeune encore, il s'illustra dans cet art, et consacra son habile pinceau à reproduire
des sujets de morale et de religion. Artiste véritablement
chrétien, la glorification du Christianisme fut le but de tous
ses efforts, ainsi que le prouvent les hautes leçons de morale
qu'il puisait dans les livres saints et qui distingue les
nombreuses compositions qu'il a laissées.

Digne successeur des grands peintres du moyen âge (1), dont
il avait étudié le haut style, Orsel, après cinq cents ans, est
venu reprendre l'art chrétien au point où l'avaient laissé les
artistes du xiiie et du xive siècle et a continué dignement la
noble mission à laquelle ses anciens maîtres s'étaient courageusement dévoués. Aussi, profondément religieux, mais bien
plus savant, il a su enrichir leur style, déjà si simple et si
naïf, de tout le charme d'un dessin correct autant qu'élevé et
habile.

(1) Martin d'Aussigny, *Notice sur V. Orsel.*

L'étude des tableaux des anciens maîtres appela le jeune
peintre au but vers lequel la Providence semblait l'avoir destiné, et plus tard il parlait souvent de l'impression produite sur
lui par la poésie chrétienne des maîtres de l'école primitive.

Sa première œuvre fut le tableau intitulé le *Bien et le
Mal*, qui est un traité complet de morale. Ce sont deux jeunes
filles, dont l'une lit attentivement le livre de la *Sagesse* et se
trouve à l'instant protégée par un ange. Sa sœur foule aux
pieds le livre, et le démon vient aussitôt la tenter. Les différentes scènes de la vie de ces deux jeunes personnes sont
représentées dans huit médaillons d'une éloquence sans
pareille et qui impressionne vivement. Les conséquences de
l'abandon des vrais principes religieux et des fautes qui s'ensui-
vent y sont développées avec une énergie qui les rend bien
plus saisissantes que les exhortations écrites par la plume la
plus habile.

A partir de l'exécution du tableau le *Bien et le Mal*, Orsel
se livra tout entier à ses nobles inspirations. Une magnifique
occasion se présenta bientôt à lui ; les peintures de la chapelle
de la Vierge à Notre-Dame-de-Lorette à Paris furent confiées
à son talent. Par cette œuvre si belle et que la mort l'empêcha
d'achever, après y avoir consacré les quinze dernières années
de sa vie, l'artiste montra aux yeux des chrétiens combien est
puissante la bienveillante intercession de la Vierge auprès
du son fils. Il exhorte, il presse les fidèles d'y avoir recours
avec confiance dans l'adversité et de mettre en elle toute
leur espérance. Dans son enthousiasme chrétien, il trace
sur les murs de la chapelle le plus beau poème qui ait jamais
été fait en l'honneur de la Vierge.

Dans le tableau du *Choléra*, qui se voit dans la cathédrale
de Lyon, on retrouve toujours la même science, les mêmes
enseignements. Il a placé d'un côté du trône de la Vierge,

le Bien, c’est-à-dire les saints patrons de Lyon qui intercèdent pour la ville ; de l’autre côté, le Mal, c’est-à-dire le choléra, la mort et la guerre civile, comme deux puissances en lutte. Sur un signe de protection de la Vierge, l’ange arrête le mal et la suppliante est sauvée.

En exécutant une si belle page, Orsel avait une si haute idée de l’importance de cette œuvre, par rapport à sa destination, qu’il disait souvent d’un air pénétré : « Quand je pense que mes concitoyens viendront s’agenouiller devant ce tableau, pour adresser leurs ferventes prières à cette Vierge que je dois y représenter, je me sens si au-dessous de ma tâche que j’en suis effrayé. » Dans ces paroles, quelle modestie et quelle piété profonde !

Afin de pouvoir reproduire exactement la figure du choléra, Orsel alla, au plus fort de l’épidémie, étudier dans les hôpiteaux les symptômes de l’effrayante maladie. Pendant ces études si périlleuses, avec le calme que donne une conscience pure, il relevait par de bonnes paroles et des consolations toutes chrétiennes, le courage du moribond dont il rendait, avec son pinceau, les atroces souffrances et la terrible agonie.

Le but des travaux de l’illustre peintre chrétien a été de rendre les hommes meilleurs : « Je mourrais content, disait-il souvent, si je savais que par mon œuvre j’ai pu faire un peu de bien. »

Les maladies nombreuses qui ont enlevé Orsel à son art et à ses amis, n’avaient point abattu son courage et ne faisaient que mieux ressortir sa résignation chrétienne : « Ne nous plaignons pas, répétait-il souvent : Dieu sait bien ce qu’il fait. » Et les doigts crispés par des crampes cruelles, il traçait à la plume sa touchante composition qu’il a nommée la *Prescience de la Vierge* et qui est regardée comme son testament de mort.

Parmi les peintres du XIXe siècle, Orsel mérite d'occuper une des premières places, et par ses principes religieux, au service desquels il mit sans cesse son grand talent, il doit être compté au nombre des défenseurs courageux et persévérants de la foi catholique.

LE DOCTEUR RÉCAMIER

(1774-1852)

RÉCAMIER (Joseph), né près de Belley (Ain), fut le plus célèbre médecin de son temps ; sa réputation était universelle et il obtint souvent des cures merveilleuses et inespérées. Longtemps médecin à l'Hôtel-Dieu de Paris, professeur à la Faculté de médecine et au collège de France, il termina, par une mort précieuse devant Dieu une vie remplie de bonnes œuvres, qui avait été marquée tout entière par une foi vive et la pratique la plus fidèle des devoirs religieux.

Récamier, fervent chrétien, est une évidente et magnifique preuve de l'union de la science et de la foi.

Le docteur Macé a raconté, dans un attachant récit, un délicieux et édifiant épisode de la vie de l'illustre savant. Nous le reproduisons en entier :

LE CHAPELET DU DOCTEUR RÉCAMIER

« Au nombre des amis intimes de l'illustre professeur, se trouvait un des ces hommes d'élite qui semblent envoyés par la Providence pour démontrer toute l'amabilité de la religion : c'était un officier supérieur de cavalerie, un homme au grand nom, aux belles manières, M. le comte de Malet, qui n'avait embrassé le sacerdoce qu'assez tard, et joignait à la plus profonde piété toute l'aménité et la grâce en usage dans le grand monde.

« Mon père, ancien militaire lui aussi, était tellement lié avec le comte de Malet, que, tous les jours à la même heure, il allait passer une ou deux heures avec lui. Cette réunion quotidienne s'exécutait avec la ponctualité militaire, et semblait devenue pour l'un et l'autre une nécessité, une obligation.

« Un certain soir, mon père me proposa de l'accompagner.

« M. l'abbé est un peu souffrant, me dit-il ; il est très pro-
« bable que M. Récamier lui rendra visite, et ce sera pour toi
« une occasion de faire sa connaissance. »

« Il va sans dire que j'acceptai ; mais, en entrant chez le vénérable ecclésiastique, le cœur me bondissait d'inquiétude, et je sentais tous mes mouvements s'embarrasser, tant étaient grandes mon appréhension et ma timidité.

« Récamier n'était pas encore arrivé près de son malade ; j'eus le temps de rasseoir mes esprits et de me rasséréner. D'ailleurs, il était si bon, cet excellent abbé ! il était si affable, si bienveillant ! Une majestueuse cicatrice, résultat d'un grand coup de sabre, partageait tout le visage du noble vétéran. Il avait le port d'un guerrier et la démarche d'un seigneur ; mais son regard était si encourageant, sa parole si caressante, qu'au bout d'un quart d'heure j'étais chez lui aussi à mon aise que dans la maison paternelle.

« Tout d'un coup la porte s'ouvre, et le valet de chambre annonce : « M. le docteur Récamier ! »

« A ce nom, il me sembla recevoir un coup de poing dans la poitrine, un nuage inattendu me passa devant les yeux. Le docteur entra avec vivacité et s'avança vers le maître de la maison avec un affectueux empressement, puis il nous rendit avec courtoisie le salut que nous lui avions adressé par politesse. On causa. Bien entendu, je n'avais point à me mêler de la conversation ; mais, assis sur le bord de ma chaise, un peu dans l'ombre et me faisant une espèce de rempart de mon chapeau, j'examinais de tous mes yeux, j'écoutais de toutes mes oreilles.

« Autant Récamier m'avait jadis semblé dur et sévère, autant il m'apparut là gracieux et bon ; autant ses livres me l'avaient fait croire abstrait et difficile à comprendre, autant sa conversation me le montra clair et lumineux.

« La scène se termina par un épisode que je veux mentionner.

« Récamier se levait déjà pour le salut d'adieu, lorsque, faisant un geste de ressouvenance, il remit son chapeau sur la table, replaça sa canne à côté, et plongeant la main dans une des poches de son pantalon :

« Peste ! s'écria-t-il, j'allais oublier une affaire très « serieuse !

« — Quoi donc ? demanda l'ecclésiastique.

« — Il m'est arrivé un malheur, monsieur l'abbé !

« — Ah bah !

« — Un malheur que vous seul pouvez réparer.

« — Voyons !

— Il s'agit d'une fracture que vous saurez parfaitement « remettre, d'une petite opération que je vous prie de « pratiquer. »

« Et ce disant, l'illustre professeur, retirant la main de sa poche, montrait triomphalement... Devinez quoi ! Un chapelet !

« J'avoue que j'en restai tout ébahi. Lui, le grand Récamier, l'illustre professeur, chargé d'enseigner non seulement à l'École de médecine, mais encore au Collège de France, lui, le médecin des grands, des seigneurs, des princes, des rois même, lui dont la réputation était européenne, disait son chapelet comme un communiant, comme un séminariste, comme une femme ! Car il n'y avait aucune forfanterie chez ce digne homme ; il pratiquait dévotement, saintement même, et s'il racontait, c'était avec une charmante bonhomie et avec une exquise simplicité.

« — Dame, je dis mon chapelet, fit-il en se retournant vers « nous, le sourire au visage. Quand je suis inquiet d'un malade, « quand je suis à bout de ressource, quand je trouve la méde-« cine impuissante et la thérapeutique inefficace, je m'adresse à « celui qui sait tout guérir. Seulement, j'y mets de la diplo-« matie, et comme, emporté par mes occupations, je n'ai pas le « temps d'intercéder bien longtemps, je prends la sainte Vierge « pour mon intermédiaire : en me rendant chez mes malades, « je lui dis une ou deux dizaines de chapelet. Rien de plus « facile, vous comprenez ! Je suis bien tranquillement dans ma « voiture, je glisse la main dans ma poche, et puis...j'entre en « conversation.

« Le chapelet est mon interprète. Or, comme j'ai recours as-« sez souvent à cet interprète, il est fatigué, il est malade, et « c'est pourquoi je prie M. l'abbé de l'examiner, de lui donner une « consultation, de l'opérer, si besoin est, en un mot de le guérir. »

« Mon père approuva par deux ou trois mots, j'applaudis par de simples saluts ; le comte de Malet prit le chapelet mutilé, promit de le remettre promptement en bon état, et M. Récamier nous quitta.

« Le soir, en me couchant, j'avais la tête et le cœur pleins de la visite faite : je ne pus m'empêcher de songer aux sottes plaisanteries d'un grand nombre de gens qui trouvent le chapelet bon tout au plus pour les dévotes, et qui croiraient déroger à leur dignité en récitant plusieurs fois de suite un certain nombre d'*Ave Maria !* »

« — Mon ami ! » me disait plus tard Récamier dans ce langage imagé, pittoresque, excentrique qui lui était familier, « le « chapelet est une *sonnette*, chaque *Ave Maria* est une *sommation*, ou, si vous l'aimez mieux, une *pétition* bien apostillée. « Vous voyez arriver tous les jours à Paris un tas de gobe-mouches qui y viennent pour intercéder près des autorités, pour « implorer les puissants et les riches. Or, pour être admis aux « Tuileries, il faut des protections, des demandes d'audience, « des amis très haut placés ; pour pénétrer dans un ministère, « il faut de nombreuses démarches et la bienveillance (difficile « à obtenir) des employés, de l'entourage, quelquefois même « des concierges et de messieurs les garçons de bureau. Pour « parler à la sainte Vierge, rien de plus simple : on tire la « sonnette, c'est-à-dire que l'on prend son chapelet : vite la « porte est ouverte, on présente sa pétition, et la sainte « Vierge est si bonne qu'à moins de raisons particulières, la « prière est aussitôt exaucée. »

« A ce sujet, Récamier me raconta la pieuse histoire qui va suivre. Je renonce à l'écrire telle qu'il me l'a dite, parce que la plume est insuffisante pour reproduire le charme et le coloris habituels du narrateur. Ceux qui ont connu l'illustre professeur pourront se faire une idée de ce que devait être un pareil récit dans la bouche de Récamier.

*
* *

« Ce digne médecin soignait un jeune ménage qui demeurait dans la grande rue du Bac, à quelques pas de l'église si connue des Missions étrangères, et le docteur en était tout particulièrement préoccupé pour deux raisons : la première, parce qu'il connaissait depuis longtemps la jeune femme et son honorable famille, et qu'il professait pour ces honnêtes gens

le plus affectueux dévouement (quand [Récamier aimait, ce
n'était ni pour un jour, ni pour un an, et surtout ce n'était
jamais à demi) ; la seconde, parce que le mari lui apparaissait bien gravement malade ; or, c'était un des points culmi-
nants du caractère de Récamier : plus les maladies lui apparaissaient terribles, plus il s'ingéniait à les combattre ; plus
l'ennemi lui semblait redoutable, plus il travaillait hardiment
à en rester victorieux.

« Après trois mois de lutte, malgré toute l'adresse et tout
le courage du médecin qui combattait, la défaite, hélas! arriva
avec son cortège de regrets, son impôt de larmes et de désespoir. Il est de ces maladies devant lesquelles échouent
misérablement tous les efforts humains et toute la science
d'ici-bas.

« Atteint d'une hypertrophie du cœur, le malade était me-
nacé chaque jour de ces ruptures foudroyantes que l'on appelle *anévrismes*. Contre ce premier danger, Récamier avait
nourri longtemps la plus ferme espérance ; il avait trouvé
moyen d'enchaîner en quelque sorte le centre de la circulation,
d'en empêcher les trop brusques bondissements et d'en adoucir les chocs perturbateurs.

« Mais voilà qu'un mal nouveau se déclare, mal profond,
tyrannique, presque toujours indomptable, mal qui constitue
la maladie de poitrine. Des crachements de sang annoncent
l'apparition de ce nouvel ennemi, et peu à peu l'examen
médical démontre que les poumons sont envahis et comme
dévorés par d'épouvantables tubercules.

« C'était une condamnation à mort, condamnation irrévocable et devant laquelle le médecin n'avait plus qu'à
s'incliner.

« Mais quand on ne peut guérir, on console, et malgré tout
le chagrin que lui causait cette lente défaite, Récamier ap-

paraissait tous les jours avec des paroles d'encouragement, avec des remèdes destinés à pallier un peu les dernières souffrances.

« Un matin, effrayé par la figure et le pouls misérable de son client, le praticien écoute le cœur et la poitrine, il en percute toutes les parois, puis il écoute encore. Oh ! dans ce moment, il lui fallut toute son énergie pour ne pas laisser lire dans ses yeux attristés la sentence fatale et l'approche de l'exécution. Il sortit avec l'intime conviction qu'il n'aurait plus à revenir, et comme la famille était non seulement religieuse, mais adonnée ouvertement à toutes les consolations d'une pieuse pratique, Récamier, qui croyait les sacrements déjà administrés, se contenta de dire aux deux femmes qui pleuraient: — « Du courage ! priez le bon Dieu ; plutôt, prions tous ! »

« Puis il recommanda à un domestique, qu'il rencontra dans l'escalier, de le faire prévenir en cas de catastrophe.

« Le soir même, n'ayant reçu aucune mauvaise nouvelle, il se rend encore une fois rue du Bac.

« Avant de monter dans l'appartement du malade, il a grand soin d'interroger les concierges.

« Eh bien ! leur dit-il, quelles nouvelles ?

« — Toujours les mêmes, monsieur le docteur ; ce « pauvre jeune homme est bien bas. »

« Récamier monta en hochant la tête, et tout en frappant l'escalier avec la grande canne qui ne le quittait jamais, il se demandait à part lui comment le moribond, dans l'état où il l'avait laissé le matin, pouvait avoir vécu douze heures entières. Il n'était qu'au début de son étonnement.

« Le lendemain matin, le poitrinaire vivait toujours ; le soir de ce lendemain, même situation ; le surlendemain encore ; le soir encore.

« Ah çà ! se dit l'illustre praticien, tous les poumons sont
« pris ; l'hypertrophie, qui va en augmentant, rétrécit déme-
« surément la poitrine, physiologiquement, mécaniquement
« même, la respiration me paraît impossible, et la vie de ce
« garçon-là me semble un miracle quotidien. J'ai aperçu à
« son cou une médaille et un scapulaire ; est-ce que par hasard
« la sainte Vierge voudrait nous le sauver ?

« Dans cette espérance le docteur monte les escaliers quatre à quatre ; il trouve la porte de l'appartement restée pro-
videntiellement ouverte, et il entre sans être annoncé par le
coup de sonnette ordinaire.

« Une scène inattendue se passait dans la chambre du
malade.

« Je t'en prie mon ami, » disait la jeune femme en versant des larmes.

« Et elle embrassait son mari en signe de supplication ; la
mère, à genoux auprès du lit, tenait dans ses mains trem-
blantes d'émotion, la main glacée du moribond, et c'est avec
une instance toute maternelle qu'elle lui disait :

« Tu verras, mon enfant, que cela nous portera bonheur
« à tous : chaque jour on voit pareille cérémonie attirer la béné-
« diction du Ciel, amener la convalescence et rendre la santé.

« — Eh bien ! eh bien! que se passe-t-il ? fit le docteur en
arrivant.

« — Tiens ! s'écria la mère en se relevant, monsieur le doc-
« teur va te le dire, car il doit l'avoir souvent constaté, lui.
« N'est-il pas vrai, docteur, que les derniers sacrements ont
« bien souvent sauvé des malades en danger ?

« — Certes, » répartit avec enthousiasme Récamier, pour
qui cette demande était une révélation.

« Malheureusement, le malade, taquiné déjà par les instances de sa famille, s'irrita tout à fait de voir un étranger

admis à ces intimes détails, et se débattant sur sa couche avec
la rage d'un homme exaspéré :

« Laissez-moi, laissez-moi tous, murmura-t-il d'une voix
« sourde ; vous me tourmentez inutilement, vous me torturez
« d'une façon cruelle, vous m'assassinez, vous me tuez !... »

« Dans ces occasion-là, le religieux médecin devenait un
véritable apôtre, et j'ai la conviction qu'il serait aussi impossible de compter les âmes qu'il a sauvées, que d'énumérer les
malades dont il a protégé les jours.

« Mais, dans la circonstance que j'ai citée, le praticien,
avec sa pénétrante expérience ; entrevit dans toute discussion
religieuse un péril menaçant, un danger imminent. Chacun
sait combien toute émotion est funeste aux malheureux me-
nacés d'anévrisme, personne n'ignore combien est facile à
éteindre la lueur vitale d'un poitrinaire prêt à succomber. En
conséquence, Récamier fit signe à la mère et à la femme de
garder le silence.

« Allons, allons, monsieur Frédéric, fit-il en s'approchant
« du malade, donnez-moi votre main et ne nous brouillons pas.
« Songez bien que votre mère..., votre chère mère, votre excel-
« lente femme et moi nous ne désirons, nous n'ambitionnons
« qu'une seule chose... : la fin ou tout au moins l'adoucissement
« de vos souffrances physiques et la sérénité intellectuelle.
« Là, ne dites plus un mot..., restez bien tranquillement cou-
« ché pour que tout ce trouble s'apaise... Je reviendrai vous
« voir bientôt, donnez-moi encore une poignée de main. »

« Ce disant, il sortit.

« Mesdames, chuchota-t-il à demi-voix aux femmes qui le
« reconduisaient à la porte, de la prudence, de la confiance ;
« ne dites plus un mot au malade, mais priez le Ciel de faire
« fructifier les bonnes paroles que vous avez déjà dépensées.
« J'ai vu un scapulaire sur la poitrine de M. Frédéric ; la

« sainte Vierge, j'en ai la conviction maintenant, l'a manifeste-
« ment protégé depuis quelques jours ; priez-la d'achever son
« œuvre, et tâchez d'obtenir ce que nous désirons tant...
« avec de simples *Ave Maria.* »

« Il était assez tard quand Récamier quitta la rue du Bac ;
mais vite il se rendit au Sacré-Cœur, où il y avait quelques malades, et à toutes les religieuses qu'il rencontra, depuis les sœurs
tourières jusqu'aux mères chargées de l'infirmerie, il demanda
des *Ave Maria*, pour un malade qui l'intéressait vivement.

« Il alla ensuite chez l'abbé de Malet, pour lui raconter la
situation et lui demander non seulement quelques *Ave Maria*,
mais un chapelet tout entier.

« Chez Récamier, la prière du soir se disait en commun ;
touchante pratique, remarquons-le en passant, qui introduit
au foyer domestique toutes les habitudes de la vie chrétienne
et garantit l'observation de tous les religieux préceptes ;
car, au mérite de la prière particulière elle ajoute la grâce,
l'autorité et la persuasion du bon exemple ; ce n'est plus
dans le secret alors que le père et la mère, les serviteurs,
professent leur foi, promettent de garder les commandements
de Dieu et de son Église ; c'est publiquement, solennellement, en présence de témoins qui en prennent acte, en
quelque sorte, pour s'en souvenir dans l'occasion.

« Ce soir-là, avant de clore la prière par le signe de croix
accoutumé, le vénérable chef de famille annonça qu'il allait
dire trois *Ave Maria* pour le retour à Dieu d'un malade déjà
au bord du tombeau ; les *Ave Maria* furent récités avec une
touchante ferveur.

« La prière faite, comme Récamier, pour se relever,
s'appuyait au bras du fauteuil près duquel il s'était agenouillé,
il fit toucher involontairement à l'un des angles de ce meuble,
sa poche de montre et l'objet qu'elle renfermait ; alors, soit

par l'effet du choc, soit par une simple coïncidence, le grand ressort de la montre se cassa et les rouages se détendirent avec un cri si aigu, qu'une des personnes présentes demanda :

« Qu'est-ce donc ?

« — C'est le diable qui se sauve, » répondit en souriant le religieux praticien. « — On te raccommodera, ma vieille : « j'avoue que tu faisais depuis assez longtemps ton service ; « mais, en vérité, tu te fatigues plus vite que moi. »

Le lendemain matin, dès les dix heures, Récamier se lève, puis se met en route à pied mais à pas précipités... Il court savoir des nouvelles dans la rue du Bac.

« Tout le monde est joyeux dans la maison ; la mère du malade remercie Récamier avec effusion ; la jeune femme lui serre la main avec reconnaissance... Le moribond s'est fait asseoir dans un fauteuil, et du plus loin qu'il aperçoit son médecin :

« Arrivez, docteur, crie-t-il, arrivez ! Je suis heureux « maintenant, je me suis reconcilié avec celui que vous aimez « tant... embrassez-moi ! »

« Récamier obéit, puis s'asseoit près de son malade. Là on lui donne tous les détails du retour à Dieu. C'est Frédéric lui-même qui a demandé un prêtre ; c'est Frédéric lui-même qui, après s'être confessé, a désiré le viatique et l'extrême-onction.

« Récamier remercie Frédéric et lui avoue qu'il a fait prier bien du monde pour lui : nouveaux sentiments de joie, nouveaux embrassements.

. . . .

« Cinq minutes après, le nouveau converti s'arrête au milieu d'un sourire, pour exhaler un profond soupir, et puis plus rien. Ce soupir était le dernier, Frédéric était mort.

« Les malheureuses femmes, la mère et l'épouse passèrent
alors de la joie aux larmes, du bonheur au désespoir. Mais
Récamier, leur montrant le buste de la Vierge tout récemment placé dans ce funèbre appartement :

« Du courage, mesdames, du courage : demandez-en à
« la vierge Marie, et rappelez-vous avec confiance tout ce
« qu'elle a déjà fait pour vous. Votre pauvre Frédéric était
« compromis, perdu, irrévocablement condamné depuis long-
« temps. La sainte Vierge l'a fait vivre presque miracu-
« leusement pour qu'il eût le temps de se préparer à la mort.
« Frédéric reculait devant les sacrements ; la sainte Vierge
« les lui a fait désirer et demander lui-même... A propos, à
« quelle heure vous a-t-il demandé un prêtre ? demanda
« Récamier, pour faire diversion et reporter la pensée vers
« une idée consolante.

« — Hier soir, à neuf heures et demie, docteur. »

« A cette réponse, Récamier tire sa montre et pousse une
vive exclamation.

« Neuf heures et demi ! répéta-t-il. C'est précisément
« à neuf heures et demie que nous finissions nos *Ave Maria*
« pour Frédéric. Je le sais, parce que le grand ressort de ma
« montre s'est cassé dans cet instant, et vous voyez qu'elle
« marque neuf heures vingt-huit minutes. Oh ! priez la sainte
« Vierge, mes chères dames, priez-la bien, et soyez sûres
« qu'elle vous donnera toute la force dont vous avez besoin
« dans un aussi cruel moment... »

*
* *

Un élève du savant professeur a raconté, à son tour, le
trait suivant :

« Nous montions un jour ensemble les escaliers d'une maison sale et haute, une de ces antiques masures que l'on cher-

che avec grande raison à faire disparaître de Paris. Les escaliers en pierre, humides, boueux, glissants, étaient usés et rapides ; heureusement, il y avait une rampe d'un côté, une corde de l'autre ; nous fîmes notre ascension. Il ne s'agissait de rien moins que d'arriver au cinquième étage.

« Ouf ! nous y voilà », fit en reprenant haleine et en s'appuyant sur sa canne l'illustre praticien. Je ne pus répondre qu'un petit : « Mais oui, mais oui » ; j'étais essoufflé comme un cheval de course qui vient de parcourir le turf.

« Nous sonnons, nous sommes introduits dans une chambre assez propre, mais où tout décelait une existence besoigneuse et révélait une aisance perdue. Quelques tableaux et de vrais tableaux ; un piano couvert d'assiettes fêlées et d'une poussière caractéristique ; un restant de tapis, du linge usé, mais vraiment fin ; enfin, trois ou quatre portraits de famille, miniatures charmantes, qui, par leurs costumes, leurs uniformes révélaient un rang, un rôle, une position.

« La personne malade était une femme âgée, qui, malgré ses soixante-douze ans, gardait un reste de beauté et de distinction.

« Récamier l'interrogea, la rassura, lui dicta une petite prescription, et, comme nous nous en allions :

« Merci, monsieur le docteur, lui dit la vieille. Combien je « suis fâchée de vous avoir dérangé ; me voilà rassurée main- « tenant ; mais je demeure si haut ! soyez assez bon pour « me dire ce que je vous dois.

« — Le fait est, dit Récamier, que vous demeurez bien haut, « bien haut ; tenez, voilà mon secrétaire qui ne pouvait pas « me suivre et qui s'épouffait.

« — Combien vous dois-je ? réitéra la malade ?

« — Ma foi, répondit Récamier, c'est une visite qui vaut bien un louis, et comme je n'aime pas à avoir des dettes, voilà ! »

« Il mit sur la cheminée quatre pièces de cent sous.

« Mais docteur ! mais docteur !

« — Pas d'observations, chère dame, et pas de susceptibi-
« lités, vous n'êtes pas très heureuse, la personne qui vous a
« recommandée à moi me l'a conté ; de plus, vous êtes malade
« et vous avez besoin d'une foule de petites choses. Acceptez
« ma visite comme celle d'un ami, et le peu d'argent que je
« viens de mettre là, comme un prêt que vous me rendrez en
« prières. »

DONOSO CORTÈS

(1809-1853)

Donoso Cortès (don Juan), marquis de Valdemagas, est
une des gloires littéraires de l'Espagne. A l'âge de 20 ans
il fut nommé professeur de philosophie, à 28 ans, il était député
de Cadix et à 36 ans, sénateur. Il devint ensuite ambassadeur
en Prusse, puis en France. Outre plusieurs ouvrages composés
en langue espagnole, il a écrit en français les suivants :
Essai sur le Catholicisme, et *le Libéralisme et le Socialisme*.

Juan Donoso Cortès, est un des types chrétiens les plus con-
solants à étudier, les plus achevés qu'on puisse offrir à l'admiration et à l'imitation de tous. Au milieu de toutes les splendeurs de la naissance, de la fortune, des dignités humaines,
il sut conserver toujours ces vertus héroïques de simplicité,
de piété, de foi, de charité, que tant d'âmes, non moins admirables, mais plus craintives, ne peuvent rencontrer qu'en s'iso-
lant du monde, qu'en épousant la solitude. C'est au sein même
du monde, le plus dissipé, le plus voluptueux, le plus égoïste, le

plus sceptique, enfin, qu'il se maintient au plus haut degré de
la perfection chrétienne, et, chose non moins merveilleuse,
c'était, de l'aveu de tous, un grand esprit, un éminent penseur,
un philosophe de génie ; de sorte que l'on ne peut plus paro-
dier à son sujet le mot de l'Évangile : « Le ciel appartient aux
pauvres d'esprit. » Il a prouvé, en effet, que plus l'intelligence
est développée, plus la raison est vaste, plus la science est
profonde, plus on est pauvre et simple d'esprit comme Dieu
le demande pour ses élus.

Un illustre ami de Donoso Cortès, M. de Montalembert,
a écrit une notice dont nous reproduisons les pages suivantes :

« C'est à Berlin que vint le surprendre la révolution de
Février, la catastrophe européenne de 1848. Auparavant, son
âme avait subi une révolution aussi radicale que bienfaisante.
Au milieu des labeurs et des succès de sa jeunesse, il était
resté étranger à toute pensée sérieusement chrétienne. Il
n'avait jamais renié la foi de son enfance. Son langage était
toujours repectueux ; ses mœurs étaient restées pures ; son
âme avait même été conviée de bonne heure à goûter le calice
salutaire de la douleur. Mais ni la majesté ni la miséricorde
de Dieu, ni la triomphante vérité de l'Église ne s'étaient encore révélées à lui. L'heure du réveil sonna pour cette âme
prédestinée, un peu avant qu'elle ne semblât sonner le deuil
de toutes les monarchies du continent.

« Notre Juan avait un frère nommé Pedro, plus jeune que
lui d'une année, compagnon fidèle de ses études et tendrement
aimé depuis l'enfance. La communauté de leurs premières
études n'avait pas enfanté l'uniformité de leurs opinions.
Néanmoins, ces dissentiments n'altéraient en rien l'union des
deux frères. « Je l'aimais, disait Donoso, autant et peut-être
« plus qu'il n'est permis d'aimer une créature humaine. »

En 1837, Pedro tomba mortellement malade ; Juan, alors absent de Madrid, vola auprès de son frère. Les souffrances et le danger du malade amenèrent naturellement l'entretien sur ce terrain, où la vérité suprême attend tôt ou tard les esprits faits pour elle. Au milieu de ses anxiétés, Juan raconta à son frère sa rencontre à Paris avec un compatriote dont la vertu, la charité, la simplicité l'avaient singulièrement frappé, et lui donnaient à penser qu'il y avait dans la profession d'honnête homme un degré dont il restait encore éloigné, tout fier qu'il se croyait de son honneur et de sa vertu. Il s'était senti subjugué par cette vertu différente de toutes les vertus de sa connaissance. Il en avait parlé à l'Espagnol, et celui-ci lui avait tout simplement répondu : « En effet, vous êtes un hon- « nête homme, et moi aussi ; et il y a quelque chose dans mon « honnêteté de supérieur à la vôtre. — A quoi cela peut-il « tenir ? — A ce que je suis resté chrétien, tandis que vous ne « l'êtes plus. » En entendant ce récit, le moribond se tourna vers le narrateur et lui dit : « Oui, mon frère, il t'a donné la vraie « raison. » Et là-dessus, avec la double autorité de l'amour et de la mort, il se mit à lui expliquer le sens de cette parole. La grâce parla en même temps à ce grand cœur trop longtemps dépaysé. Pedro mourut le lendemain, en léguant à son frère la vérité, la foi et son confesseur.

« L'ambassadeur d'Espagne racontait lui-même ces détails avec une naïve et noble franchise dans un salon de Paris, au mois de mars dernier. Quelqu'un lui dit : « En vérité, Dieu « vous a fait là une grande grâce, en vous éclairant ainsi subi- « tement au milieu de votre carrière, et quand vous ne pen- « siez plus à le chercher. Il faut qu'il y ait eu dans votre vie « quelque circonstance particulière qui vous ait mérité une « telle faveur. — Je ne m'en rappelle aucune, » répondit Donoso Cortès ; mais après avoir réfléchi un instant, il

ajouta : « Peut-être un sentiment a pu y être agréable à Dieu.
« Je n'ai jamais regardé le pauvre assis à ma porte sans pen-
« ser que je voyais en lui un frère. »

« Lui-même écrivait à un ami, en lui envoyant le récit de sa
conversion : « Comme vous le voyez, le talent et la raison
« n'y ont aucune part ; avec mon faible talent et ma misérable
« raison, je suis arrivé à la tombe avant d'atteindre à la vraie
« foi. Le mystère de ma conversion (car dans toute conver-
« sion il y a un mystère) est un mystère d'amour. Je n'aimais
« pas Dieu, il a voulu être aimé de moi, et je l'aime, et je
« suis converti parce que je l'aime. »

« Ainsi converti à trente-huit ans, il entre à la fois en pleine
possession de la vertu et de la vérité, sans avoir été condamné
aux longues luttes, aux fatigantes incertitudes, aux mortelles
hésitations par où ont dû passer tant d'autres chrétiens de la
dernière heure, et où tant d'âmes ont usé l'énergie nécessaire
au salut. A peine a-t-il mis le pied dans le domaine du catholicisme, qu'il s'y précipite en conquérant. Rien n'échappe à
son ardeur, à sa soif de connaître la vérité, d'en jouir, de
combattre pour elle. A peine assis sur les bases élémen-
taires du catéchisme, il se plonge dans la théologie mystique, dans les grands écrivains ascétiques que sa patrie a
donnés à l'Église, surtout dans sainte Thérèse et Louis de
Grenade. Il ressort de ces profondeurs lumineuses comme
pour reprendre haleine, promène un regard ferme et rapide
sur l'Europe bouleversée, et prête l'oreille à ces terribles coups
que Dieu frappait alors sur les trônes et sur les constitutions
de l'Europe ; ils achèvent son éducation et commencent celle
de ses contemporains.

« Alors il se recueille et s'examine ; il se sent prêt à de
nouvaux combats, abandonne pour un temps son poste diplo-
matique, va reprendre sa place aux Cortès, et, le 4 janvier 1849,

il prononce le célèbre discours sur la dictature et la révolution
qui fit franchir les Pyrénées à son nom et le plaça du premier
coup au rang des grands orateurs de l'Europe.

« Deux lettres rendues publiques dans le courant de cette
même année 1849, et une seconde et dernière harangue prononcée au commencement de 1850 sur la situation générale de
l'Europe, lui servirent à développer, avec une hardiesse croissante et une éloquence magique, ses convictions religieuses
appliquées à la politique. Elles consolidèrent l'édifice de sa
réputation européenne et l'influence considérable qu'il exerça
dès lors sur les catholiques du monde entier...

« Il n'y avait pas encore deux ans que le marquis de Valde-
gamas occupait le poste de ministre plénipotentiaire à Paris,
et déjà il avait conquis des sympathies profondes, nombreuses
et diverses. Tout annonçait qu'il était appelé à exercer parmi
nous une de ces grandes et durables influences dont l'histoire
offre quelques rares exemples ; et voilà que Dieu le choisit
pour donner à cette grande capitale, dans ses rangs les plus
élevés, le spectale admirable de la mort du juste. Tout Paris,
le Paris religieux, politique, littéraire, suivait avec anxiété
les progrès du mal mystérieux qui consumait trop rapidement
cette organisation si pleine de feu et de vie. Grâce à quelques
amis admis auprès de ce lit de douleurs et de vertus, grâce
surtout à la sœur de Bon-Secours qui veillait près du malade,
on a su par quels traits de noble patience, de fervente piété,
de forte et tendre résignation, ce grand chrétien a témoigné
de sa foi et de sa charité envers Dieu et le prochain. Ce devoir
de l'aumône qu'il accomplissait avec une générosité antique,
qui lui faisait distribuer à Madrid, où rien ne l'astreignait à
une représentation officielle, les *cinq sixièmes* de son revenu,
qui, dans Paris, le conduisait chaque semaine de l'hôtel de
son ambassade chez les *Petites-Sœurs des Pauvres* et dans les

misérables greniers des faubourgs, ce devoir préoccupait son
âme jusqu'au dernier instant. L'un de ses derniers actes fut
de veiller à ce que la distribution ordinaire de ses dons ne
souffrît aucun retard par suite de ses propres maux, et de
livrer lui-même à des mains amies l'argent qu'il y destinait.
Mais ce n'est pas seulement par l'aumône que se manisfestait
sa charité. Dans sa vie comme à son lit de mort, il avait toujours
témoigné une tendre et active sollicitude pour le bonheur et
pour la bonne renommée d'autrui. M. Louis Veuillot a dit avec
une parfaite justesse : « Sa parole prompte, ardente et sin-
« cère était en même temps la plus inoffensive que l'on pût
« entendre, et c'était un charme de voir qu'il eût toujours inno-
« cemment tant d'esprit. » « Ce qui m'étonne le plus, nous
« disait la sœur qui a reçu son dernier soupir, ce que je n'ai
« encore vu que chez lui, c'est qu'il ne dit jamais de mal de per-
« sonne. » Mais s'il aimait ainsi ses semblables, comment ne
dut-il pas aimer son Dieu ! Aussi la même sœur disait encore :
« Il n'est jamais cinq minutes sans penser à Dieu, et quand il
« en parle, ses paroles s'enfoncent dans le cœur comme des
« flèches. » Quand on vint lui annoncer que l'empereur envoyait un aide-de-camp pour lui témoigner son affectueux intérêt, il remercia de la tête ; puis, tournant son œil doux et profond vers l'image du Christ portant sa croix qui pendait à son
chevet : « Pourvu, dit-il, que celui-là s'intéresse à moi, c'est
« tout ce qu'il me faut. »

« La franche et entière humilité dont il était pénétré se
révélait à chaque instant et se mêlait dans tout son être à la
plus généreuse patience. Un jour, le pieux et savant médecin,
qui luttait contre le mal graduellement vainqueur, disait à la
sœur : « Vous soignez là un malade comme vous n'en avez pas
« souvent : c'est un vrai saint ! » Donoso l'entendit ; il se dressa
sur son séant, tout indigné, et avec une véhémence inouïe :

« Monsieur Cruveilher, dit-il, avec de telles idées, on me
« laissera dans le purgatoire jusqu'à la fin du monde. Je vous
« dis que je ne suis pas du tout un saint, mais le plus faible
« des hommes. Quand je suis avec des braves gens, ils me font
« du bien ; mais si je vivais avec des méchants, je ne sais ce
que je serais. » Puis, se tournant avec un regard enflammé
et un geste inexprimable vers son crucifix : « Vous le savez,
« vous, mon Dieu, que je ne suis pas un saint ! »

« La lutte douloureuse et admirable touchait à sa fin.
A l'extrême et séduisante vivacité de tout son être avait succédé, non pas l'affaissement de la maladie, mais le calme du
chrétien sûr de sa route et de son maître. Ce calme demeura
jusqu'au bout le trait distinctif de sa figure et de ses paroles.
Il n'était interrompu que par les effusions de sa piété. Il mêlait
à ses prières en français et en latin ces touchantes exclamations
de la ferveur espagnole, qui ont quelque chose de plus familier
et de plus intime : *Jesus de mi alma ! Dios de mi corazon !* Voici
ses dernières paroles, les dernières du moins qu'on ait pût entendre : « Mon Dieu, je suis votre créature ; vous avez dit :
« J'attirerai tout à moi. Attirez-moi, prenez-moi. » C'est ainsi
qu'il mourut, le soir du 3 mai 1853, avant d'avoir accompli
sa quarante-quatrième année.

« On se rappelle la consternation que la nouvelle funèbre ré-
pandit dans Paris, et qui s'est propagée jusqu'aux extrémités du
monde catholique. Ce ne furent pas seulement les catholiques
qui se sentirent frappés. Il avait su conquérir partout des amitiés, il attirait involontairement ceux que tout semblait éloi-
gner de lui, il captivait ceux qu'il ne cherchait même pas à convaincre. Il fut pleuré par des yeux inaccoutumés aux larmes.

« Ses obsèques offrirent un spectacle édifiant et curieux,
plus édifiant qu'il n'arrive d'ordinaire parmi nous, et curieux
parce qu'ils s'y réflétait une vive image de l'action exercée

par cet étranger aimé, sur tous les rangs de notre société. On y
voyait les plus illustres serviteurs des deux monarchies
vaincues et exilées, marchant derrière les grands du régime
actuel. Deux mondes divers et contraires se réunissaient pour
la première fois autour de ce cercueil, que la religion hono-
rait aussi de son deuil, mais qu'elle illuminait de ses infail-
libles espérances.

« Le monde lui avait prodigué ses dons; il occupait comme
ministre plénipotentiaire à Paris le premier poste de la diplomatie espagnole ; il était sénateur ; grand'croix de l'ordre de
Charles III, gentilhomme de la chambre de la reine, membre
de l'Académie royale d'histoire. Il avait atteint bien jeune
encore la plupart des dignités les plus recherchées de son pays.

« Mais Dieu avait été plus prodigue encore envers cette
créature chérie. Outre le bienfait inestimable de la foi perdue
et retrouvée, il lui avait conféré le don d'aimer et de se faire
aimer. Ce sage, ce pénitent, ce fervent chrétien portait en lui
le bonheur et le répandait au dehors à grands flots. Ceux qui
ne pourront plus que le lire le connaîtront dans son éclat
mais ne se douteront pas de son charme. Car, il faut qu'on
nous le laisse dire, c'était un homme *charmant ;* cette expression, si banale et en apparence si frivole, est encore la seule
qui lui convienne dans notre pauvre langue. Jamais personne
n'a rendu la religion plus aimable et n'a donné plus d'attrait
à la vertu chrétienne. La paix et la félicité qu'il avait goûtées
au moment de sa conversion à Dieu semblaient s'être gravées
en traits ineffaçables dans son cœur, et se faisaient jour jusque
dans son langage et dans son regard. Il avait le tendre et
généreux élan d'une âme expansive, rajeunie d'avance par
l'éternel bonheur de l'innocence.

« Il était resté jeune de cœur plus encore que d'années. Ce
prophète, qui voyait tout en noir dans les révolutions de l'ave-

nir, était d'un enjouement inépuisable et contagieux, toujours
gai, toujours enclin au bienveillant sourire. Il jouissait de
tout, des saillies d'un petit enfant comme des merveilles du
génie et de la nature. Il savait admirer avec une intelligente
jouissance qui débordait sur tout ce qui l'entourait. Il savait
aussi pardonner à la fragilité humaine, et versait chaque jour
je ne sais quel baume suave et salutaire sur les infirmités de
son prochain. C'est ce qui rendait son commerce si facile et si
sûr, ce qui donnait à tout son être quelque chose de pénétrant
et d'irrésistible. En un mot, c'était au suprême degré ce que
les Italiens appellent un homme *sympathique*. Dieu lui avait
départi deux dons qui sont le sceau des âmes élues pendant
leur passage sur la terre : l'autorité et la sérénité. Il les re-
trempait sans cesse dans l'humble et généreuse ardeur de sa
foi... Mais à quoi bon se perdre dans un effort inutile pour re-
tracer cette image chérie ! En achevant ces pages, je me sens
à la fois incapable de le faire deviner à ceux qui ne l'ont jamais
connu, et de lui rendre justice aux yeux de ceux qui l'ont aimé.
Qu'il parle lui-même une dernière fois et qu'il nous dise le
secret de sa science, de sa verve, de son calme, de sa force, de
son charme : « Je suis purement catholique, je crois et pro-
« fesse ce que professe et croit l'Église catholique, apostolique,
« romaine. Pour savoir ce que je dois croire et ce que je dois
« penser, je ne regarde pas les philosophes, je regarde les
« docteurs de l'Église ; je ne questionne pas les sages, ils ne
« pourraient me répondre ; j'interroge plutôt les femmes
« pieuses et les enfants, deux vases de bénédiction, parce que
« l'un est purifié par les larmes, et que l'autre est embaumé
« des parfums de l'innocence. »

CHARLES DE MONTALEMBERT.

Donoso Cortès parle ainsi de la prière :

« Je crois que ceux qui prient font plus pour le monde que
ceux qui combattent et que si le monde va de mal en pis,
c'est qu'il y a plus de batailles que de prières. Si nous pou-
vions pénétrer dans les secrets de Dieu et de l'histoire, je
tiens, pour moi, que nous serions saisis d'admiration devant
les prodigieux effets de la prière, même dans les choses
humaines. Pour que la société soit en repos, il faut qu'il y ait
un certain équilibre que Dieu seul connaît, entre les prières
et les actions, entre la vie contemplative et la vie active. Je
crois, tant ma conviction sur ce point est forte, que s'il y
avait une seule heure d'un seul jour où la terre n'envoyât
aucune prière au ciel, ce jour et cette heure seraient le dernier jour et la dernière heure de l'univers. »

OZANAM

(1813-1853)

OZANAM (Frédéric) est né à Milan de parents français. Son
père, le docteur Ozanam, était un médecin distingué, en même
temps qu'un chrétien convaincu.

Le jeune Frédéric reçut donc une éducation pieuse, et toute
sa vie il se montra fidèle à sa foi, dont il a été, en France, un
des plus zélés apôtres.

Dès ses plus jeunes années, il se distingua par une intelligence supérieure annonçant déjà l'illustre écrivain qui devait
être l'honneur de son pays.

Tout le monde a entendu parler des *Conférences de Saint-
Vincent de Paul,* destinées à mettre en rapports de charité la

classe dirigeante et la classe ouvrière, à établir ainsi la sainte
et vraie fraternité de l'Évangile. Ozanam fut un des fondateurs de cette œuvre admirable, répandue aujourd'hui dans
le monde entier, et si utile aux pauvres. Elle fut d'abord
composée de huit membres, tous jeunes, car un seul avait atteint sa vingtième année. Leurs noms étaient : Ozanam,
Letaillandier, Devaux, Lamache (1), Lallier, Clavé.....

M. Ozanam était l'âme de cette première conférence. Sa sensibilité exquise, sa piété affectueuse mirent dans son cœur
une tendresse vraiment fraternelle pour les pauvres. On en
jugera par les lignes suivantes :

« Si nous ne savons pas aimer Dieu comme l'aimaient les
saints, sans doute ce nous doit être un objet de reproche, mais
encore notre faiblesse doit y trouver quelque ombre d'excuse,
car il semble qu'il faille voir pour mieux aimer, et nous ne
voyons Dieu que des yeux de la foi, et notre foi est si faible !
Mais les hommes, mais les pauvres, nous les voyons des yeux
de la chair ; ils sont là et nous pouvons mettre le doigt et la
main dans leurs plaies, et les traces de la couronne d'épines
sont visibles sur leur front ; ici l'incrédulité n'a plus de place
possible, et nous devrions tomber à leurs pieds et leur dire
avec l'Apôtre : *Tu es dominus et Deus noster,* Vous êtes nos
maîtres et nous sommes vos serviteurs ; vous êtes pour nous
les images sacrées de Dieu que nous ne voyons pas, et,
ne sachant pas l'aimer autrement, nous l'aimons dans vos
personnes. »

D'abord avocat et professeur de droit à Lyon, Ozanam, en
1840, âgé seulement de vingt-sept ans, fut nommé professeur

---

(1) M. Lamache est aujourd'hui professeur de droit à la Faculté de Grenoble.
Après de longues années écoulées, la foi, le dévouement, l'intelligence brillent
toujours dans l'homme distingué que notre ville apprécie, et que les catholiques
grenoblois saluent comme un des plus vaillants.

de littérature étrangère à la Faculté des lettres de Paris, où il s'acquit une brillante renommée par l'éclat de son enseignement et sa grande éloquence. Il a composé un grand nombre d'ouvrages où l'on rencontre toujours le chrétien et le savant.

— A dix-sept ans, Ozanam écrivait les remarquables pages suivantes sur la prière et le sacrifice :

« O vous à qui la prière semble un hommage inutile, regardez et voyez tous ces peuples à genoux devant celui qui les a créés, entendez ce concert immense, cette vaste harmonie qui monte vers le ciel ! L'univers matériel était sans voix, parce qu'il était sans intelligence ; l'univers matériel était sans culte, sans adorateur, et pourtant ce culte était dû. L'intelligence de l'homme prête une voix à la matière pour louer Dieu. Conçue dans les profondeurs du cœur humain, la prière s'exprime sensiblement par la parole. Au milieu du silence de la nature elle s'élève seule, mais, au nom de la nature entière, elle s'élève vers le Tout-Puissant. Ainsi l'homme, roi de la création terrestre, en est en quelque sorte le pontife ; il la représente devant Dieu quand il prie.

« A son tour, chaque grande famille d'hommes a sa représentation religieuse. Distraits, par leurs opérations continuelles, du culte dû au Créateur, les hommes ont parmi eux des personnages dont la mission est de prier pour tous, et tandis que chaque être raisonnable exerce un culte privé au nom de la nature, le prêtre exerce un culte public au nom de la société.

« Partout se retrouve ce double ministère. Quel est le peuple qui ne prie pas ? Quel est le peuple qui n'a pas ses prêtres ? Les nègres, les Cafres, les Mongols ont leur liturgie et leur clergé barbare. Empereur et pontife, le souverain de la Chine représente deux fois son peuple, devant Dieu et devant les hommes.....

« Mais voici un rapprochement plus remarquable : l'homme
reconnaît qu'il doit hommage à Dieu pour les biens qu'il a
reçus, et cet hommage solennel s'opère par l'immolation d'une
victime, par l'oblation des prémices de tous les êtres. Voilà la
sublime théorie du sacrifice ; voilà la pratique mystérieuse de
tous les hommes, depuis le pontife chaldéen qui consacrait
un feu perpétuel et des aromates, jusqu'au druide qui immo-
lait son semblable, partout l'homme rend à Dieu son culte
d'immolation, comme un témoignage éclatant de soumission
et de dépendance. »

— A l'âge de dix-huit ans, Ozanam avait conçu le plan d'un
travail monumental sur le catholicisme. Il en parle ainsi dans
une lettre qu'il adressait à deux de ses anciens camarades de
collège, qu'il savait exposés au souffle pernicieux du matérialisme :

« Ébranlé quelque temps par le doute, dit-il, je sentais le
besoin invincible de m'attacher de toutes mes forces à la colonne du temple, dût-elle m'écraser dans sa chute ; et voilà
qu'aujourd'hui je la retrouve, cette colonne, appuyée sur la
science, lumineuse des rayons de la sagesse, de la gloire et
de la beauté ; je la retrouve, je l'embrasse avec enthousiasme,
avec amour. Je demeurerai près d'elle, de là j'étendrai mon
bras ; je la montrerai comme un phare de délivrance à ceux
qui flottent sur la mer de la vie. Heureux si quelques amis
viennent se grouper autour de moi ! alors nous joindrions nos
efforts ; nous créerions une œuvre ensemble, d'autres se réu-
niraient à nous, et peut-être un jour la société se rassemblera
t-elle tout entière sous cette ombre protectrice ; le catholicisme, plein de jeunesse et de force, s'élèverait tout à coup
sur le monde, il se mettrait à la tête du siècle renaissant,
pour le conduire à la civilisation, au bonheur ! »

*
* *

Le R. P. Lacordaire a publié une notice sur M. Ozanam. Il parle ainsi de la piété de l'illustre savant :

« Sa piété était vive et douce ; elle prit de bonne heure le caractère d'un dévouement actif à cette grande société des âmes que Dieu a fondée sur la terre par le sang de son Fils, et il se crut même appelé à quitter le monde pour apprendre à le bénir. Quelque chose le retint, soit un peu de faiblesse devant le sacrifice, soit la crainte de perdre une part de sa liberté, soit plutôt que Dieu voulût de lui un cœur de prêtre dans une vie d'homme du siècle. Ce mot le peint tout entier. Nul chrétien en France, et de notre temps, n'aima davantage l'Église, ne sentit mieux ses besoins, ne pleura plus amèrement les fautes de ceux qui la servaient, n'eut enfin dans une existence laïque un plus véritable et plus profond apostolat. La prière et la méditation des choses divines le soutenaient à cette hauteur surnaturelle, malgré la préoccupation incessante de ses travaux d'esprit. Chaque matin il lisait dans une Bible grecque quelques versets ou quelques pages de l'Écriture sainte, suivant que l'onction de Dieu le retenait plus ou moins sur ce qu'il avait lu. C'était la première demi-heure de sa journée. Il y avait puisé une connaissance efficace de la parole de Dieu. Jamais il ne se rendait à son cours sans avoir prié à genoux, pour qu'il ne dît rien de contraire à la vérité, ou dans le seul but de s'attirer des applaudissements. On remarquait dans sa controverse une attention infinie à ne pas blesser ceux qui discutaient avec lui, quelles que fussent leurs erreurs. Il lui semblait, dès qu'une intelligence traitait de Dieu, que déjà elle était sur la voie de le trouver, et qu'un mot superbe ou trop vif pouvait lui faire une blessure irréparable. Mais cette

douceur n'allait jamais j'usqu'au déguisement de la pensée. Il
professait sa foi avec la courageuse humilité du chrétien qui
connaît le peu qu'est le monde ; et, si le respect des âmes lui
inspirait une exquise admiration, le respect de la sienne s'élevait au-dessus de toute crainte humaine.

« Il traitait les pauvres avec le respect le plus affectueux.
Venaient-ils chez lui, il les faisait asseoir dans ses fauteuils
commes des hôtes de distinction. Allait-il chez eux, après leur
avoir donné son argent, sa parole et son temps, il ne manquait
pas d'ôter son chapeau et de leur dire avec un salut gracieux
qu'il affectionnait : « Je suis votre serviteur. » Le jour de
Pâques, il leur portait de petits cadeaux tels qu'un bénitier,
une vierge, un christ, ou un pain plus délicat choisi exprès.

« Le matin d'un jour de l'an, celui de 1852, le dernier qu'il
ait vu à Paris et l'avant-dernier qu'il ait vu au monde, il dit à
sa femme qu'une telle famille était bien malheureuse, qu'elle
avait été obligée de mettre au mont-de-piété sa commode de
mariage, dernier reste d'une ancienne aisance ; et qu'il avait
envie de la leur rendre pour leurs étrennes du premier de
l'an. Sa femme l'en dissuada par des raisons plausibles, et il
s'y rendit. Le soir venu Ozanam était triste ; il jeta un regard
douloureux sur les jouets entassés aux pieds de sa fille, et ne
voulut pas toucher aux bonbons qu'elle lui présentait. Il était
aisé de comprendre qu'il regrettait la bonne œuvre manquée
le matin. Sa femme l'ayant supplié de suivre sa première pensée, il partit aussitôt pour racheter le meuble, et, après l'avoir
accompagné lui-même jusque chez ces pauvres gens, il rentra
tout heureux. »

*
* *

Une cruelle et longue maladie conduisait lentement
Ozanam au tombeau. Les terribles souffrances furent pour

l'illustre écrivain une occasion de nombreux et admirables actes de piété ardente et de parfaite résignation.

Nous puisons les traits suivants dans l'ouvrage que M⁵ʳ Ozanam a composé sur son frère :

« La grande solennité de l'Assomption approchait, c'était tout à la fois la fête de sa mère selon la grâce et celle de cette mère chérie pour laquelle il avait toujours montré un véritable culte. Quoique sa faiblesse extrême ne lui permît plus de s'avancer au delà du petit jardin qui s'étendait devant sa maison, il voulut aller à l'église célébrer le triomphe de Marie. Il refusa le secours d'une voiture : « C'est ma dernière prome- « nade en ce monde, dit-il, qu'elle soit du moins pour aller à « la maison de Dieu. »

«... Une nuit, l'un de ses frères le veillait, et l'aperçut dans l'ombre versant des larmes : « Pourquoi es-tu si triste ? de- « manda-t-il en l'embrassant. — Ah ! cher frère, répondit-il « d'une voix pleine de pleurs, quand je songe à la passion de « Notre-Seigneur, quand je songe que ce sont nos péchés qui « lui ont causé tant de souffrances, je ne puis retenir mes « larmes ! »

« ..... Sur le point de franchir le seuil d'une maison qu'il avait habitée quelque temps, il jeta un dernier regard sur la chambre qu'il aimait, parce qu'il y avait souffert : « Mon Dieu, « s'écria-t-il, je vous remercie des souffrances et des afflic- « tions que vous m'avez données dans cette maison; accep- « tez-les en expiation de mes péchés. » Puis se tournant vers sa femme : « Je veux qu'avec moi tu bénisses Dieu de mes dou- « leurs »; et il ajoutait : « Je le bénis aussi des consolations « qu'il m'a données ! »

C'est à Marseille, le 8 septembre 1853, qu'Ozanam rendit le dernier soupir. « Mon Dieu ! mon Dieu ! ayez pitié de moi ! » s'écria-t-il d'une voix forte : ce furent ses dernières paroles.

La mort d'Ozanam eut un grand retentissement en France
et en Italie. Pie IX daigna envoyer à Mme Ozanam un bref où
le Saint Père rend hommage « au zèle et au devouement de ce
cher défunt pour notre très sainte religion. »

L'Académie lui prodigua ses éloges les plus flatteurs.
M. Guizot parla ainsi de lui : « Ce modèle de l'homme de
lettres chrétien, digne et humble, ardent ami de la science et
ferme champion de la foi, goûtant avec tendresse les joies
pures de la vie et soumis avec douceur à la longue attente de
la mort, enlevé aux plus saintes affections et aux plus nobles
travaux, trop tôt selon le monde, mais déjà mûr pour le ciel
et pour la gloire. »

— M. Villemain, dans son rapport à l'Académie (28 août 1856),
s'exprimait ainsi : « Un talent célèbre et regretté devait préoccuper notre souvenir et fixer nos suffrages. Ce nom, ce talent, c'est celui de M. Ozanam...

« ..... La couronne du talent ne s'attache pas seulement à
la personne vivante, elle suit sa mémoire. Si M. Ozanam n'a
pas joui lui-même de la publication de son meilleur ouvrage,
formé de ses leçons recueillies au pied de sa chaire, c'est un
motif de plus pour nous de rendre publiquement, à son nom
tous les honneurs qui méritait ce travail, inédit de son vivant
(*la Civilisation au* V^e *siècle*).

« Savant et naturel..., ce livre est une œuvre éminente de
littérature et de goût. »

Les belles paroles suivantes d'Ozanam termineront dignement cet article. Elles se trouvent dans l'Avant-propos de son
livre sur la *Civilisation aux temps barbares* :

« Je ne poursuis point la gloire qui ne se donne qu'au génie,
je remplis un devoir de conscience. Au milieu d'un siècle de
scepticisme, Dieu m'a fait la grâce de naître dans la foi.
Enfant, il me prit sur les genoux d'un père chrétien et d'une

sainte mère. Il me donna pour institutrice une sœur intelligente, pieuse comme les anges qu'elle est allée rejoindre.
Plus tard, les bruits d'un monde qui ne croyait point vinrent
jusqu'à moi. Je connus toutes les horreurs de ces doutes qui
rongent le cœur pendant le jour, et qu'on retrouve la nuit sur
un chevet mouillé de larmes. L'incertitude de ma destinée ne
me laissait pas de repos. Je m'attachais avec désespoir aux
dogmes sacrés, et je croyais les sentir se briser sous ma
main. C'est alors que l'enseignement d'un prêtre philosophe (1)
me sauva. Il mit dans mes pensées l'ordre et la lumière ; je
crus désormais d'une foi rassurée, et, touché d'un bienfait si
rare, *je promis à Dieu de vouer mes jours au service de la vérité
qui me donnait la paix.*

« Le surnaturel, dit-il dans une de ses notes, tous les
grands hommes y ont cru : Platon, Cicéron, Newton, Leibnitz.
La nature ne suffit pas aux grands esprits, ils s'y trouvent
trop à l'étroit. »

Ozanam a fait ce bel acte de foi à la sainte Eucharistie :

« L'expérience de chaque jour me fait trouver dans la foi
de mon enfance toute la lumière de mon âge mûr, toute la
sanctification de mes joies domestiques, toute la consolation
de mes peines. Quand toute la terre aurait abjuré le Christ, il
y a, dans l'inexprimable douceur d'une communion et dans les
larmes qu'elle fait répandre, une puissance de conviction qui
me ferait encore embrasser la croix et défier l'incrédulité
de toute la terre. Mais combien le Sauveur du monde est
encore aimé, combien il suscite de vertus et de dévouements
qui égalent les premiers âges de l'Église! »

Il écrivait encore :

---

(1), M. l'abbé Noirot, professeur de philosophie au collège de Lyon. Cousin
avait dit de lui qu'il était *le premier professeur de France.*

« La philosophie a des clartés ; elle connaît Dieu, mais elle
ne l'aime pas, mais elle n'a jamais fait couler ces larmes
d'amour qu'un catholique trouve dans la communion, et dont
l'incomparable douceur vaudrait à elle seule le sacrifice de
toute la vie. Vous trouverez là l'évidence intérieure devant
laquelle s'évanouissent tous les doutes. Il faut donner son
âme à Dieu, et alors Dieu donne la plénitude de la lumière.
Ah ! si quelque jour, dans une ville d'Amérique, vous étiez
malade, sans un ami à votre chevet, souvenez-vous qu'il n'est
pas un lieu de quelque importance, aux États-Unis, ou l'amour
de Jésus-Christ n'ait conduit un prêtre pour y consoler le
voyageur catholique. »

En 1833, à vingt ans, il écrivait à sa mère :

« Vous savez qu'à Paris, comme à Lyon, mais pour des motifs beaucoup plus plausibles, les processions sont interdites ;
mais, parce qu'il plaît à quelques perturbateurs de parquer le
catholicisme dans ses temples au sein des grandes villes, ce
n'est pas une raison pour de jeunes chrétiens, à qui Dieu a
donné une âme un peu virile, de se priver des plus touchantes
cérémonies de leur religion. Aussi s'en est-il trouvé quelques-
uns qui avaient songé à prendre part à la procession de Nanterre ; Nanterre, paisible village, patrie de la bonne sainte
Geneviève.

« Le rendez-vous est donné un peu tard, il est vrai, et seu=
lement dans un petit cercle d'amis. Le dimanche se lève serein
et sans nuage, comme si le ciel eût voulu le fêter de ses pom=
pes. Je pars de bon matin avec deux amis, nous nous arrêtons
pour déjeûner à la barrière de l'Étoile, nous arrivons les premiers à l'humble rendez-vous. Peu à peu, la petite troupe se
grossit, et bientôt nous nous trouvons trente. D'abord toute
l'aristocratie intellectuelle de la conférence : Lallier, Lamache,
dont je vous montrerai d'excellents travaux historiques ;

Cheruel, saint-simonien converti ; de la Noue, fils de l'ancien président de la cour royale de Tours, et qui fait de si beaux vers ; puis M. Lejouteux, des Languedociens, des Francs-Comtois, des Normands et des Lyonnais surtout, et votre serviteur très humble, la plupart portant moustaches, cinq ou six comptant cinq pieds huit pouces. Nous nous mêlons parmi les paysans qui suivent le dais : c'est plaisir pour nous de coudoyer ces braves gens, de chanter avec eux et de les voir s'émerveiller de notre bonne tournure et s'édifier de notre religion. La procession était nombreuse et pleine d'une élégante simplicité, toutes les maisons tendues, les chemins jonchés de fleurs ; il y avait une foi, une piété difficiles à décrire. De bons vieillards, qui n'avaient pu suivre le cortège, l'attendaient au passage ; c'étaient principalement devant leurs maisons que les reposoirs étaient dressés. La cérémonie dura près de deux heures ; ensuite nous assistâmes à la grand'messe, où la foule affluait jusqu'au dehors des portes de l'église.

« Nous repartîmes à la fraîcheur du soir, la lune ne tarda pas à nous éclairer à travers les arbres : c'était un délicieux moment. Nous avions rempli nos devoirs envers Dieu en lui rendant l'hommage qui lui était dû, envers nos frères en leur donnant un bon exemple, envers nous-mêmes en nous procurant un plaisir pur, en nous donnant un témoignage de réciproque amitié. »

SILVIO PELLICO

(1789-1854)

Silvio Pellico, écrivain distingué, est né à Salluces (Italie).
Il fut nommé, en 1810, professeur de langue française au
collège des Orphelins de Milan, et composa une tragédie :
Francesca di Rimini, qui fut accueillie avec enthousiasme. Il
se mit aussi à la tête d'un journal destiné à répandre les
idées libérales. Arrêté comme suspect, en 1820, lors des révolutions de Naples et de Piémont, il fut condamné à mort
par les Autrichiens, mais vit sa peine commuée en quinze
années de *carcere duro*.

Dans un ouvrage intitulé *Mes prisons*, qui a été traduit dans
presque toutes les langues, il a raconté ses souffrances avec
une simplicité touchante.

— Silvio Pellico était à Lyon. Lors du rétablissement du
culte en France, il fut témoin de la procession de la Fête-
Dieu et retrouva dans la contemplation de ce magnifique
spectacle l'ardeur de sa foi que le souffle de l'impiété avait
tristement obscurcie. Il a raconté lui-même cet épisode de sa
vie :

« Qu'il est beau, écrit-il, l'aspect d'une église, lorsque les
hymnes, l'encens et les flambeaux qui brillent nous révèlent
la majesté de Dieu! Mais quand on voit, aux mains d'un
homme faible, le Tout-Puissant qui laisse son temple pour marcher dans les sentiers que nous foulons tous, il nous semble
qu'il est plus notre frère et que son sourire est plus doux.....
C'est le père qui visite sa famille, qui s'approche du cœur de
tous ses fils, qui leur dit combien il aime à les chercher et à
vivre avec eux... Que nous rappelle l'Église dans toutes les
cérémonies sacrées? La sollicitude d'une tendre mère qui nous

dit d'espérer et d'aimer. Quand le Seigneur descend, quand il marche au milieu de nous, il demande à ses fils qu'ils l'aiment, il demande et il donne en même temps l'amour.

« Je ne t'oublierai point, jour lointain des jeunes années que je passai sur les bords du Rhône.

« Le hardi soldat qui prit le sceptre après avoir étouffé la licence, aurait voulu que l'on rendît à Dieu la gloire qui lui est due. Depuis longtemps on n'avait vu les splendeurs de la religion ; à un signe de l'empereur, les pompes sacrées brillent tout à coup sur le rivage de la France.

« Je vis alors éclater des transports de joie ; l'opulente cité du Rhône élevait des trônes et des arcs-de triomphe sur le passage du Tout-Puissant redescendu sur la terre. On était heureux d'entendre le récit des bons vieillards, et l'on s'écriait :

« Nous voulons être les champions du ciel... ! »

« Le canon se fait entendre : c'est un signal, tout se tait. En ce moment l'auguste assemblée sortait du temple. Oh ! comme on voyait la joie, l'admiration, le respect et la sainte terreur de toute cette multitude ! On était impatient de contempler cette sublime apparition du Roi de l'univers... Lorsque l'on vit briller à l'entrée de la rue la première croix, au frémissement de la multitude succéda un nouveau silence. Qui n'eût été attendri à la vue de cette ineffable et mystique harmonie de tant d'objets divers, alors que tant de bouches et tant de cœurs chantaient l'hymne religieuse, et que des milliers de flambeaux étincelants symbolisaient la résurrection de l'amour ! Qu'il était beau de voir couler des larmes de bonheur, des pleurs brûlants de charité et d'allégresse ! Une mère montrait à son enfant la majesté du culte, et lui apprenait à balbutier ces mots divins qui sont le salut et la gloire des catholiques.

« Quand se furent écoulés les flots abondants qui annonçaient le Très-Haut, un nuage de parfums s'éleva, une belle troupe d'anges balançaient des encensoirs ou jetaient des fleurs dans l'air embaumé ; puis apparut, ô prodige d'amour ! Celui qui créa les cieux, qui créa la terre, qui créa l'homme, le consola et fut son sauveur. A cette vue, toute la foule tombait à genoux pour adorer son Dieu, et j'entendis les soupirs de cœurs qui disaient : Seigneur, ayez pitié de moi ! je vous ai beaucoup offensé, purifiez mes désirs.

« Il y avait dans les flots de la multitude prosternée un pauvre jeune homme qui n'avait pas toujours été impie, qui avait gardé une étincelle d'amour, mais que l'orgueilleux démon du doute avait souvent obsédé. C'était un fléau que Dieu permettait, parce que l'humilité n'était pas dans l'âme de ce jeune homme. Chaque jour il passait de longues heures dans la solitude avec des livres, cherchant la vérité, qu'il oubliait de demander au Ciel. Mais dans ce grand jour de fête divine, au moment où des milliers d'hommes se prosternèrent, il se prosterna aussi. Le jeune homme, tout à l'heure plongé dans les ténèbres, aperçut une lumière nouvelle, humilia la fierté de son intelligence avec joie, et fut pendant plusieurs jours pur, sans orgueil et plein de courage.

« Lorsque, dans son audace inquiète, il revenait à ses délires, scrutant de hauts mystères avec un esprit profane, il était mécontent et s'attristait. Lyon et sa pompe sacrée lui revenaient alors à la mémoire ; il se voyait religieusement prosterné devant Dieu, et cet heureux souvenir le consolait, augmentait sa foi et lui en rendait souvent le doux rayon.

« Je vous aime, ô processions, je vous aime toutes, publiques prières que l'Église élève pour nous purifier dans les luttes périlleuses ! Ma jeunesse fut affligée de doutes malheureux ; pourtant je vous cherchais, et je vous ai loyalement honorées. » (*Poésies catholiques.*)

Dans la prison où il était enfermé, Silvio Pellico, accablé

de douleurs et d'angoisses, trouva une résignation admirable dans ses sentiments religieux.

Nous allons citer quelques-unes des touchantes pages de *Mes prisons :*

« Me résigner, dit-il, à l'immense douleur qu'éprouveraient de ma captivité ou de mon supplice, mon père, ma mère, mes frères et mes sœurs, non! je ne pouvais répondre de moi.

« Je me prosternai alors contre terre, et animé d'un sentiment de ferveur incomparable, je prononçai cette prière : Mon Dieu, j'accepte tout de votre main, mais en revêtant de votre force ceux à qui j'étais nécessaire, faites qu'ils puissent se priver de moi, sans que leur vie soit, pour ce motif, abrégée même d'un jour !

« O bienfait de la prière ! je restai plusieurs heures l'âme élevée à Dieu, et ma confiance s'augmentait à mesure que je méditais sur la bonté divine, à mesure que je méditais sur la grandeur de l'âme humaine, quand, dépouillée de son égoïsme, elle s'efforce de n'avoir plus d'autre volonté que la volonté de la Sagesse infinie... Oui, c'est chose possible, et c'est le devoir de l'homme, il faut tout sacrifier à la vertu. »

Silvio Pellico s'était laissé aller à un épouvantable découragement. Il prit sa Bible couverte de poussière :

« Je vous avais donc abandonné, ô mon Dieu ! m'écriai-je, et je m'étais perverti ! Insensé que j'étais !

« Je prononçai ces paroles avec une émotion indicible, je posai la Bible sur mon siège, je m'agenouillai à terre pour la lire, et moi, qui pleure si difficilement, je fondis en larmes. Ces larmes étaient mille fois plus douces que toutes les joies mondaines. Je sentais Dieu de nouveau, je l'aimais, je me repentais de l'avoir outragé en m'avilissant, et je protestais de ne plus me séparer de lui, non ! jamais !

« Oh ! comme un retour sincère à la religion console et
élève l'esprit ! »

—

Silvio Pellico croyait être condamné à mort, d'après
les nouvelles qui étaient parvenues au milieu des prison-
niers :

« Mon unique pensée, disait-il, était de mourir chrétiennement et avec courage ; j'eus la tentation de me soustraire au
gibet par le suicide, mais je chassai bien loin de moi cette
pensée. Quel mérite y a-t-il à ne pas se laisser exécuter par
le bourreau pour en faire soi-même l'office, ou pour sauver son
honneur ? Non ! je n'eusse pas même été chrétien, que le suicide, en y réfléchissant, m'aurait paru un plaisir insensé,
une chose inutile.

« Si le terme de ma vie est arrivé, me disais-je, ne suis-je
pas heureux d'avoir le temps de me recueillir et de purifier
ma conscience par des désirs et par un repentir dignes d'un
homme ?

« Mon esprit fut si fortement pénétré de ce raisonnement,
que l'horreur de la mort, et même de ce genre de mort, s'éloi-
gna entièrement de moi. Je méditais beaucoup sur les sacrements qui devaient me fortifier à mes derniers moments, et il
me semblait que j'étais en état de les recevoir avec les dispositions requises pour que je puisse en espérer les salutaires
effets..... Aucun espoir d'éviter le supplice ne pénétrait plus
dans mon cœur ; chaque fois que j'entendais le bruit des pieds
ou des clefs, chaque fois que je voyais ma porte s'ouvrir, je
me disais : « Courage ! peut-être vient-on me chercher pour
« entendre ma sentence ; écoutons-la avec calme et dignité
« et bénissons le Seigneur. »

—

Un noble prisonnier se trouvait dans une cellule voisine de
Pellico : s'accrochant aux barreaux de la fenêtre, ils pouvaient
causer quelques instants ensemble :

« Profitons, me disait-il, du peu de temps qui nous est encore donné, pour puiser dans la religion des sentiments propres
à nous fortifier et à nous consoler mutuellement. Parlons de
Dieu, excitons-nous à l'aimer, souvenons-nous qu'il est la sagesse, la justice, la bonté, la beauté suprêmes, qu il est tout ce
que nous pouvons admirer de sublime. Je te le dis en vérité,
Silvio, la mort n'est pas éloignée de moi. Je te serai éternellement reconnaissant si tu contribues à me rendre, dans ces
derniers jours, aussi religieux que j'aurais dû l'être pendant
toute ma vie. »

Et nos entretiens ne roulaient plus que sur la philosophie
chrétienne, et nous restions convaincus que le catholicisme
seul peut véritablement affronter toute critique, que sa doctrine repose sur les dogmes les plus purs et la morale la plus
saine.

*
* *

Silvio Pellico était tombé dangereusement malade :
« Lorsque, par intervalles, je reprenais ma connaissance,
j'entendais Krol (l'infirmier) me répéter :

« Que monsieur ait confiance en Dieu ! Dieu seul est bon !

« Priez pour moi, lui disais-je ; priez Dieu, non pas de me
« rendre la santé, mais d'accepter mes malheurs et ma mort en
« expiation de mes péchés. »

« Il m'engagea à demander les sacrements :

« Si je ne les ai pas encore demandés, répondis-je, attribuez-
« le à la faiblesse de ma tête ; mais ce sera pour moi une grande
« consolation de les recevoir. »

Krol rapporta mes paroles au surintendant, et on fit venir
le chapelain des prisons.

« Ce digne prêtre, dont je fus on ne peut plus satisfait, entendit ma confession et m'administra ensuite le saint viatique et
l'extrême-onction. »

Silvio Pellico guérit, il vit sa peine diminuée, et après sept
ans de dure captivité, il recouvrait la liberté.

—

Il a fait un remarquable travail sur les *Devoirs des hommes,*
et nous y trouvons ces conseils pleins de raison et d'actualité :

« Honorez la religion de tout votre pouvoir, de toutes vos
forces intellectuelles et morales ; professez-la parmi ceux qui
croient, comme parmi les incroyants ; professez-la, non par
l'observance froide et matérielle des pratiques du culte, mais
en vivifiant ces exercices religieux par de hautes pensées ;
en vous élevant par l'admiration jusqu'à la sublimité des
mystères, sans cependant avoir la hardiesse de chercher à
les expliquer ; en vous pénétrant des vertus qui en découlent
et en n'oubliant jamais que l'adoration de la prière n'est
d'aucun mérite, si nous ne sommes également résolus d'adorer
Dieu dans tous nos actes.

« Plusieurs voient resplendir à leurs yeux la beauté et la
vérité de la religion catholique ; ils sentent qu'il n'existe aucune philosophie plus philosophique, plus opposée à toute
injustice, plus amie de tout ce qui est utile à l'homme ; et ces
hommes cependant suivent le courant funeste, ils vivent
comme si le Christianisme n'existait que pour le vulgaire,

comme si l'homme bien élevé se trouvait en dehors des obligations qu'il impose.

« Ils sont plus coupables que les véritables incrédules, et beaucoup se trouvent dans ce cas.

« Moi qui fus de ce nombre, je sais qu'on ne sort point de cet état sans effort. Si jamais vous y tombiez, faites-le, cet effort. Que les railleries du monde n'aient aucune influence sur vous lorsqu'il s'agit de confesser un noble sentiment : or de tous les sentiments l'amour de Dieu n'est-il pas le plus noble? »

Silvio Pellico fut, jusqu'à sa mort, un chrétien digne de ce nom, pratiquant tous ses devoirs, sans crainte, comme sans ostentation.

LE MARÉCHAL DE SAINT-ARNAUD
(1798-1854)

Achille LEROY DE SAINT-ARNAUD, maréchal de France, naquit à Paris, en 1798. Son père, qui devint plus tard préfet de l'Aube, était avocat au Parlement. A dix-sept ans, de Saint-Arnaud était soldat et il arriva rapidement aux grades supérieurs. Il fit un long séjour en Algérie, où il prit une part active à un grand nombre de combats ; à l'attaque du col de Mouzaïa, il reçut une grave blessure. En 1850, il fut élevé au commandement supérieur de la province de Constantine. Rappelé en France comme général de division, il devint, en 1851, ministre de la guerre, et l'année suivante Napoléon le faisait maréchal de France.

Deux ans après, le maréchal de Saint-Arnaud, général en chef de l'expédition contre la Russie, faisait voile vers la Crimée.

Après un heureux débarquement, l'armée française, de concert avec l'armée anglaise, remportait une brillante victoire sur les bords de l'Alma.

Accablé par une maladie qui le minait depuis longtemps, ce vaillant soldat remit, le 25 septembre 1854, le commandement de l'armée aux mains du général Canrobert, et se dirigea du côté de la France ; mais il mourut bientôt en mer, quatre jours après, sur le navire qui le ramenait dans la patrie.

Voici en quels termes M. Louis Veuillot parlait de cette funeste nouvelle, et publiait les beaux sentiments de foi du maréchal Saint-Arnaud, chrétien fervent.

*
* *

« Une profonde affliction vient se mêler à la joie que répandent les glorieuses nouvelles de Crimée. Dieu a pris une grande victime. Le héros de cette prodigieuse campagne a cessé de vivre. Les navires qui nous apportaient ses bulletins si vaillants et si pleins d'une ardeur guerrière sont suivis de celui qui nous ramène son corps inanimé. Il décrivait la bataille comme il l'avait gagnée, du même souffle ardent et puissant, et c'était son dernier soupir. On le savait malade, affaibli, miné par de cruelles souffrances ; mais qui eût pensé que la mort était là, si près, et qu'un homme pût à ce point la voir et l'oublier, ou plutôt lui commander d'attendre ?

« Il calculait ses approches, il sentait ses étreintes ; à force de volonté, il lui arrachait quelques jours, quelques heures. Quels jours et quelles heures ! Les jours de l'arrivée en Crimée, les heures de la bataille de l'Alma ! C'est au dernier terme d'une maladie de langueur, lorsque la vie fuyait de ce corps épuisé et secoué par des crises terribles, comme l'eau fuit d'une main tremblante, c'est dans cet état qu'il organisait cette expédition incomparable, qu'il en bravait les périls, qu'il en surmontait les obstacles, qu'il plantait son drapeau sur le sol ennemi, qu'il restait douze heures à cheval, qu'il donnait à la France une victoire, qu'il dictait ces ordres du jour et ces rapports aussi beaux que son triomphe, qu'il investissait Sébastopol, qu'il disait à ses soldats : Vous y serez bientôt !

« Il s'arrête là, aux portes de Sébastopol investi, au milieu de l'ennemi défait, comme s'il avait dit à la mort : Maintenant tu peux venir !

« Une immense admiration tempère la douleur publique. On regrette le maréchal, on ne peut le plaindre. Cette fin est si belle après ce mâle combat contre la mort présente et inévitable, après ce grand service rendu à la civilisation, après ces récits héroïques ! Il meurt sous les regards du monde, frappant un de ces coups d'épée qui comptent dans la vie des empires ; trois nations inclinent sur sa tombe leurs drapeaux reconnaissants, et une quatrième, qui voulait, la veille encore, dominer toutes les autres, se souviendra de lui au jour qui marque le déclin de ses destinées. Entre la Turquie, qui se relève pour affranchir l'Église, et la Russie qui s'écroule pour la délivrer, sur ces flots qui furent aussi son champ de bataille et dont les caprices terribles n'ont pas étonné son courage, il meurt dans un des plus vastes linceuls où la victoire ait enveloppé ses favoris.

« C'est assez pour la gloire humaine, et ceux qui n'en connaissent et n'en désirent point d'autre peuvent trouver que le maréchal de Saint-Arnaud en a été comblé.

« Mais son âme était plus grande et ses désirs plus hauts, et, en le retirant pour quelques heures des soucis du commandement et du bruit des armes, la Providence lui a donné ce que sans doute il lui demandait : le temps d'humilier son cœur. »

*
* *

« Ce grand général était un humble et fervent chrétien.
L'Empire était proclamé et établi, Saint-Arnaud, maréchal de
France, ministre, grand écuyer de l'empereur, au faîte et
dans l'enivrement dangereux de toutes les prospérités, se
tourna vers Dieu, non pour obtenir la santé, mais pour mourir en chrétien.

« Il avait une de ces natures sincères et franches qui ne
fuient pas la vérité lorsqu'elles la voient, et qui ne craignent
pas de la suivre. C'était durant son séjour à Hyères. Il fit venir chez lui le digne curé de cette ville, et, sans chercher de
circonlocutions ni de détours, devant tous ceux qui étaient là,
il lui dit simplement qu'il voulait se confesser. Le bon prêtre,
surpris, tombe à genoux et rend grâces à Dieu, qui daigne
aussi parler au cœur des puissants du monde. Le maréchal,
trop malade encore pour quitter sa chambre, fit ses pâques
chez lui, sans mystère, en présence de ses officiers, de toute
sa maison, faisant venir jusqu'au soldat qui était de planton
à sa porte.

« Tel il avait été dans cette première occasion, tel il continua
d'être. Guéri contre toute attente, rendu aux affaires, il ne négli-
gea plus ses devoirs de chrétien ; il les remplit désormais comme
il faut les remplir dans ces hautes situations où l'homme a,
de plus que le commun des fidèles, le devoir de l'exemple.

« Lorsque l'expédition d'Orient fut décidée et que l'empereur lui en eut donné le commandement, sa première pensée
fut pour l'âme de ses soldats. On ne lira pas sans émotion la
lettre suivante, écrite par lui à un illustre religieux, son ami,
qui avait cru devoir lui adresser quelques recommandations
à ce sujet :

« Paris, 6 mars.

« Mon révérend père,

« Comment avez-vous pu penser un instant que je néglige-
« rais d'entourer les braves soldats de l'armée d'Orient de
« tous les secours et de toutes les consolations de la religion?

« L'aumônerie de l'armée est formée. Je me suis entendu
« avec le digne abbé Coquereau, qui a mis sur un pied si res-
« pectable l'aumônerie de la flotte. Il y a un aumônier par di-
« vision, par hôpital, et deux aumôniers en chef au quartier
« général.

« Je suis débordé par la besogne, et je soigne ma santé pour
« pouvoir faire vigoureusement la guerre aux Russes. J'aurai
« bien besoin de vos prières, mon père; sans l'aide de Dieu,
« on ne fait rien, et je mets ma confiance dans sa miséricorde
« et dans la protection qu'il accorde à la France. Je compte,
« avant mon départ, remplir mes devoirs de chrétien... »

« Ces sentiments éclatent avec la même force dans une lettre
écrite de Marseille le 25 avril :

« J'arrive de Toulon, où j'ai vu avec bien du plaisir le res-
« pectable curé-doyen d'Hyères. Nous avons longtemps et sé-
« rieusement causé. Il m'a aussi promis ses prières. Vous êtes
« assez bon pour me promettre les vôtres. Tous ces vœux ne
« peuvent manquer d'être agréables à Dieu, que je prie moi-
« même avec tant de foi et de ferveur. Je pars avec une con-
« fiance entière. Il est impossible que Dieu ne protège pas la
« France dans une circonstance aussi grave, aussi solennelle.

« Je suis convaincu que tout le monde fera son devoir, plus
« même que son devoir, et nous combattons pour une juste
« cause.

« Espérons donc, mon révérend père, et donnez-moi votre
« bénédiction. »

« Citons encore une de ces admirables lettres où l'homme de
guerre et le chrétien paraît tout entier dans sa simplicité et
dans sa grandeur :

« Au quartier général, à Old-Fort (Crimée), le 18 septembre 1854.

« J'ai reçu ce matin même votre bonne lettre, datée du
« 20 août, et je ne perds pas un instant pour vous remercier de
« vos vœux chrétiens et de vos prières. Elles ont été écoutées
« du Très-Haut. Depuis le 14, je suis débarqué heureusement
« en Crimée avec l'armée, qui est superbe et dans les meil-
« leures dispositions. Le débarquement s'est fait aux cris
« répétés de *Vive l'empereur !* et c'est à ce même cri que nous
« briserons demain les colonnes russes qui nous attendent à
« l'Alma et qui ne m'empêcheront pas de m'établir sous Sé-
« bastopol le 22 ou le 23 au plus tard.

« Je presse les opérations autant que possible, car ma santé
« est bien mauvaise, et je prie Dieu de me donner des forces
« jusqu'au bout...

« Adieu, mon révérend père ; priez pour nous, et croyez à
« mes sentiments de respectueuse affection.

« Maréchal A. DE SAINT-ARNAUD. »

« Que pourrions-nous ajouter qui fût digne de nos respects,
de notre admiration, de nos regrets, de nos espérances ? Il
n'est plus, mais il a servi son pays et honoré Dieu ; ses œuvres
lui ouvrent la porte de l'histoire, et sa foi celle de l'éternité.»

LOUIS VEUILLOT.

Avant son départ pour Constantinople, le glorieux vainqueur de l'Alma, frappé d'une violente attaque de choléra et
sentant sa dernière heure approcher, avait demandé les secours de la religion. Il se confessa et reçut l'extrême-onction.

C'est le P. Parabère, aumônier de la flotte, qui remplit cette
douce et pénible mission. Mais forcé de quitter le *Berthollet*
pour rejoindre l'armée, où sa présence était nécessaire, le
P. Parabère ne put fermer les yeux de l'illustre maréchal qui
mourut avec les sentiments de la plus chrétienne résignation.
Du reste, on a vu par les lettres que nous avons publiées que
les dernières années de sa vie ont été sanctifiées par une con·
duite des plus chrétiennes et par des services éminents ren-
dus à la religion.

Les personnes qui ensevelirent la dépouille mortelle du maréchal de Saint-Arnaud ont trouvé sur la poitrine du soldat
héroïque et chrétien une médaille de la sainte Vierge et un
scapulaire.

AUGUSTIN THIERRY
(1795-1856)

THIERRY (Augustin), né à Blois, a été appelé à juste titre
par ses contemporains, le *prince des historiens modernes*. Dans sa
jeunesse il se laissa séduire par la doctrine saint-simonienne
et fut un disciple fidèle de son auteur, mais il l'abandonna
bientôt. Ses travaux historiques sont considérables et ont une
grande valeur. A la patience et à l'érudition d'un bénédictin
il unissait l'art d'un grand écrivain et l'imagination d'un
poète. Chateaubriand voyait en lui l'*Homère de l'histoire*. Il
était membre de l'Académie des Inscriptions et Belles-Lettres,
et depuis 1840 l'Académie française lui décerna, jusqu'à sa
mort, le prix Gobert.

Sur la fin de ses jours il était devenu aveugle et paraly-
tique. M. Hamon, curé de Saint-Sulpice, le visitait souvent.
Ces relations eurent pour résultat la conversion du vieillard,
qui avait promis de se réconcilier avec Dieu par la réception
des sacrements. C'est ce que M. Hamon lui-même a attesté
dans un discours prononcé le jour des obsèques de l'illustre
défunt :

« Messieurs, dit-il, au milieu des pompeux éloges qui re-
tentissent de toutes parts à la gloire de M. Augustin Thierry,
la religion a aussi un mot à dire dans cette lugubre cérémonie. Plus d'une fois l'illustre défunt a bien voulu épancher
son cœur dans le mien, et je dois à sa mémoire de révéler ces
communications intimes dont il m'a fait le confident, parce
qu'elles l'honorent plus que tous les éloges. Dès notre première entrevue il tint à me faire sa profession de foi ; je me
la rappelle encore avec bonheur : « L'office de la raison est
« de nous démontrer que Dieu a parlé aux hommes par Jésus-
« Christ, et une fois ce grand fait démontré par l'histoire, la
« raison n'a plus droit de discuter ; son devoir est d'appren-
« dre par l'Évangile et par l'Église ce que Dieu a dit, et de le
« croire ; c'est le plus noble usage quelle puisse faire de ses
« facultés. »

« Et cette déclaration de principes, si claire et si catholique, M. Thierry ne la dissimulait à personne. Un jour, un
homme qui se croyait habile en histoire se permit de dire en
sa présence que la papauté était une institution humaine
qui remontait au IVe siècle : « Vous vous trompez, reprit
« aussitôt le véritable historien, la papauté remonte jusqu'à
« saint Pierre, et par saint Pierre à Jésus-Christ, le divin
« fondateur de l'Église. »

« Heureux de telles paroles, je cultivai avec délices cet
homme éminent, non autant que je l'aurais voulu, mais autant

que me le permettait mon ministère, et toujours je le trouvai
également ferme dans sa croyance. Plusieurs fois je lui parlai de ses ouvrages avec cette liberté qu'autorisait la douceur
de son commerce : « J'y ai mêlé des erreurs, me dit-il, on m'a
« fait peine en imputant à une hostilité malveillante pour la
« religion ce qui n'était que l'effet de mon ignorance, mais
« je veux employer ce qui me reste de vie pour les corriger. »
Nobles paroles, messieurs, qui sont à elles seules un magnifique éloge. M. Thierry n'était pas de ces petits esprits, infa-
tués d'eux-mêmes et de la renommée, qui croiraient descendre
en disant : Je me suis trompé. Il comprenait que la vérité a
des droits imprescriptibles, supérieurs à tous les misérables
intérêts de l'amour-propre, et que l'homme n'est jamais plus
grand que quand il est dans le vrai, je me trompe, que quand
il a le courage d'y rentrer après en être sorti.

« Un jour il reçut de la province un livre intitulé : *Erreurs
de M. Augustin Thierry ;* il se le fait lire ; il est ravi et il écrit à
l'auteur, M. Gorini, un de ces ecclésiastiques qui, dans un presbytère de campagne, sont des hommes érudits, une lettre de
remerciements et de félicitations : de remerciements pour le
bienfait de la vérité que lui ont apporté ces pages savantes,
de félicitations pour le remarquable mérite de celui qui l'a
censuré.

« Ravi moi-même de si nobles sentiments, j'allai à mon tour
féliciter et remercier avec effusion l'homme éminent qui donnait au monde un si bel exemple : « Ma lettre vous étonne,
« me répondit-il ; Dieu souffre bien qu'on censure ses ouvrages,
« qui sont parfaits, pourquoi ne trouverais-je pas bien qu'on
« censure les miens qui sont défectueux ? »

« A la suite de ces communications, si consolantes pour le
cœur d'un prêtre, je proposai à M. A. Thierry de tirer les
conséquences de ses croyances, de passer de la foi à la pra-

tique et d'honorer ses cheveux blancs par l'accomplissement
courageux de tous les devoirs que la religion impose : « Je
« vous comprends, me répondit-il ; déjà je suis membre des
« Conférences de Saint-Vincent-de Paul, je viens en aide aux
« malheureux qui m'implorent ; mais je sens que Dieu me de-
« mande autre chose, qu'il me faut me réconcilier avec lui
« par les sacrements. Eh bien ! je vous le promets, je me con-
« fesserai, je communierai (1) .»

« Malheureusement, messieurs, le mal, survenant comme
un coup de foudre, a arrêté ce noble dessein digne d'une si
belle intelligence, et nous n'avons pu administrer les derniers
sacrements qu'avec une douloureuse incertitude s'il avait la
conscience de nos paroles et de notre ministère ; mais il n'en
demeure pas moins certain que M. Augustin Thierry croyait
à nos mystères, au précepte divin de la confession et à la nécessité de se réconcilier avec Dieu par les sacrements. »

— L'auteur de la vie de M. Hamon a ajouté ce trait :

« Un jeune ecclésiastique, non encore promu au sacerdoce
et que son mérite a élevé depuis à une dignité éminente dans
l'Église de France, avait reçu de ses supérieurs la mission
d'aller faire une lecture à M. Thierry. Il se présente et demande à l'historien quel sera l'objet de la lecture : « Lisez-moi,
« lui fut-il répondu les prières de la messe. » Chaque jour, il
se faisait lire les mêmes paroles, qu'il écoutait dans l'attitude
du plus profond recueillement. »

Ce trait montre avec la dernière évidence les bonnes dispositions du savant historien, rendant un sincère témoignage au
plus saint mystère de notre foi.

---

(1) M. Augustin Thierry était si bien disposé, que le lendemain il envoya
M. Vallon, membre de l'Institut et son ami chez M. le curé de Saint-Sulpice,
pour lui dire qu'il persévérait dans les sentiments qu'il lui avait exprimés et dans
la résolution de se confesser.

*
* *

Le R. P. Gratry, écrivant, le 23 juin 1856, à Mgr l'archevêque de Paris, sur les derniers instants de M. A. Thierry, donne de nouveaux et fort touchants détails.

« ... Voici, Monseigneur, le résumé du dernier entretien que j'ai eu avec M. A. Thierry. C'était huit jours avant sa mort. Il parla presque seul pendant environ une demi-heure avec une fermeté, une précipitation et une animation extraordinaires.

« Quelques personnes, disait-il, ne comprennent pas ce qui « se passe, ni d'où viennent ces nombreux retours à l'Église « catholique, malgré tant d'objections et de difficultés. Cela « est très simple : c'est que le catholicisme est la vérité. C'est « la vraie religion du genre humain. Les objections préten « dues philosophiques ne sont point philosophiques ; au con « traire, toute la philosophie de tous les temps et de tous les « lieux se trouve dans la doctrine catholique. Toute la vérité « s'y concentre, et l'on est dans le faux à mesure que l'on s'en « éloigne. C'est pourquoi le luthéranisme vaut moins que l'an « glicanisme, le calvinisme moins que le luthéranisme, l'uni « tarisme moins que le calvinisme, et ainsi de suite. Quant à « la difficulté que l'on tire aujourd'hui de l'état actuel du « journalisme religieux, je ne vois pas pourquoi l'on s'y arrête. « Un homme raisonnable peut-il rendre l'Église responsable « de toutes les polémiques qui s'élèvent dans son sein entre « particuliers ? D'autres s'effrayent beaucoup de ce mouvement « de centralisation qui s'opère dans l'Église, et de cette con « tinuelle et plus intime relation de tous les membres avec le « chef. Mais cette tendance me paraît être le mouvement pro « videntiel de l'histoire, et c'est, d'ailleurs, une conséquence

« naturelle de l'unité croissante du globe. L'unité de liturgie,
« par exemple, est un détail de ce grand mouvement. D'ailleurs
« l'union croissante n'étouffera pas la liberté. D'aucun côté je
« ne vois aucune bonne raison contre la religion catholique.
« S'il s'agit des préceptes de l'Église, tout y est bon, raison-
« nable, salutaire, tout, jusqu'aux moindres pratiques : l'on
« ne peut en omettre aucune sans avoir à le regretter. On a
« tort d'hésiter. Il faut arriver là. La véritable philosophie,
« la vraie sagesse pratique y conduiront de plus en plus. »

* *

« Trois jours après cet entretien, M. Augustin Thierry fut
pris de ce subit engourdissement dans lequel il s'est endormi.
C'est dans cet état que je le trouvai. Il n'avait plus qu'une
vague connaissance de ce qui se passait autour de lui. Pendant une grande partie de la journée, je restai près du malade
et de son bien digne frère, M. Amédée Thierry. J'attendais
un moment lucide pour parler à notre cher mourant. Mais ce
moment ne venant pas, j'eus la pensée d'amener près du malade le P. Pététot, qui a tant d'expérience du lit de mort. Le
P. Pététot resta seul avec M. Thierry, et, pendant que nous
étions en prières dans la chambre voisine, il lui suggéra les
actes de foi, de contrition, d'espérance et d'amour de Dieu,
puis lui donna l'absolution. Ensuite M. le curé de Saint-Sulpice
vint lui administrer l'extrême-onction. Très agité avant la venue du curé, le malade parut très calme pendant toute la cérémonie. Il n'est mort que le surlendemain 22 mai.

« Grâce à Dieu, l'homme excellent que nous regrettons est
mort visiblement dans le sein de l'Église catholique.

« Parti de l'incrédulité, ainsi qu'il me l'a dit lui-même, l'é-
tude sincère des hommes et de l'histoire lui avait depuis fort

longtemps appris que l'incrédulité n'explique pas le monde,
et que la force vive qui mène le genre humain, c'est la religion. La religion, l'histoire le lui montrait encore, ne pouvait
être que le Christianisme. Mais son esprit s'élevant par de-
grés de l'erreur à la vérité, crut voir d'abord dans le protestantisme la pure doctrine de l'Évangile. C'est alors qu'il chercha la lumière à Genève. « En ce temps, ce sont ses propres
« expressions, je ne me doutais pas de l'histoire de l'Église.
« Lorsque j'y eus jeté les yeux, je vis clairement que le pro-
« testantisme ne pouvait être la religion fondée par Jésus-
« Christ. Le protestantisme et l'histoire sont entièrement
« incompatibles Le système protestant a été forcé de con-
« struire à son usage une histoire fictive. Je m'étonne qu'on
« se maintienne encroe sur un pareil terrain. Comment ne
« voit-on pas que le Catholicisme se retrouve tout entier dans
« les quatre premiers siècles ? » Un autre jour, et tout récemment, il disait à l'un des pères de l'Oratoire, M. Perraud :
« On soutient parfois, et c'est un préjugé que j'ai longtemps
« partagé, que la doctrine de l'Église s'est formée de pièces
« et de morceaux. Comme cela est faux ! Quelle admirable
« unité ! Comme l'examen des textes renverse cette erreur ! »
C'est ainsi que cette intelligence droite et forte déchirait peu
à peu la ceinture des ténèbres que son siècle lui avait faite.
Mais Dieu lui réservait d'autres épreuves qui devaient développer encore la force et la beauté de son âme. Dieu a voulu envelopper pendant trente ans cette lumineuse intelligence
dans les ténèbres matérielles, et cette énergique volonté dans
un corps sans mouvement ; et l'âme, dans cette prison et sous
cette chaîne, a continué son travail et sa persévérante recherche de Dieu et de sa vérité. Quel exemple pour tous les esprits et toutes les âmes à qui leur corps est un obstacle ! Absolument aveugle, entièrement paralysé, au lieu de s'abandonner

et de s'engourdir, il veillait, méditait, écoutait et dictait, et
avec quel éclat et quelle verve! Il réglait et disciplinait sa vie
sous l'inflexible exactitude d'une règle presque religieuse.
Ainsi, entre autres détails, tous les dimanches, à heure fixe,
l'un des pères de l'Oratoire venait lui dire l'office du jour, ce
à quoi il tenait singulièrement.

« Par tant d'efforts, et par la grâce de Dieu, cette âme profonde, énergique et sensible avançait toujours, et parvenait
enfin, non plus seulement à l'affirmation théorique de la vérité générale de nos dogmes, mais à la volonté formelle de se
soumettre à l'autorité de l'Église, mais à la ferme résolution
de vivre de sa vie et de ses sacrements, et d'effacer dans ses
écrits tout ce qui pouvait être contraire à la foi de l'Église et
au respect qui lui est dû. Ceci, du reste, Monseigneur, est conforme à ce qu'il en a écrit lui-même, comme vous avez bien
voulu me l'apprendre. « Je veux, me disait-il, corriger tout ce
« que j'ai pu, quoique de bonne foi, écrire contre la vérité,
« dans tous les sens. Je demande à Dieu tous les jours, toutes
« les nuits, de me donner le temps d'achever ce travail, car
« il me semble qu'en ceci je travaille pour Dieu. Oui, je me
« soutiens et m'encourage parfois, dans ma fatigue et mes in-
« somnies, par cette pensée: *Je suis un ouvrier de Dieu.* Ne ré-
« pétez pourtant pas ce mot, ajouta-t-il dans sa délicate mo-
« destie; ce serait prétentieux. Je ne dis cela qu'à vous. » Ce
généreux esprit, si humble et pourtant si fort, poursuivait
ainsi sa marche et sa lutte, sans abattement comme sans orgueil, croyant et voulant travailler en présence de Dieu et par
obéissance à Dieu.

« Si je ne me trompe, cet exemple sera historique; il sera
salutaire; il relèvera plus d'un espoir; il guérira plus d'un
aveuglement.

« Mais Dieu sans doute a voulu abréger les souffrances de

     M. A. BINET

son héroïque ouvrier, et, après tant d'épreuves, l'a recueilli,
je l'espère, dans son sein, au moment même où il s'est trouvé
mûr pour la vie éternelle. »

A. GRATRY, prêtre de l'Oratoire.

M. A. BINET

Président de l'Académie des Sciences, Membre de l'Institut

(1856)

M. BINET, très célèbre géomètre, président de l'Académie
des sciences, membre de l'Institut, était un chrétien parfait.
M. Augustin Cauchy, son confrère, a rendu hommage à une
vie riche de belles et bonnes œuvres devant Dieu et devant
les hommes.

Voici les paroles qu'il prononça sur le bord de la tombe du
savant mathématicien.

« Messieurs,

« La mort vient de ravir à l'Académie des sciences son président; aux membres de l'Institut, aux professeurs du collège
de France, un excellent confrère; à une femme, à des enfants,
à une famille éplorée, un père tendrement aimé et digne de
l'être ; à moi-même, un ancien condisciple et un ami. Binet a
quitté ce monde pour un monde meilleur. En présence de la
tombe qui reçoit sa dépouille mortelle, je n'essayerai pas de
rappeler les importants travaux par lesquels il a contribué
aux progrès de la géométrie et de l'analyse mathématique ; il
sera plus digne pour lui, plus consolant pour nous d'arrêter
notre esprit sur une pensée bien capable d'adoucir nos regrets.

Binet n'était pas seulement un géomètre distingué, doué d'une haute intelligence : avec les plus beaux génies des siècles passés et des temps présents, avec les Descartes et les Fermat, avec les Haüy, les Ampère, les Laënnec, il aimait à remonter de la connaissance des vérités scientifiques au principe éternel de toute vérité. La méditation des lois sublimes qui régissent le cours des astres, qui entretiennent l'ordre et l'harmonie dans l'univers, lui offrait sans cesse de nouveaux motifs de bénir et d'adorer l'Auteur de tant de merveilles. La foi vive de notre confrère, son ardent amour pour le Dieu auquel il rendait gloire par ses talents et ses vertus, par son vaste savoir et son inépuisable charité, doivent nous inspirer la douce confiance qu'aujourd'hui plus heureux que nous, plus éclairé que nous, Binet est allé puiser la lumière à la source de toute lumière, apprendre des secrets que nous sommes appelés nous-mêmes à connaître un jour en marchant dans la voie qu'il a suivie. Absorbé par ces hautes pensées, vous me pardonnerez, messieurs, d'en abréger l'expression. La vraie douleur s'exprime en peu de paroles ; et, à la vue de la croix posée sur cette tombe en signe d'espérance, je me tais, je vous laisse franchir en esprit l'intervalle immense qui sépare les sciences de la terre, si limitées, si bornées en tous sens, même quand elle sont cultivées par des hommes d'un mérite supérieur, des vérités sublimes, de la divine science, qui nous seront révélées dans les cieux. »

BÉRANGER

(1780-1857)

Béranger (Pierre-Jean de), le chansonnier célèbre, naquit
à Paris en 1780. Son père était agent de change et ardent
royaliste. A quatorze ans, il entra comme apprenti chez un
imprimeur de Péronne qui faisait lui-même des vers et
donna le goût de la poésie au jeune ouvrier.

« Béranger, dit A. Gabourd, était le poète des multitudes,
l'Homère de la chanson ; comme son talent ne dépassait pas
le niveau où peut atteindre la masse du peuple, il avait le
privilège d'être compris de tous. Poète par l'inspiration, mais
versificateur médiocre, il ne cherchait pas les purs triomphes
du goût et de l'art, mais il s'adressait aux instincts de toute
nature qui fermentent au fond des cœurs, et tantôt bachique,
toujours irréligieux, trop souvent obscène, il était sûr de soulever autour de lui, soit un rire grossier, soit des ressenti-
ments politiques, soit des souvenirs chers au pays. »

Certes, la vie de Béranger ne fut pas chrétienne, il vécut
loin de Dieu, cherchant le plaisir, la bonne chère, et chantant
les vices qu'il aimait. Cependant, à la fin de sa vie, il réfléchit ; voyant le mal qu'il avait fait, il en demanda pardon à
Dieu, et, comme l'enfant prodigue, il fit appel à la miséricorde
divine, qui ne repoussa point le vieillard repentant.

*
* *

Dieu se servit de M. l'abbé Jousselin, alors curé de Sainte-
Élisabeth, pour lui procurer la grâce de la conversion.

Ils s'étaient rencontrés à Passy, qu'habitait Béranger au
temps où M. Jousselin en était curé. M. Jousselin l'avait sé-

duit et charmé par son esprit, son amabilité et sa politesse
sacerdotale. Dieu voulut qu'ils se retrouvassent sur la paroisse de Sainte-Élisabeth. La gouvernante de Béranger étant
tombée malade, le chansonnier s'était souvenu de l'ancien
curé de Passy et était allé lui-même réclamer pour elle, de
M. Jousselin, le secours de son ministère. « Je crains bien,
monsieur le curé, lui avait-il dit, que vous n'obteniez pas
d'elle tout ce que vous devez désirer. Elle est sotte, elle n'a
pas de foi. Moi, du moins, j'ai la foi ; moi, je crois, et, si je
deviens malade, que je vous appelle ou que je ne vous appelle
pas, venez à mon secours. » Lorsque Béranger tomba, peu de
temps après, malade lui-même, M. Jousselin, prévenu, accourut ; il fut reçu avec grande joie. Mais il ne put obtenir des
malheureux amis du malade d'être laissé entièrement seul
avec lui ; ils ne voulurent pas quitter le seuil de sa chambre.
Béranger ayant demandé la bénédiction de M. Jousselin, celui-ci lui répondit qu'il lui voulait donner bien plus que la
bénédiction, — l'absolution, dont il lui expliqua la nature, les
conditions et les effets. Provoqué au repentir par ces explications : « Oh ! oui, certainement, s'écria le malade, j'ai fait en
ma vie bien des fautes que je ne ferais pas aujourd'hui, que je
ne voudrais pas faire et voudrais n'avoir pas faites, dont j'ai
grand regret et me repens de tout mon cœur, et dont je demande
pardon à Dieu et à vous aussi. » Et il reçut l'absolution dans
l'attitude la plus humble et la plus recueillie.

M. Jousselin devait s'absenter de Paris pour quelques jours ;
il donna son adresse pour qu'on le rappelât si la maladie s'aggra-
vait. La maladie s'aggrava, Béranger demanda *son bon curé*,
voulut qu'on lui écrivît, et un ami véritable lui écrivit, mais
sa lettre fut interceptée ou ne parvint pas.

Cependant M. Jousselin put, à son reteur, voir encore deux
fois Béranger, malgré l'opposition de tous ses faux amis, et,

sur sa demande, après quelques minutes d'entretien à voix basse avec lui, lui renouveler l'absolution. Le malade la reçut chaque fois avec un très sensible redoublement de foi ardente et de vif repentir. Dieu devint en ses derniers jours sa grande et presque son unique préoccupation, et on l'entendait souvent répéter : « Mon Dieu ! vous êtes si grand ! moi si petit ! Je ne suis plus qu'un pauvre vieillard, je vous donne le peu qui me reste... »

LE BARON CAUCHY

(1789-1857)

Le baron CAUCHY, célèbre mathématicien, naquit à Paris. Son père était un littérateur estimé, et sa mère, femme d'une grande foi, voulut, avant tout, donner à son enfant une éducation profondément chrétienne. Dieu bénit ses efforts, car son fils fut illustre aussi bien par la foi que par la science.

Dès l'âge de quinze ans, il remportait la plupart des premiers prix dans les concours de l'Université.

Ses succès ne nuisaient, du reste, en rien à sa modestie et à ses sentiments pieux.

Voici un article de son règlement de première communion :

« Je ne me vanterai jamais du peu de science que j'ai acquis par les soins de mon père, me représentant d'abord que si je sais quelque chose, c'est uniquement à cause des soins que mon père a pris de moi, et ensuite, que les sciences humaines ne sont rien auprès de celle du salut et qu'il ne me servirait de rien de les connaître toutes, si je n'avais cette dernière. »

A l'École polytechnique, où il fut admis à l'âge de seize ans,
on le voyait, agenouillé au pied de son lit, réciter ses prières
sans aucun respect humain, et à Cherbourg, où il fut envoyé
comme ingénieur des ponts et chaussées, il assistait avec une
exemplaire régularité aux offices de sa paroisse.

Craignant que sa mère n'eût des inquiétudes sur sa persévérance, il s'empressa de la rassurer :

« On dit, lui écrit-il, que la dévotion me fera tourner la
tête ? Quelles sont les personnes qui disent cela ? Ce ne sont
pas celles qui ont beaucoup de religion ; celles-ci ne m'en ont
parlé que pour m'encourager dans ma ligne de conduite, et
tout ce qu'on m'a rapporté à ce sujet ne prouve pas qu'elles
me blâment... Qu'y a-t-il donc dans la religion qui soit propre
à faire tourner la tête? Serait-ce d'assister aux offices de sa
paroisse? de remplir les devoirs du Christianisme, de s'approcher des sacrements plusieurs fois l'année ? Je ne le pense
pas, et la plus grande obligation que je puisse vous avoir, ma
chère mère, est de m'avoir élevé de bonne heure dans ces
saints exercices. Grâces soient rendues à vous, bien chers
parents, qui ne m'avez jamais donné que de bons conseils à
suivre et de bons exemples à imiter ! Grâces soient rendues à
Dieu qui m'a fait naître de parents si chrétiens et m'a donné
tous les moyens de le servir !

« ... Si l'on envoyait tous les fous aux Petites-Maisons, on y
trouverait plus de philosophes que de chrétiens...

« En voilà bien long sur ce sujet, mais je tenais à vous
prouver que je n'ai pas perdu la tête. Si vous en voulez une
autre preuve, ma bonne mère, c'est que je vous aime toujours
autant, et que je reste conséquent avec moi-même en vous
embrassant de tout mon cœur. »

Il avait alors vingt-deux ans.

Cauchy se voua à l'enseignement ; il professa à l'École polytechnique et à la Faculté des sciences et, en 1816, il fut nommé membre de l'Institut.

Savant infatigable, il a composé un grand nombre de *Mémoires*, parmi lesquels on doit citer sa *Théorie des Ondes*, couronnée par l'Institut, et beaucoup de travaux remarquables sur les mathématiques.

Dans ses écrits, il a porté le défi suivant à la science moderne :

« Cultivez avec ardeur les sciences abstraites et les sciences naturelles ; décomposez la matière ; dévoilez à nos regards surpris les merveilles de la nature ; explorez, s'il se peut, toutes les parties de cet univers ; fouillez ensuite les annales des nations, les histoires des anciens peuples ; consultez sur toute la surface du globe les vieux monuments des siècles passés. Loin d'être alarmé de vos recherches, je les provoquerai sans cesse, je les encouragerai de mes efforts et de mes vœux ; je ne craindrai pas que la vérité se trouve en contradiction avec elle-même, ou que les faits et les documents par vous entassés, puissent jamais être en désaccord avec les livres sacrés. »

*
* *

Il était poète à ses heures, et, selon son expression, il aimait, tout en suivant les traces d'Euclide, à cueillir quelques fleurs sur les tombes d'Homère, de Virgile et d'Horace.

Comme on le voit par les vers suivants, il défend la science qu'il aimait tant, dans un langage que n'eussent point désavoué les meilleurs poètes, et toujours animé de sentiments chrétiens :

> Tandis qu'avec fureur d'autres se font la guerre,
> Et pour un vain caprice ensanglantent la terre

Qui va dans un moment disparaître à leurs yeux,
Plus heureux, l'astronome a regardé les cieux...
Là se lisent la gloire et la magnificence
Du Dieu dont l'univers atteste la puissance ;
Là se peignent encore et le calme et la paix ;
La règne sans partage, et triomphe à jamais
Celui qui des soleils a tracé la carrière,
De la nuit du chaos fait jaillir la lumière,
    Allumé le flambeau du jour.
    Transformé la vile poussière,
En cet homme, le fruit, l'objet de tant d'amour.

Et il termine cet essai poétique par un acte de foi :

Mais à des spectacles pareils,
Mon esprit se confond ; je me tais et j'adore
Celui dont le nom glorieux
Se lit en trais si doux sur les feux de l'aurore
Et sur le pavillon des cieux.

M. Cauchy fut associé de son temps à toutes les œuvres vraiment utiles : son éloquence persuasive communiquait partout son zèle, et la plupart de ses collègues de l'Institut se trouvaient entraînés à une coopération sympathique qui les étonnait parfois eux-mêmes. Il devint un des membres les plus actifs de la Conférence de Saint-Vincent-de-Paul ; il établit une association pour l'observation du dimanche et pour l'instruction des petits Savoyards.

Le membre de l'Académie des sciences et de la plupart des sociétés savantes de l'Europe et du monde, le rival d'Euler et de Lagrange, l'examinateur de l'École polytechnique se faisait chaque semaine, à heures fixes, simple maître d'école, pour développer l'intelligence et former le cœur de ces petits enfants qui, de la Savoie, viennent dans la capitale exercer leur pauvre et pénible métier. Il leur parlait de Dieu, leur enseignait le catéchisme, priait avec eux pour leur apprendre quelques prières.

Il consacra les dernières années de sa vie à l'Œuvre des Écoles d'Orient, dont il est regardé, à juste titre, comme le fondateur.

En 1862, Mgr Dupanloup, évêque d'Orléans, dans un discours prononcé à Rome en faveur de cette dernière œuvre, rappelait en ces termes les droits du baron Augustin Cauchy au titre de fondateur :

« Une œuvre providentielle a été fondée, et c'est en France, messieurs, et, chose remarquable, c'est au sein de l'Institut de France, dans le cœur d'un savant, qui fut l'un des premiers mathématiciens de l'Europe et aussi l'un des premiers chrétiens du monde, l'illustre et regrettable Cauchy, que cette grande pensée a pris naissance. Je suis heureux et fier de prononcer ici son nom, car la reconnaissance pour tous les hommes qui ont bien mérité de l'Église est un doux et grand devoir pour tous... On peut dire qu'il s'est dévoué à cette œuvre jusqu'à la mort, car, au milieu de la sécheresse puissante de ses chiffres et de ses prodigieux calculs, il avait l'âme tendre comme une sœur de Charité. »

Quelle conviction ne trouve-t-on pas dans la profession de foi suivante du célèbre géomètre !

« Je suis chrétien, c'est-à-dire que je crois à la divinité de Jésus-Christ, avec Descartes, Copernic, Newton, Pascal, Euler, Guldin, Gerdil, avec tous les grands astronomes, tous les grands physiciens, tous les grands géomètres des siècles passés. Je suis même catholique avec la plupart d'entre eux, et si l'on m'en demandait la raison, je la donnerais volontiers. On verrait que mes convictions sont le résultat non de préjugés de naissance, mais d'un examem approfondi. Je suis catholique sincère, comme l'ont été Corneille, Racine, La Bruyère, Bossuet, Bourdaloue, Fénelon, comme l'ont été et le sont encore un grand nombre des hommes les plus distingués de notre époque, de ceux qui ont fait le plus d'honneur à la science, à la philosophie, à la littérature, qui ont le plus illustré nos académies. »

* * *

Voici un trait du zèle de M. Cauchy :

Il avait fait la connaissance d'une famille très honorable, humainement parlant; mais le père n'était catholique que de nom, et la mère ainsi que les six enfants étaient protestants. Le baron Cauchy entreprit de les convertir tous : il eut le bonheur d'y réussir, par sa piété, sa bienveillance et ses prières.

Le père se rapprocha de Dieu, reprit toutes les pieuses pratiques qu'il avait abandonnées et devint lui-même, plus tard, président de Conférence de Saint-Vincent-de-Paul à Paris. La mère et les enfants firent leur abjuration solennelle dans l'église paroissiale de Sceaux.

Le propriétaire de la maison où logeait l'heureuse famille qui venait de rentrer dans le sein de l'Église, disputa amicalement à M. Cauchy la gloire de cette remarquable conversion. Il prétendait qu'elle était l'œuvre de la très miséricordieuse Vierge Marie, et il donnait pour raison que le principal pilier de sa maison reposait sur des fondations dans lesquelles il avait placé lui-même une médaille de l'Immaculée Conception, et que c'était précisément contre ce pilier que s'appuyait constamment le siège qui servait à M. Cauchy lorsqu'il venait visiter ses néophytes. « Comment alors, ajouta-t-il, ses paroles n'auraient-elles pas triomphé sous une pareille influence ? »

Nul doute que le savant chrétien n'ait cédé volontiers à la sainte Vierge toute la part qui lui revenait de ces conversions.

*
* *

Les derniers moment d'une vie (1) si bien remplie furent entourés de toutes les consolations religieuses, consolations que Dieu accorde d'autant plus abondantes qu'on les a mieux méritées. Le jour de sa mort, un de ses professeurs et de ses amis disait : « Tout le monde est convaincu que ce saint homme est allé droit en paradis. Ce bon M. Cauchy ! il sera entré au ciel comme il entrait dans nos chambres, sans avoir besoin de frapper à la porte. »

—

L'Académie des sciences a décidé la publication des Œuvres de Cauchy. Cette édition comprendra vingt-six volumes in-4° de 500 pages, chacun, en moyenne.

M. Valson, doyen de la Faculté des sciences de la Faculté catholique de Lyon, a été adjoint aux membres de la section de géométrie pour la revision de ce grand travail.

LE BARON THÉNARD
(1777-1857)

Thénard (L. Jacques), célèbre chimiste, naquit près de Nogent-sur-Seine. Sa grande intelligence l'appella, quoique jeune, aux trois premières chaires de chimie de Paris. Il devint membre de l'Institut en 1810 et fut nommé en 1821 doyen

---

1) La vie du baron Cauchy a été écrite par M. Valson, aujourd'hui doyen de a Faculté des sciences de la Faculté catholique de Lyon. C'est un savant et un chrétien qui parle d'un savant et d'un chrétien.

de la faculté des sciences. Il fut élu député en 1827 et entra
au Conseil de l'Instruction publique, dont il devint vice-prési-
dent. Il avait été fait baron en 1825 et il reçut le titre de pair
de France en 1832.

Le baron Thénard a fait de nombreuses découvertes scientifiques. Son *Grand Traité de chimie* est un ouvrage très remarquable.

Le célèbre chimiste était un chrétien pratiquant. A la cérémonie de ses obsèques, M. Hamon, curé de Saint-Sulpice, l'a
dit en ces termes :

« Permettez-moi, messieurs, d'interrompre un instant cette
lugubre solennité par quelques paroles que mon cœur ne peut
retenir captives. D'autres diront la belle intelligence et les
nobles travaux de l'illustre défunt ; pour moi, la religion et la
reconnaissance m'obligent à dire qu'il y avait dans le baron
Thénard quelque chose de meilleur encore que le grand esprit et les vastes connaissances qui honorent une académie
savante : il y avait un cœur profondément chrétien, dans lequel ne pouvaient trouver entrée, ni cette insouciance de
Dieu et de l'éternité, une des plus grandes plaies de notre
époque, ni cette religiosité vague qui est une chimère, ni cette
séduction de la gloire qui avait pu l'abuser autrefois, disait-il,
mais dont il s'était, depuis plusieurs années, pleinement dé-
trompé, parce qu'il en sentait tout le vide.

« Le baron Thénard avait une foi intelligente, qui lui montrait au ciel un Dieu à honorer, en lui-même, une âme immortelle à sauver ; il avait une foi éclairée, qui lui faisait voir,
dans la divine autorité de l'Église, la règle sûre et toute faite
de ses croyances et de ses mœurs ; mais par-dessus tout il
avait une foi pratique qui ne lui permettait pas d'être inconsé-
quent avec lui-même, de croire d'une manière et de vivre
d'une autre.

« Comprenant que jamais l'homme n'est plus raisonnable
que quand il laisse diriger sa faible raison par la raison divine,
dont l'enseignement de l'Église est l'expression authentique ;
que jamais il n'est plus grand que quand il s'abaisse devant
Dieu, il soumettait son esprit à tous les dogmes, comme sa
volonté à tous les préceptes : chaque dimanche il venait se
confondre avec le simple peuple, assister à nos saints offices,
les yeux et le cœur fixés sur le livre de la prière, et, à nos
grandes fêtes, il communiait.

« Il n'était pas de ceux qui disent : Je me confesserai à la
mort. Il avait trop d'esprit pour livrer ainsi à l'aventure ses
destinées éternelles ; il avait trop de cœur pour se faire de la
santé et de la vie, ces deux grands bienfaits du ciel, une raison de fouler provisoirement sous les pieds les commandements de Dieu et de l'Église ; et certes, bien lui en a valu :
s'il eût raisonné comme le monde, combien grande eût été sa dé-
ception ! car la mort est venue le frapper tout à coup. Mais grâce
à sa prudence chrétienne, il était prêt : quelques jours seulement avant le coup fatal, il avait de nouveau, en pleine santé, purifié sa conscience au tribunal sacré, avec la simplicité
du plus humble pénitent...

« A ces paroles que la religion m'inspire, la reconnaissance
m'oblige à ajouter une autre louange : c'est que jamais je n'ai
fait appel à sa belle âme en faveur des malheureux, sans qu'il
se soit empressé d'y répondre ; c'est que le plus souvent même il n'a pas attendu mon appel, il a été délicat jusqu'à le prévenir ; c'est que jamais la sœur de Saint-Vincent-de-Paul, la
dame de Charité n'a frappé à la porte de son cœur sans en
remporter une généreuse aumône ; c'est que bien souvent j'ai
découvert des pauvres obscurs qu'il secourait dans le secret,
content que Dieu seul connût le bienfait, parce que de Dieu
seul il en attendait la récompense. »

LAMARTINE

(1790-1859)

LAMARTINE (Alphonse PRAT DE) est né à Mâcon. Son père était officier, et lui-même servit quelque temps dans les gardes du corps. A trente ans il publia ses *Méditations poétiques* qui eurent un immense succès. En 1829, il fut élu membre de l'Académie française. Lamartine entra alors dans la diplomatie et devint ministre plénipotentiaire en Grèce. Il se tourna ensuite vers la politique, fut nommé député et se fit une réputation d'orateur presque égale à sa réputation de poète.

Après le coup d'État du 2 décembre 1851, il rentra dans la vie privée, où il resta jusqu'à la mort. Ses dernières années furent attristées par l'oubli qui succéda à une éclatante popularité et par de cruelles préoccupations de fortune qui faisaient un douloureux contraste avec la vie princière qu'avait menée le poète au temps de sa prospérité.

Quelques jours après la mort de Lamartine, Louis Veuillot écrivait les lignes suivantes :

« M. de Lamartine, depuis plus d'un an déjà, n'était plus de ce monde. La mort n'a fait que fermer son cercueil. Il semblait qu'il lui fallût du temps à emporter une si grande poussière. Entre tous ces débris qu'on appelle des hommes, et qui forment le monde contemporain, nous croyons que M. de Lamartine était le plus vaste. Sa vie et son œuvre l'attestent ; elles attestent aussi, hélas ! qu'il ne fut pas le moins dévasté. En force, en intelligence, en courage, en dons de toute nature, il avait immensément reçu. Il avait reçu même une éducation chrétienne d'enseignements et d'exemples, trésor et bienfait des plus rares à l'époque où il naquit ; et comme si Dieu eût voulu mettre à l'abri tant de moyens qu'il lui confiait pour accomplir de grandes choses, il lui avait donné encore la pauvreté.

« La misérable influence du doute et la vanité ont tout dispersé en œuvres vaines et trop souvent blâmables. Cet homme si bien doué et si bien installé dans la vie, a douté de tout, excepté de lui-même, et par ce double malheur sa vie apparaît comme un gaspillage immense. Il n'y a de beau dans son œuvre que des fragments. Ils sont nombreux, quelques-uns sont grandioses, aucun n'est parfaitement pur.

« L'inspiration lui ouvrait toutes choses, mais, la parole envolée, il ne se souvenait plus...

« Enfin, grâce à Dieu, il s'est souvenu. Vieux, humilié, infirme, et le pied sur le seuil de cette antichambre de la mort, où il devait rester si longtemps et si loin de sa gloire humaine, il s'est enfin souvenu, il s'est reconnu, et par une grâce longtemps refusée peut-être il a tiré son âme du naufrage de toutes ses splendeurs. »

*
* *

La mère de Lamartine était une grande chrétienne, dont le principal soin fut de former à la piété et à la charité les enfants auxquels elle se dévouait.

Lamartine donne à ce sujet de délicieux et touchants détails :

« ... L'un de nous était chargé de dire à son tour une petite prière pour les voyageurs, pour les pauvres, pour les malades, pour quelque besoin particulier du village ou de la maison. En nous donnant ainsi un petit rôle dans l'acte sérieux de la prière, elle nous y intéressait en nous y associant, et nous empêchait de la prendre en froide habitude, en vaine cérémonie ou même en dégoût. Outre ces deux prières presque publiques, le reste de notre journée avait encore de fréquentes et irrégulières élévations de nos âmes d'enfants vers Dieu. Mais ces prières, nées de la circonstance dans le cœur et sur les lèvres de notre mère, n'étaient que des inspirations du moment ; elles n'avaient rien de régulier ni de fatigant pour nous. Au contraire, elles complétaient et consacraient, pour ainsi dire, chacune de nos impressions et de nos jouissances.

« Ainsi, quand un frugal repas, mais délicieux pour nous, était servi sur la table, notre mère, avant de s'asseoir et de rompre le pain, nous faisait un petit signe que nous comprenions. Nous suspendions une demi-minute l'impatience de notre appétit, pour prier Dieu de bénir la nourriture qu'il nous donnait. Après le repas et avant d'aller jouer, nous lui rendions grâce en quelques mots. Si nous partions pour une promenade lointaine et vivement désirée, par une belle matinée d'été, notre mère, en partant, nous faisait faire tout bas, et sans qu'on s'en aperçût, une courte invocation à Dieu, pour qu'il bénît cette grande joie et nous préservât de tout accident. Si la course nous conduisait devant quelque spectacle sublime ou gracieux de la nature, nouveau pour nous, dans quelque grande et sombre forêt de sapins dont la solennité des ténèbres, les éclaboussures de clartés à travers les rameaux, ébranlaient nos jeunes imaginations ; devant une belle nappe d'eau roulant en cascades et nous éblouissant d'écume, de mouvement et de bruit ; si un beau coucher de soleil groupait sur la montagne des nuages d'une forme et d'un éclat inusités et faisait, en rentrant dans l'espace, de magnifiques adieux à ce petit coin du globe qu'il avait illuminé un moment, elle

manquait rarement de profiter de la grandeur et de la nou-
veauté de nos impressions, pour nous faire élever notre âme à
l'Auteur de toutes ces merveilles, et pour nous mettre en communication avec lui par quelques soupirs lyriques de sa perpétuelle adoration.

« Combien de fois, les soirs d'été, en se promenant avec
nous dans la campagne où nous ramassions des fleurs, des
insectes, des cailloux brillants dans le lit des ruisseaux de
Milly, ne nous faisait-elle pas asseoir à côté d'elle au pied d'un
saule, et le cœur débordant de son enthousiasme, ne nous
entretenait-elle pas un moment du sens religieux et caché de
cette belle création qui ravissait nos yeux et nos cœurs ! Je
ne sais pas si ces explications de la nature, des éléments, de
la vertu des plantes, de la destination des insectes, étaient
bien selon la science. Elle les prenait dans Pluche, Buffon,
Bernardin de Saint-Pierre ; mais s'il n'en sortait pas des systèmes irréprochables de la nature, il en sortait un immense
sentiment de la Providence et une religieuse bénédiction de
nos esprits à cet océan infini des sagesses et des miséricordes
de Dieu.

« Quand nous étions bien attendris par ces sublimes commentaires, et que nos yeux commençaient à se mouiller d'admiration, elle ne laissait pas s'évaporer ces douces larmes
au souffle des distractions légères et des pensées mobiles ;
elle se hâtait de tourner tout cet enthousiasme de la contemplation en tendresse. Quelques versets des Psaumes qu'elle
savait par cœur, appropriés aux impressions de la scène,
tombaient avec componction de ses lèvres. Ils donnaient un
sens pieux à toute la terre et une parole divine à tous les sentiments.

« En rentrant, elle nous faisait presque toujours passer
devant les pauvres maisons des malades ou des indigents du

village. Elle s'approchait de leurs lits, elle leur donnait
quelques conseils et quelques remèdes. Elle puisait ses or-
donnances dans Tissot ou dans Buchan, ces deux médecins
populaires. Elle faisait de la médecine son étude assidue
pour l'appliquer aux indigents. Elle avait des vrais médecins
le génie instinctif, le coup d'œil prompt, la main heureuse.
Nous l'aidions dans ses visites quotidiennes. L'un de nous
portait la charpie et l'huile aromatique pour les blessés ;
l'autre les bandes de linge pour les compresses. Nous appre-
nions ainsi à n'avoir aucune de ces répugnances qui rendent
plus tard l'homme faible devant la maladie, inutile à ceux
qui souffrent, timide devant la mort. Elle ne nous écartait pas
des plus affreux spectacles de la misère, de la douleur et
même de l'agonie. Je l'ai vue souvent debout, assise où à
genoux au chevet de ces grabats des chaumières, ou dans les
étables où les paysans couchent quand ils sont vieux et cassés,
essuyer de ses mains la sueur froide des pauvres mourants,
les retourner sous leurs couvertures, leur réciter les prières
du dernier moment, et attendre patiemment des heures entières que leur âme eût passé à Dieu, au son de sa douce
voix.

« Elle faisait de nous aussi les ministres de ses aumônes.
Nous étions sans cesse occupés, moi surtout comme le plus
grand, à porter au loin, dans les maisons isolées de la montagne, tantôt un pain blanc pour les femmes en couches, tantôt une bouteille de vin vieux et des morceaux de sucre, tantôt
un peu de bouillon fortifiant pour les vieillards épuisés faute
de nourriture. Ces petits messages étaient pour nous des plaisirs et des récompenses. Les paysans nous connaissaient à
deux ou trois lieues à la ronde. Ils ne nous voyaient jamais
passer sans nous appeler par nos noms d'enfants, qui leur
étaient familiers, sans nous prier d'entrer chez eux, d'y

accepter un morceau de pain, de lard ou de fromage. Nous étions pour tout le canton les fils de la *dame*, les envoyés de bonnes nouvelles, les anges de secours pour toutes les misères abandonnées des gens de la campagne. Là où nous entrions entrait une providence, une espérance, une consolation, un rayon de joie et de charité. Ces douces habitudes d'intimité avec tous les malheureux et d'entrée familière dans toutes les demeures des habitants du pays, avaient fait pour nous une véritable famille de tout ce peuple des champs. Depuis les vieillards jusqu'aux petits enfants, nous connaissions tout ce petit monde par son nom. Le matin, les marches de pierre de la porte d'entrée de Milly et le corridor étaient toujours assiégés de malades ou de parents des malades qui venaient chercher des consultations auprès de notre mère. Après nous, c'était à cela qu'elle consacrait ses matinées. Elle était toujours occupée à faire quelque préparation médicinale pour les pauvres, à piler des herbes, à faire des tisanes, à peser des drogues dans de petites balances, souvent même à panser les blessures ou les plaies les plus dégoûtantes. Elle nous employait, nous l'aidions selon nos forces à tout cela. D'autres cherchent l'or dans les alambics ; notre mère n'y cherchait que le soulagement des infirmités des misérables, et plaçait ainsi bien plus haut et bien plus sûrement dans le ciel l'unique trésor qu'elle ait jamais désiré ici-bas : les bénédictions des pauvres et la volonté de Dieu.

« Quand tout ce tracas du jour se taisait enfin, que nous avions dîné, que les voisins qui venaient quelquefois en visite s'étaient retirés, et que l'ombre de la montagne, s'allongeant sur le petit jardin, y versait déjà le crépuscule de la journée qui allait finir, ma mère se séparait un moment de nous. Elle nous laissait, soit dans le petit salon, soit au coin du jardin à distance d'elle. Elle prenait son heure de repos

et de méditation à elle seule. C'était le moment où elle se
recueillait avec toutes ses pensées rappelées à elle et tous
ses sentiments extravasés de son cœur pendant le jour, dans
le sein de Dieu où elle aimait tant à se replonger. Nous connaissions, tout jeunes que nous étions, cette heure à part qui
lui était réservée entre toutes les heures. Nous nous écartions
tout naturellement de l'allée du jardin où elle se promenait
comme si nous eussions craint d'interrompre ou d'entendre les
mystérieuses confidences d'elle à Dieu et de Dieu à elle.
C'était une petite allée de sable tirant sur le jaune, bordée
de fraisiers, entre des arbres fruitiers qui ne s'élevaient pas
plus haut que sa tête. Un gros bouquet de noisetiers était au
bout de l'allée, d'un côté, un mur de l'autre. C'était le plus
désert et le plus abrité du jardin. C'est pour cela qu'elle le
préférait, car ce qu'elle voyait dans cette allée était en elle,
et non dans l'horizon de la terre. Elle y marchait d'un pas
rapide, mais très régulier, comme quelqu'un qui passe fortement, qui va à un but certain, et que l'enthousiasme sou-
lève en marchant. Elle avait ordinairement la tête nue ; ses
beaux cheveux noirs à demi livrés au vent, son visage un
peu plus grave que le reste du jour, tantôt légèrement incliné
vers la terre, tantôt relevé vers le ciel, où ses regards semblaient chercher les premières étoiles qui commençaient à se
détacher du bleu de la nuit dans le firmament. Ses bras
étaient nus à partir du coude ; ses mains étaient tantôt jointes
comme celles de quelqu'un qui prie, tantôt libres et cueillant
par distraction quelques roses ou quelques mauves violettes
dont les hautes tiges croissaient au bord de l'allée. Quelquefois ses lèvres étaient entr'ouvertes et immobiles, quelquefois
fermées et agitées d'un imperceptible mouvement, comme
celles de quelqu'un qui parle en rêvant.

« Elle parcourait ainsi pendant une demi-heure, plus ou

moins, selon la beauté de la soirée, la liberté de son temps ou
l'abondance de l'inspiration intérieure, deux ou trois cents
fois l'espace de l'allée. Que faisait-elle ainsi ? Vous l'avez
deviné. Elle vivait un moment en Dieu seul. Elle échappait à
la terre. Elle se séparait volontairement de tout ce qui la
touchait ici- bas, pour aller chercher dans une communication
avec le Créateur, au sein même de la création, ce rafraîchisse-
ment céleste dont l'âme souffrante et aimante a besoin pour reprendre les forces de souffrir et d'aimer toujours davantage. »

*
* *

Voici le tableau que Lamartine fait des collèges laïques et
des écoles religieuses. Conduit d'abord par sa famille dans
une pension laïque, il écrit :

« Elle était peuplée de deux cents enfants inconnus, rail-
leurs, méchants, vicieux, gouvernés par des maîtres brusques,
violents et intéressés, dont le langage mielleux, mais fade,
ne déguisa pas un seul jour à mes yeux l'indifférence. Je les
pris en horreur. Je vis en eux des *geôliers*... Les jeux de mes
camarades m'attristaient ; leur physionomie même me repous-
sait. Tout respirait un air de malice, de fourberie et de corruption, qui soulevait mon cœur. L'impression fut si vive et
si triste que des idées de suicide, dont je n'avais jamais entendu parler, m'assaillirent avec force. Je me souviens avoir
passé des jours et des nuits à chercher par quels moyens je
pourrais m'arracher une vie que je ne pouvais pas supporter.
Cet état de mon âme ne cessa pas un moment, tout le temps
que je restai dans cette maison. »

Il parvint à s'en faire chasser, et sa mère le conduisit alors
au collège de Belley, dirigé par les jésuites.

« En y entrant, dit-il, je sentis en peu de jours la diffé-

rence prodigieuse qu'il y a entre une éducation vénale, rendue
à de malheureux enfants, pour l'amour de l'or, et une éducation donnée au nom de Dieu et inspirée par un religieux
dévouement, dont le ciel seul est la récompense. Je ne
retrouvai pas là ma mère, mais j'y retrouvai Dieu, la pureté,
la charité, une douce et fraternelle surveillance, le ton bienveillant de la famille, des enfants aimés et aimants, aux physionomies heureuses. J'étais aigri et endurci ; je me laissai
attendrir et séduire. Je me pliai moi-même à un joug que
d'excellents maîtres savaient rendre doux et léger. Tout leur
art consistait à nous intéresser nous-mêmes aux succès de la
maison et à nous conduire par notre propre volonté et par
notre propre enthousiasme. Un esprit divin semblait animer
du même souffle les maîtres et les disciples. Toutes nos âmes
avaient retrouvé leurs ailes et volaient d'un élan naturel vers
le ciel et vers le beau. Les plus rebelles eux-mêmes étaient
soulevés et entraînés par le mouvement général. C'est là que
j'ai vu ce que l'on pouvait faire des hommes, non en les con-
traignant, mais en les inspirant..... Nos maîtres ne faisaient
pas semblant de nous aimer, ils nous aimaient véritablement,
comme les saints aiment leur devoir. Ils commencèrent par me
rendre heureux. Il ne tardèrent pas à me rendre sage. La
piété se ranima dans mon âme. Elle devint le mobile de mon
ardeur au travail. Je me formai des amis intimes avec des
enfants de mon âge, aussi purs et aussi heureux que moi. Ces
amitiés nous refaisaient, pour ainsi dire, une famille... »

LAMARTINE ET LE FRÈRE PHILIPPE

Un jour, vers 1838, on vint annoncer au frère Philippe
qu'une personne désirait être reçue par lui. Il demande la
carte de l'inconnu : elle portait ce nom rayonnant alors :

Alphonse Lamartine. Le poète illustre fut introduit près de l'humble frère. Ils devaient s'entendre dès les premières paroles; n'étaient-ils pas aussi grands l'un que l'autre, l'un par le génie, l'autre par la charité? C'était l'époque où Lamartine préparait une étude qui devait trouver dans l'instruction primaire un remède à la mortalité des enfants. Il venait demander au R. frère Philippe la permission de visiter quelques-uns de ses établissements.

Le frère se mit à ses ordres, et il voulut même accompagner le poète. Celui-ci était profondément triste.

« Je comprends ce que vous devez souffrir, monsieur, lui dit le frère Philippe, et je vous plains. (Lamartine venait de perdre sa fille.)

« Pourquoi ne chercheriez-vous pas une consolation ?

— Je n'en connais pas.

— Permettez-moi de vous en communiquer une. En souvenir de celle que vous avez perdue, faites le bonheur d'un de ces enfants que voici. Quand il sortira d'ici, qu'il trouve protection : vous aurez peut-être sauvé une âme. »

Lamartine, ému jusqu'aux larmes, serra la main du frère Philippe et répondit simplement: « J'accepte. » Alors le supérieur général choisit un enfant trouvé, sans famille, sans amis : Lamartine mit dix mille francs en son nom... L'enfant est mort colonel d'un régiment de ligne, pendant la dernière campagne. Le génie et la charité avaient donné un héros à la France.

*
* *

Dans son ouvrage *le Tailleur de pierres de Saint-Point*, Lamartine raconte, dans des pages inimitables, un dialogue qu'il eut avec un pauvre ouvrier campagnard de son pays. L'écrivain fait parler son compatriote *« sur la nature et sur Dieu... »*

Le théâtre de ce dialogue est placé dans un paysage charmant, qui est admirablement dépeint :

« Le soleil de midi réverbéré par les prismes sablonneux
des roches granitiques, y répandait des rayonnements et des
tiédeurs rares à de si grandes hauteurs au-dessus des vallées.
On y respirait le printemps. Une nuée d'insectes y flottaient
et y bourdonnaient dans les rayons qu'ils rendaient en quelque sorte palpables. Les plantes aussi y pullulaient aux pieds
des roches : les œillets rouges prenaient racine et y
flottaient comme des cerises entr'ouvertes par le bec des
oiseaux. Les églantiers en tapissaient l'enceinte à profusion ;
leurs jets, allongés et flexibles, y lançaient des milliers de
paraboles végétales, à l'extrémité desquelles s'ouvrait une
étoile de roses à cinq feuilles qui pleuvaient sur le gazon... Tout
près de là, Claude des Huttes dormait couché sur l'herbe... »
Claude des Huttes est le tailleur de pierres ; c'est à lui, et à
lui seul, qu'en réalité le poète va donner la parole. C'est lui
qui va professer tout un cours de philosophie ; qui va successivement affirmer l'existence de Dieu, l'immortalité de
l'âme, la conscience, la distinction et la sanction du bien et
du mal, la loi morale et le devoir ; en un mot, toutes les grandes
vérités de l'ordre naturel ; c'est lui qui va les exposer avec
une simplicité d'expression, avec une ardeur et un amour
incomparable.

« Moi. Comment savez-vous qu'il existe un Dieu ?

« Lui. Ah ! monsieur, d'abord notre mère nous l'a bien dit ;
et puis après, quand j'ai été grand, j'ai bien connu de bonnes
âmes qui m'ont conduit dans les maisons de prières où l'on se
rassemble pour l'adorer et le servir en commun, et pour
écouter les paroles qu'il a chargé ses saints de révéler aux
hommes en son nom. Mais quand même ma mère ne m'aurait
rien dit de Lui, et quand même je n'aurais jamais entendu les

catéchismes enseignés dans toutes les paroisses, en faisant
mon tour de France, est-ce qu'il n'y a pas un catéchisme
dans tout ce qui nous entoure, qui enseigne aux yeux et à
l'âme des plus ignorants? Est-ce que ce nom a besoin des
lettres de l'alphabet pour être lu ? Est-ce que son idée n'entre
pas dans nos yeux avec le premier rayon de lumière, dans
notre cœur avec notre premier battement ? Je ne sais pas
comment sont faits les autres hommes, monsieur ; mais, quant
à moi, je ne pourrais pas voir, je ne dis pas une étoile, mais
seulement une fourmi, une feuille d'arbre, un grain de sable,
sans dire : Qu'est-ce qui t'a fait?

« Moi. Et vous vous répondez : c'est Dieu.

« Lui. Bien entendu, Monsieur. Ça ne peut pas se faire
soi-même ; car avant de faire une chose, il faut être, n'est-ce
pas ? Et avant d'être, ça n'était donc pas : donc ça ne pouvait
pas se faire.

« Moi. Comment savez-vous que Dieu est bon ?

« Lui. Parce que nous aimons ce qui est bon, et que, si
Dieu n'était pas bon, nous ne pourrions pas nous empêcher
de le haïr. Or, je vous le demande un peu, à vous, monsieur,
qui paraissez bien mieux entendre ces choses-là que moi,
qu'est-ce que serait une création où la nature ne pourrait pas
s'empêcher de haïr son créateur ? ce serait un contresens.
La créature aimerait par nature le bon, et le créateur, qui
l'aurait faite pour remonter à lui et pour l'aimer, serait le
mal ! Vous voyez bien, que c'est le monde renversé et les
idées brouillées dans la tête. On ne s'y arrête seulement pas,
excepté un moment, quand on souffre trop... Mais c'est un cri
qui s'échappe des lèvres, et après lequel l'âme court bien vite
pour le rattraper avant que Dieu ne l'ait entendu.

« Moi. Et pourquoi l'aimez-vous ?

« Lui. Parce qu'il m'a créé.

« Moi. Mais cela ne lui a rien coûté.

« Lui. Cela lui a coûté une pensée, une pensée du bon Dieu ! Y avons-nous assez réfléchi? Quant à moi, j'y réfléchis souvent, et je deviens fier comme un Dieu dans mon humilité, grand comme le monde dans ma petitesse. Une pensée du bon Dieu! mais cela vaut autant que s'il m'avait donné tout l'univers. Car enfin, monsieur, bien que je sois peu de chose, il a fallu d'abord pour me créer, qu'il pensât à moi, qui n'existais pas encore, qu'il m'enfantât d'avance, qu'il me réservât mon petit espace, mon petit moment, mon petit poids, ma naissance, ma vie, ma mort, et je le sens, mon immortalité. Quoi ! n'est-ce donc rien que cela, monsieur : avoir occupé la pensée de Dieu et l'avoir occupée assez pour qu'il daignât me créer ! Ah ! je vous le répète, rien que ça, monsieur, rien que ça, quand j'y pense, cela me fond d'amour pour le bon Dieu ! »

*
* *

Le poète qui avait écrit :

> C'est peu de croire en toi, bonté, beauté suprême !
> Je te cherche partout, j'aspire à toi, je t'aime !
> . . . .

trouva dans ses dernières années Celui qu'il cherchait pour l'aimer.

Il a pu redire le chant qu'il avait composé, avec tant de foi et d'amour, aux jours de sa jeunesse, sur le chrétien mourant :

> Q'entends-je ? Autour de moi l'airain sacré résonne !
> Quelle foule pieuse en pleurant m'environne ?
> Pour qui ce chant funèbre et ce pâle flambeau ?

> O mort, est-ce la voix, qui frappe mon oreille
> Pour la dernière fois ? Et quoi ! je me réveille
>   Sur le bord du tombeau !
>
> . . . .
>
> Mais qu'entends-je ? Au moment où mon âme s'éveille,
> Des soupirs, des sanglots ont frappé mon oreille !
> Compagnons de l'exil, quoi ! vous pleurez ma mort !
> Vous pleurez ! et déjà dans la coupe sacrée
> J'ai bu l'oubli des maux, et mon âme enivrée
>   Entre au céleste port.

Étendu sur son lit funèbre, il tenait entre ses mains ce crucifix qu'il désirait presser sur ses lèvres expirantes :

> Au nom de cette mort, que ma faiblesse obtienne
> De rendre sur ton sein ce malheureux soupir ;
> Quand mon heure viendra, souviens-toi de la tienne,
>   O toi qui sais mourir !
>
> . . . .
>
> Ah ! puisse, puisse alors sur ma funèbre couche,
> Triste et calme à la fois, comme un ange éploré,
> Une figure en deuil recueillir sur ma bouche
>   L'héritage sacré !

Enfin, il a pu répéter, comme une dernière prière :

> O Dieu de mon berceau, sois le Dieu de ma tombe !

Il est mort, disaient tous les journaux de Paris, après avoir reçu tous les secours de la religion, que M. Deguerry, curé de la Madeleine, lui a administrés. Depuis plus d'un an, M. de Lamartine avait voulu faire une confession générale, et depuis lors il était demeuré fidèle à la pratique de la religion.

« M. de Lamartine, écrivait le *Monde*, malgré les écarts de son imagination, garda toujours le souvenir de son éducation, qui avait été chrétienne. Ce souvenir s'était ravivé

surtout depuis quelques années. Lorsqu'il fut question de
M. Littré pour l'Académie française, M. Havin sollicita
sa voix en faveur du candidat du *Siècle*. Les sentiments irréligieux de M. Littré furent aux yeux de M. de Lamartine
une objection invincible : « Comment ! répondit-il avec quelque
« vivacité à M Havin, vous me demandez de voter contre le
« bon Dieu, à moi qui irai bientôt paraître devant lui !
« Jamais ! Jamais ! »

« La mort si profondément chrétienne de Mme de Lamartine acheva chez l'illustre poète ce grand travail intérieur
qui devait le ramener complètement à la foi de ses belles
années. Depuis plus de deux ans déjà, dans la semaine de
Pâques, il s'agenouillait à côté de sa nièce à la table sainte.
Lamartine n'avait donc pas attendu à la dernière heure pour
demander et recevoir l'absolution du prêtre et la visite de
son Dieu. »

Annonçant la mort d'un de ses amis, il disait :

« La mort angélique de ce brave et saint duc de Montmorency me fait un vrai chagrin... Je l'aimais beaucoup et il
m'aimait sincèrement aussi. Tout s'en va successivement
ainsi, bon et mauvais ; tout nous montre le chemin et le monde
se renouvelle. Heureux ceux qui suivent les traces de
Montmorency dans ce monde et surtout dans l'autre ! J'espère
être du nombre, car je *fais mes pâques demain*. Je sais que
c'est une bonne nouvelle à vous donner (1). »

(1) Correspondance de Lamartine, t. III, p. 398.

DE TOCQUEVILLE

(1805-1859)

Clérel de Tocqueville (Alexis) est né à Verneuil (Seine-et-Oise). Son père était pair de France sous la Restauration. En 1831, M. de Tocqueville fut chargé, avec M. Gustave de Beaumont, d'aller étudier le système pénitencier aux États-Unis, et à son retour il publia un remarquable compte rendu de sa mission. Quatre ans après, il faisait paraître la *Démocratie en Amérique*, ouvrage profond et hardi qui lui mérita un prix Montyon, le fit entrer à l'Académie des sciences morales, et, en 1841, à l'Académie française. Il devint ensuite député et, en 1849, il recevait le portefeuille du ministère des Affaires étrangères.

Le P. Lacordaire fut le successeur à l'Académie française de M. de Tocqueville. Dans son discours de réception, l'illustre religieux a fait l'éloge de son prédécesseur et nous en citons les détails suivants qui nous montrent dans le célèbre publiciste le chrétien et l'homme de foi :

« ... Rien n'était moins sympathique à M. de Tocqueville que ce peu de goût à l'endroit de ce qui s'approche de Dieu. Quand Montesquieu, devenu homme, avait voulu traiter, pour l'instruction de son siècle, les lois civiles et politiques, il avait tout à coup, par le seul fait de son application d'esprit aux fondements et aux besoins de la société humaine, brisé les liens qui le rattachaient à son temps, et de cette même plume qui s'était jouée autrefois dans les *Lettres persanes*, il avait écrit ce 24ᵉ livre de son *Esprit des lois*, la plus belle apologie du Christianisme au xviiiᵉ siècle, et le plus haut témoignage de ce que peut la vérité sur une grande âme qui a mis sincèrement sa pensée au service des hommes.

« Plus heureux que Montesquieu, M. de Tocqueville n'avait
point eu à regretter de *Lettres persanes ;* son mâle esprit
n'avait pas connu les défaillances du scepticisme, et, s'il y
avait eu dans sa foi des jours d'interstice, il n'y avait jamais
eu dans son cœur une impiété, ni sur ses lèvres un blasphème.

« Il aimait Dieu naturellement, ne l'eût-il pas aimé chrétiennement? Et lorsque, plus mûr et plus fort, il se fut pris à juger
son époque, il avait ressenti une douleur de rencontrer la cause
libérale si loin du Dieu qui a fait l'homme libre.

« Il ne comprenait pas que la liberté de conscience pût être
une arme contre le Christianisme, et que l'Évangile fût persé-
cuté ou enchaîné par le sentiment qui délivrait Mahomet. Il
ne comprenait pas non plus qu'il y eût rien de solide sans un
fondement religieux...

«... Ouvrier trop sérieux pour ne s'être pas consumé dans
la lumière dont il avait été l'organe, il s'avança peu à peu,
sans y croire, vers une mort qui devait être la troisième récompense de sa vie. La gloire avait été la première ; il avait
trouvé la seconde dans un bonheur domestique de vingt-cinq
ans ; sa fin prématurée devait lui apporter la dernière et
mettre le sceau à la justice de Dieu sur lui. Il avait toujours
été sincère avec Dieu comme avec les hommes.

« Un sens juste, une raison mûrie par la droiture avant de
l'être par la réflexion et l'expérience, lui avaient révélé sans
peine le Dieu actif, vivant, personnel qui régit toutes choses
et de cette hauteur si simple, quoique si sublime, il est descendu sans peine encore au Dieu qui respire dans l'Évangile et
qui par l'amour est devenu le Sauveur du monde.

« Mais sa foi peut-être tenait de la raison plus que du
cœur. Il voyait la vérité du Christianisme, il la servait sans
honte, il en rattachait l'efficacité au salut même temporel de

l'homme ; cependant il n'avait pas atteint cette sphère où la religion ne nous laisse plus rien qui ne prenne sa forme et son ardeur. Ce fut la mort qui lui fit le don de l'amour.

« Il reçut, comme un ancien ami, le Dieu qui le visitait, et touché de sa présence jusqu'à répandre des larmes, libre enfin du monde, il oublia ce qu'il avait été, son nom, ses services, ses regrets et ses désirs, et, avant même qu'il nous eût dit adieu, il ne restait plus en cette âme que les vertus qu'il avait acquises sur la terre en y passant. »

BIOT

(1774-1862)

Biot (J.-B.), savant célèbre, né à Paris, fut élève de l'École polytechnique. A vingt-six ans, il était professeur de physique au Collège de France ; il fit, en 1804, une périlleuse ascension aérostatique avec Gay-Lussac, et alla en Espagne en 1816 avec M. Arago, pour y terminer la triangulation de la méridienne. Il a composé de nombreux mémoires insérés dans le recueil de l'*Académie des sciences* ou dans le *Journal des savants*, et publié des traités d'*Astronomie, de Physique expérimentale et mathématique*, des recherches sur l'*Astronomie égyptienne*, etc. M. Biot était membre de l'Académie des sciences, de l'Académie des Inscriptions et de l'Académie française.

Cet homme illustre, *le premier mathématicien du monde*, dit M. Moigno, a écrit du baron Cauchy, son collègue :

« Qui pourra peindre le vrai chrétien, remplissant avec foi et amour tous les devoirs de loyauté, de probité, de charité affectueuse que la religion nous prescrit envers nous-mêmes et envers les autres ? On l'a vu s'occuper de faire du bien au-

tour de lui jusqu'à ses derniers moments ; attendant et acceptant la mort avec une sécurité confiante qu'une foi profonde
peut seule inspirer. Heureux celui en qui Dieu, pour notre
exemple, a voulu ainsi mêler les dons du génie et ceux du
cœur ! »

« Ces paroles, ajoute M. Moigno, prouvent que M. Biot, le
savant des savants, était lui-même profondément chrétien. En
effet, on l'a vu plus d'une fois, à Saint-Étienne-du-Mont, recevoir la sainte communion des mains de son petit-fils, vicaire général du diocèse de Beauvais.

UN ÉPISODE DE LA JEUNESSE DE M. BIOT

Voici un intéressant épisode de la vie de M. Biot. Il était
volontaire en 1792, et comme tant d'autres braves jeunes gens,
il était allé défendre notre frontière menacée. Après avoir
courageusement payé sa dette, il fut atteint de cette fièvre
que donnent les longues marches et les bivouacs, et qui tue
plus de conscrits que les balles et les boulets de canon. Il n'en
pouvait plus, le jeune soldat, il se sentait mourir, et, au lieu
d'entrer à l'hôpital, il voulut, puisqu'il lui devenait impossible
de se battre, aller embrasser encore une fois sa mère. Il ne
réfléchissait pas qu'il commettait une action contraire au Code
pénal de l'armée, qui punissait comme une désertion cette
fantaisie d'un enfant malade, heureux d'aller mourir près du
cœur de sa mère et de revoir encore une fois la maison où il
était né ! Le voilà parti. Il fait ainsi quelques lieues ; le poids
de son sabre le gêne, il laisse là son sabre ; son sac l'écrase,
il laisse là son sac. Mais bientôt il ne peut aller plus loin ; il
se couche au pied d'un arbre, ses dents claquent ; le frisson
de la fièvre glace tous ses membres, il va mourir, et il se souvient avec désespoir du doux pays de sa naissance :

Et dulces moriens reminiscitur Argos.

Par bonheur un cabriolet vient à passer. Un homme y est assis ; il conduit lui-même le cheval. Il l'arrête et crie à ce jeune homme : — « Que fais-tu là ! — Je crois que je vais mourir. — Comment te nommes-tu ? — Biot. — Qu'as-tu et où vas-tu ? — J'ai une fièvre qui me tue, et je voulais aller mourir auprès de ma mère, mais je ne puis aller plus loin. »

Le voyageur réfléchit un instant, puis il fait monter le conscrit dans sa voiture. — « Etablis-toi dans ce coin, lui dit-il, et je te conduirai jusqu'à la ville prochaine. Dans le trajet, le conscrit, accablé par la fièvre, ne parla pas, et son conducteur garda le silence. La figure de celui-ci était belle, régulière, mais austère ; il paraissait avoir vingt-cinq ans. Comme il conduisait lui-même, son manteau s'entrouvrit plusieurs fois, et le conscrit remarqua qu'il portait l'uniforme des représentants, et la large ceinture tricolore. Quand on approcha de la ville, le voyageur dit au soldat : « — Tu n'as pas de papiers, pas de congé ? — Non. — C'est bon, j'arrangerai ton affaire ; je me charge d'aller à la municipalité. » Le jeune Biot entra, en effet, dans la ville sans mésaventure et, avec les moyens que lui procura le voyageur que le hasard lui avait fait rencontrer, il put arriver jusque dans sa ville natale, où, grâce aux soins de sa mère, il se rétablit, et grâce à Dieu il prolongea une illustre et honorable carrière. Et à qui devons-nous M. Biot conservé à la science, aux lettres, à la gloire, à la France ? Je vous le donne en cent, je vous le donne en mille, et vous ne le devineriez jamais, comme M. Biot ne l'aurait jamais deviné, si, par un concours étrange de circonstances, il ne l'avait pas appris lui-même bien des années plus tard. Ce Samaritain qui avait ramassé le voyageur malade et presque mourant au pied d'un arbre, c'était l'exterminateur Saint-Just, commissaire de la Convention !

HORACE VERNET

(1789-1863)

Le grand-père et le père d'Horace Vernet étaient l'un et
l'autre des peintres distingués : l'enfant reçut, comme un magnifique héritage, le merveilleux talent qui fera passer son
nom à la postérité. Horace Vernet s'est consacré surtout aux
sujets militatres. Peintre plein de mouvement et de vie, il ex-
cellait à grouper autour d'une action principale les divers épi-
sodes d'une bataille et à en faire ressortir avec une frappante
vérité tous les détails. La plupart de ses œuvres ont été repro-
duites par la gravure et la lithographie. En 1826, il fut élu
membre de l'Académie des Beaux-Arts, et deux ans après,
nommé directeur de l'École de Rome.

Horace Vernet n'a pas attendu l'heure de la mort pour revenir à la pratique de ses devoirs religieux, et le marquis de
Ségur, dans son livre : *Un hiver à Rome*, raconte en ces termes
la conversion de l'illustre artiste :

« Horace Vernet avait fait en 1850 le portrait du Prince-
Président passant une revue à Satory, suivi de deux officiers
généraux, le général Reille et le général Changarnier. Après
le 2 Décembre, le prince fit dire à Vernet de remplacer le général Changarnier par un autre personnage. L'illustre peintre
trouva la demande singulière et se contenta de répondre
qu'Horace Vernet ne corrigeait pas l'histoire. Louis-Napoléon
se montra bon prince ; il eût pu jeter la toile au feu ; il se contenta de l'envoyer en Afrique, où elle est restée depuis lors.

« Horace Vernet, se jugeant en disgrâce, voulut en profiter
pour revoir sa chère Algérie, et il y passa tout l'hiver de 1852.
C'est là qu'il fit connaissance du P. Régis, abbé de Staouëli. Il
s'attacha fort à lui, admira l'établissement agricole fondé

avec tant de persévérance, de sacrifices et de vertus, et,
touché du dévouement de ces humbles religieux, anciens
soldats pour la plupart, qui mouraient résignés et joyeux,
victimes de la fièvre, sur ce nouveau champ de bataille, il
promit au P. Régis de venir faire une retraite dans son monastère.

« En effet, le dimanche des Rameaux, le Père vit arriver
un chasseur portant guêtres, fusil et gibecière, qui vint
frapper à la porte de la Trappe : c'était Horace Vernet.

« Me voici, dit-il, mon Père ; je viens me reposer et ré-
« fléchir quelques jours au milieu de vos frères. »

« Ils causèrent longtemps en se promenant, et bientôt la
causerie prit un air si intime, que le père dit en souriant au
grand artiste : « Savez-vous que vous venez de faire les trois
« quarts de la besogne, et qu'il ne vous manque plus guère
« que de vous mettre à genoux pour recevoir le pardon de
« vos fautes? — Je vous comprends, mon Père, répondit
« Vernet ému ; mais je vous demande vingt-quatre heures
« pour mieux me préparer. — Bien, mon fils, restez seul avec
« Dieu ; la solitude vous est bonne en ce moment. » Il le
quitta, et Vernet se dirigea vers le rivage de la mer qui bai-
gne le monastère. Le Père se retourna au bout de quelques
instants et vit l'illustre peintre assis sur une pierre, la tête
plongée dans ses deux mains. « Cela va bien », se dit-il, et il
s'en alla prier à la chapelle du couvent.

« Le lendemain Horace Vernet se confessa avec grande
foi et grande contrition ; son visage était mouillé de larmes.
Le jour de Pâques, il demanda au P. Régis s'il ne pourrait
pas, pour rendre gloire à Dieu, se parer de ses décorations.
Le Père approuva cette idée, et Vernet, tout couvert de croix
et de cordons, assista à la grand'messe de la communauté au
milieu des frères et vint avec eux à la table de la communion

recevoir le corps sacré de Jésus-Christ. Après la messe, il partagea le grossier repas des religieux et quitta le monastère l'âme légère et joyeuse : il laissait à Staouëli le fardeau des fautes de toute sa vie, et il emportait dans son cœur le Dieu bon et miséricordieux qui lui avait pardonné.

« Depuis ce jour jusqu'à sa mort, Horace Vernet remplit exactement ses devoirs de chrétien. Chaque fois qu'il rencontrait le Père Régis, il se confessait et communiait; en son absence, il s'adressait au curé de Saint-Germain-des-Prés, sa paroisse. Il mourut avec les sentiments de foi et de piété dans lesquels il avait passé les dix dernières années de sa vie. »

———

ALFRED DE VIGNY

(1799-1863)

Alfred de Vigny, membre de l'Académie française, fut un écrivain des plus brillants de l'école romantique. Il passait, hélas ! pour incrédule, et il le fut du moins extérieurement, car l'Église ne le comptait point au nombre de ses enfants fidèles. Le Saint-Esprit a dit cette parole : *Il n'y a point de paix pour les impies.* Elle se réalisa pour Alfred de Vigny, dont l'âme, de l'aveu de ses amis, connut toutes les tristesses d'un sombre désespoir. « Ne cherchons pas, écrivait le légataire d'Alfred de Vigny, dans son livre *le Journal d'un poète*, ne cherchons pas le secret des tristesses d'Alfred de Vigny ailleurs que dans son incrédulité. Elle suffit pour tout expliquer ; car c'est une des plus complètes qu'il nous ait été donné de constater... Pour lui, aucune espérance, ni dans cette vie, ni au delà de la vie. Étonnez-vous, après cela, que le suicide se soit plus d'une fois présenté comme la conclusion légitime d'une existence qui n'a évidemment aucun but. »

Sur le point de mourir, cet homme, qui semblait l'ennemi acharné de Dieu, a vu s'opérer en lui une admirable transformation. Dans la plénitude de sa raison et de son intelligence, il a accepté et porté sur lui une médaille de la sainte Vierge. Quatre jours avant sa mort, il s'est confessé et après sa confession, il s'est jeté dans les bras du prêtre qui venait de recevoir ses aveux, en lui disant: « Je veux mourir en bon catholique comme tous ceux de ma famille. » Le jour même de sa mort il a demandé et reçu les derniers sacrements. M. Vidal, curé de Bercy, qui a eu la consolation de réconcilier M. de Vigny avec son Dieu, écrivait la lettre suivante au Directeur des *Études religieuses* : « Mon révérend Père, vous m'avez fait l'honneur de me demander des renseignements sur les derniers moments de M. Alfred de Vigny. Voici comment les choses se sont passées.

« Plusieurs fois j'avais parlé à M. de Vigny de songer à la confession avant de paraître devant Dieu ; et, sans jamais me repousser, il m'avait seulement témoigné le désir d'attendre encore pour accomplir cette action. Quinze jours environ avant sa mort, j'allai le voir, et après une conversation très sérieuse dans laquelle il me dit *que sa famille* était une famille *presque sacerdotale ;* qu'un de ses oncles était mort trappiste; qu'un autre, doyen du chapitre de Loches, était je crois, mort en exil, et que lui, M. de Vigny, portait encore au doigt l'anneau de cet oncle, je crus le moment venu de lui parler de confession et d'en finir cette fois : « Monsieur de Vigny, lui- dis-je, je pars un de ces jours « pour un long voyage, et je ne veux pas partir sans vous « avoir donné l'absolution. » Tout aussitôt il s'inclina, et me

donna son plein consentement. Il prit un air extrêmement
recueilli, et après la confession il me dit ces propres paroles :
« *Je suis catholique et je meurs catholique.* » Après cette profession de foi je lui donnai l'absolution. En ce moment, il
était impossible d'exiger davantage Cet acte suprême fit
sur lui la plus grande impression : il me prit la main,
m'attira à lui, et m'embrassa en me disant avec une effusion
de cœur inexprimable : « *Ah ! quelle bonne action vous venez
de faire !* » Je n'oublierai jamais cette parole et le ton dont
elle fut prononcée.

« Pendant mon absence, il me demanda à plusieurs reprises;
et enfin, se sentant près de mourir, il demanda lui-même
un prêtre pour recevoir l'extrême-onction. Sa bonne courut
à l'église et ramena un des vicaires, qui put l'administrer.
Il est bon de noter que cette bonne était protestante, et que
pendant les derniers jours de sa vie M. de Vigny lui fit
plusieurs fois l'éloge des prêtres. On pouvait assurément
voir dans ses conversations avec elle la pensée de la ramener
à l'Église catholique. En tout cas, c'est une bonne qui
a raconté ces détails, et qui, voyant mettre en doute par
un personnage connu le fait de la demande spontanée du
prêtre par M. de Vigny, répondit: « Monsieur, je suis pro-
« testante, et c'est moi qui ait été cherché le prêtre à l'église
« pour l'administrer. »

« Voilà, mon révérend Père, comment les choses se sont
passées. Je l'affirme.

« VIDAL,
Curé de N.-D. de Bercy. »

JASMIN

(1798-1864)

Jasmin, poëte fraçais, est né à Agen ; son père était tailleur, et lui-même perruquier. Il ne voulut jamais quitter sa
modeste boutique et refusa toujours les honneurs et la fortune. Il écrivit ses poésies en patois de son pays, et comme on
lui demandait pourquoi il choisissait la langue gasconne de
préférence à la langue française : « Je n'abandonnerai point,
dit-il, la langue de ma mère. Les écrivains et les poètes l'ont
tous désertée, et c'est ainsi que les travailleurs de la terre,
les pauvres, les malheureux, tous ceux qui n'ont rien et sont
privés de tout, sont encore privés et de la littérature et de
la poésie, de tout ce qui peut élever leur âme et seconder la
religion..., moi je veux consoler, fortifier, améliorer ces multitudes dédaignées. Je serai leur poète, je les aimerai comme
le Sauveur nous apprit à les aimer... Jésus-Christ se fit
homme pour parler aux hommes, petit pour enseigner les
petits : moi, je n'ai point à descendre, je ne suis rien qu'un
enfant du peuple, parlant la langue du peuple. Je n'ai
qu'à demeurer ce que je suis et à rester où Dieu m'a
placé... »

Cette gloire que le poète n'a pas cherchée est venue à
lui, et il s'est fait, dans toute la France, une grande réputation par ses œuvres pleines de vivacité, de grâce et de
fraîcheur.

M. Henri Lasserre a raconté une visite qu'il fit à Jasmin en
août 1864. Nous puisons dans ce récit de très intéressants
détails sur le poète, avant tout chrétien :

.*.

— « La lumière du jour éclairait de ses plus joyeux rayons
la boutique où nous venions d'entrer, et je pus alors étudier
en détail la physionomie du poète ; tandis que j'avais eu
quelque peine à bien distinguer ses traits dans la demi-obscu-
rité de la chambre.

« Le visage était défait et fatigué, et il avait une constante
expression de souffrance : depuis un mois environ, Jasmin ressentait, en effet, presque sans relâche, des douleurs fort
aiguës. La barbe, qui encadrait son visage d'un épais collier,
commençait à grisonner ; il en était de même de ses cheveux,
qu'il portait un peu longs. Toutefois, malgré ces atteintes de
l'âge et de la maladie, je retrouvai du premier coup d'œil
l'homme que j'avais vu jadis au milieu des ovations et des
triomphes, dans tout l'éclat de sa puissance et de son génie.

« Le front était magnifique. La bouche, un peu forte, mais
très belle, était singulièrement expressive et mobile. Des
yeux incomparables, que rien ne peut traduire et qui tradui-
saient tout. La bonté et la finesse, la grâce et la force, la bonhomie et le génie, ces yeux disaient tout, — tout ce qui dans
l'homme est le reflet de Dieu.

« Connaissez-vous ma dernière pièce ? me dit Jasmin.

« — Laquelle ?

« — Ma grande pièce sur Jésus-Christ, contre Renan. J'ai
lu son livre ; c'est un..... Je lui réponds au nom de la masse
populaire, au nom de la grande fourmilière des travailleurs,
au nom des pauvres de la terre à qui il veut enlever Dieu. »

« Quand Jésus est descendu sur la terre, a-t-il continué en
s'émouvant de plus en plus, quand Jésus est descendu sur
la terre, quand il a fondé l'Église, ce sont les entrailles de

Dieu qui se sont ouvertes, et son cœur est devenu le refuge
des multitudes malheureuses, des pauvres, des souffreteux,
des galeux, des misérables. C'est pour ceux-là qu'il est
venu. C'est Lui qui fait qu'au milieu de leurs douleurs et de
leurs travaux ils sont encore heureux. C'est l'Église qui enseigne et qui console. C'est l'Église qui rend bon..... Pourquoi veut-il la détruire? Il a donc la haine du bien? Voilà
mes idées, mes sentiments, mes croyances. Je ne sais si ce
sont les vôtres, mais pour moi, monsieur... »

« Je l'interrompis d'un geste et, mettant ma main dans ma
poche, j'en sortis un chapelet qui s'y trouvait, bien plus par
hasard, hélas ! que par de régulières habitudes de piété. Quoi
qu'il en soit, ce chapelet, terminé par une croix, témoignait
de mes croyances religieuses.

« Je suis chrétien, cher poète, lui dis-je en le lui montrant.

« — Regarde, femme, dit-il à Mme Jasmin en m'indiquant
affectueusement de la main. C'est un des nôtres : il est chrétien. »

« Nous nous serrâmes la main. Il reprit :

« — Au nom de nos populations du Midi, je m'élève contre
« le blasphémateur qui a osé s'attaquer à Jésus ! Écoutez ce
« que j'en dis :

> « *Lou co, pel lou senti n'a pas bezoun d'escriou :*
> « *Jesus fay recoulta soun mel dins la souffrenço...*
> « *Jesus ès may qu'un hôme : Es Diou ! ès Diou ! ès Diou !...* »

Le cœur pour le sentir n'a pas besoin d'écrit :
Jésus fait récolter son miel dans la souffrance,
Jésus est plus qu'un homme : il est Dieu ! il est Dieu ! il est Dieu !

.   .   .   .

« Pendant qu'il me disait ses vers dans le rythme harmo-
nieux de sa belle langue, il s'émouvait de plus en plus à
la pensée de ce Jésus dont l'amour embrasait son âme bien

plus encore qu'il n'inspirait son génie. Des larmes montèrent à ses yeux, les obscurcirent un instant et ruisselèrent sur son visage. Il s'interrompit, oppressé par son émotion.

« Nous nous regardâmes. Ce ne fut que l'éclair d'un coup d'œil, mais dans ce regard, nos cœurs se touchèrent et se comprirent. Il me tendit les bras et je m'y jetai en pleurant.

— Jésus est Dieu, s'écria-t-il, *ès Diou ! ès Diou ! ès Diou !*

« Cette scène ne s'effacera jamais de mon souvenir.

« Ce n'est que dans le bien, ce n'est que dans la vérité, ce n'est que dans la religion que de telles effusions sont possibles. Qui donc, les yeux baignés de pleurs, a jamais senti l'irrésistible besoin d'embrasser l'auteur d'un mauvais livre, que dis-je ? l'auteur d'un livre qui ne serait pas chrétien ?

« Et maintenant que nous nous sommes reposés un peu, dit « le poète, retournons-nous contre l'ennemi. »

« Et il me lut alors, tout entière, cette pièce admirable dont il ne m'avait dit qu'un fragment. Elle a été publiée à part, et je ne me crois point le droit de la reproduire ici. La vie et la mort de l'incrédule et du chrétien y forment deux tableaux saisissants, d'un contraste admirable.

*
* *

« ... Il s'était tu : je l'écoutais encore. Rien ne peut donner une idée de Jasmin disant ses vers ; rien, ni les plus grands orateurs, ni Lamartine, ni Berryer, ni Lacordaire, ni les plus surprenants acteurs, ni Rachel, ni Frédérik-Lemaître, ni même Delsarte dans ses plus beaux moments. Cet homme, ce pauvre malade que j'avais vu l'instant d'auparavant si pâle et si défait, m'apparaissait tout transfiguré. Le char de feu de la poésie et de la charité l'emportait en quelque sorte dans le monde où tout est lumière. D'un bond, il s'était élevé jus-qu'à ces régions où ne peuvent atteindre ni la vieillesse ni la

maladie. Il était superbe. Ce n'était ni un malade, ni un vieillard, ni un écrivain, ni un poète, ni Jasmin que j'avais en ce
moment sous les yeux. C'était la poésie elle-même, éternelle,
rayonnante, et planant au-dessus des misères et des infirmités de la vie. Non, jamais, dans toute mon existence, je
n'avais rien vu d'aussi beau..., jamais, hélas! je ne le rever-
rai. J'entendais le chant du cygne, et le poète allait mourir.

« J'admirais, pendant qu'il me parlait, cette étonnante
faculté que possédait Jasmin, de s'emparer successivement,
dès qu'il ouvrait les lèvres, de l'intelligence et de la vie de
son auditoire.

« Son génie cherchait la beauté : ouvrez ses écrits.

« Son âme était éprise du vrai : ouvrez encore ses livres et
interrogez l'Église infaillible, qu'il a tant aimée.

« Sa volonté faisait le bien : ouvrez une dernière fois le
livre de sa vie ; interrogez de nouveau l'Église, et faites parler les multitudes qu'il a améliorées, qu'il a vêtues, qu'il a
nourries, pour lesquelles il a bâti des écoles, des hôpitaux,
des temples chrétiens, pour lesquelles il a vécu.

« Je voulus voir et toucher de mes mains sa couronne,
cette célèbre couronne d'or que, dans une fête inouïe, le Midi
avait un jour posée sur le front du poète. Mais cette couronne
si noblement conquise n'attira guère mon attention. J'étais
tout entier absorbé dans la contemplation du poète illuminé,
pendant qu'il me parlait, par un invisible soleil. Je le vis ce
jour-là dans tout l'éclat de son auréole et dans toute la splen-
deur de sa gloire.

« Tel il était, lorsqu'il parcourait le Midi, et que les peuples
se pressaient sur ses pas. Tel il était, lorsqu'il fut couronné à
Agen par les provinces du Languedoc, de la Provence, de la
Guyenne, de la Gascogne, du Périgord, comme jadis Pé-
trarque l'avait été à Rome. »

*
* *

« Le soir était venu, et l'instant approchait où j'allais le quitter. Cette pièce qu'il achevait à peine de me dire, ces vers si profondément venus du cœur, sur Notre-Seigneur Jésus-Christ, ce tableau de la mort chrétienne, hélas! si proche pour lui, a été la dernière inspiration de ce beau génie. Ces strophes si religieuses ont été son suprême adieu à la terre. Il semble qu'elles soient comme la signature définitive de toutes ses poésies et comme le couronnement de son existence.

« Chose remarquable, en effet :

« Jésus-Christ, voilà le dernier poème de ce chrétien, et c'était le fond de son âme.

> « *Lou pèdéstal ès sèn, n'ennayro che lou bé.*
> « Le piédestal est saint, il n'élève que le Bien.

« Voilà le dernier vers de ce poète, couvert de gloire par son pays, et ce fut la devise de son esprit.

« En nous quittant, nous nous embrassâmes avec effusion.

« Je ne devais plus le revoir.

« Quelques semaines après, le cri de deuil que poussa le Midi m'apprit que la mort venait de frapper le dernier des troubadours, le grand, le meilleur et le plus chrétien.

« Quand il sentit approcher la fin de ses jours terrestres, il s'empressa de demander à l'Église le pain de la vie éternelle qu'il avait si souvent reçu, devant ces mêmes autels que les dons de son génie avaient fait élever à Dieu. Il mourut avec la sérénité d'un saint. Sans doute, il sentait qu'il entrait dans la gloire, et qu'aux acclamations des multitudes allait succéder cette parole de Jésus-Christ, par laquelle il doit juger les vivants et les morts ; la parole de ce même

Jésus dont naguère il m'avait parlé en si grand poète et en si
grand chrétien : « Viens, le béni de mon père. Entre en pos-
« session du royaume qui t'a été préparé... Car j'ai eu faim,
« et tu m'as donné à manger ; j'ai eu soif, et tu m'as donné à
« boire ; j'étais sans asile, et tu m'as recueilli ; j'étais nu, et
« tu m'as vêtu ; infirme, et tu m'as visité ; en prison, et tu es
« venu vers moi. »

Henri Lasserre.

GOUNELLE

(1864)

Gounelle était inspecteur des lignes télégraphiques.

Savant distingué, il a eu l'honneur d'introduire la télégraphie électrique dans notre patrie. Jusqu'à lui, le seul mode
de communication rapide que possédât la France était le
télégraphe aérien de Chappe, ingénieuse invention sans
doute, mais dont le mécanisme défectueux était sujet à de
nombreux inconvénients. Demandant à être placé sur des
points élevés, montagnes ou édifices, pour être aperçu au
loin, ce télégraphe courait le risque d'être renversé par les
ouragans. Sans usage la nuit, il était encore souvent annihilé
le jour à cause du brouillard. On comprend qu'avec deux
ennemis de cette nature, l'obscurité et le vent, il fût difficile
au mécanisme imaginé par Chappe de rendre tous les services de rapidité et d'exactitude qu'on a droit d'attendre de
la télégraphie. On raconte, au sujet du télégraphe aérien,
une anecdote assez piquante, si elle est vraie, et qui manifeste bien l'imperfection du système. Il paraîtrait que lors de

la bataille de l'Isly, on aurait télégraphié des côtes d'Espagne
à Paris, pour annoncer la victoire remportée par nos armes.
Le télégramme commençait ainsi : « Tel jour rencontré les
Marocains. Grande bataille. La victoire est restée aux... »
puis interruption par le brouillard, sans qu'on pût savoir,
autrement qu'en le soupçonnant, à qui appartenait cette victoire restée en suspens. Le lendemain, brouillard encore, nouveau silence du télégraphe. Le surlendemain, de même, si
bien que les dépêches écrites du maréchal Bugeaud étaient
arrivées, connues et acclamées, avant que le télégraphe eût pu
recouvrer la parole.

Tel était encore l'état de la télégraphie en France, en l'année 1844, quand M. Gounelle sollicita et obtint l'honneur d'établir une ligne électrique d'essai, de Paris à Rouen, ligne qui,
construite sous sa direction, s'ouvrait définitivement au mois
de mai 1845.

Mais notre but, en rappelant ici son nom, n'est pas de van-
ter la science de celui qui l'a porté, ni même de raconter ses
travaux. Ennemi de toute gloire mondaine, un éloge, même
mérité, nous semblerait une offense à sa modestie. C'est
l'homme, le chrétien que nous voudrions faire connaître pour
la gloire de la religion.

L'homme était essentiellement bon et d'une âme éminem-
ment noble. Le bien, le vrai, le beau, le passionnaient. Nous ne
nous rappelons pas l'avoir vu trahir une seule fois la vérité de
propos délibéré, quelque innocent qu'eût pu sembler le mensonge. Quant à la justice, il l'aimait d'un amour si ardent qu'il
ne pouvait entendre, sans une profonde souffrance, le récit
d'une iniquité, si désintéressé qu'il fût lui-même dans la question. Sa conscience était sa seule règle ; on peut scruter les
vingt années de sa carrière administrative, on n'y trouvera aucun de ces accommodements, aucune de ces petites faiblesses

que des âmes, même honnêtes, se permettent quelquefois trop
aisément. Qui pourrait dire jusqu'où il poussait les scrupules
de la délicatesse ? Nous l'avons vu en une circonstance grave
sacrifier sa position, son avenir et jusqu'au pain de ses enfants, à ce qu'il croyait un conseil de l'honneur.

Et cependant Dieu sait s'il chérissait sa famille.

Pour le chrétien, tout ce que nous pouvons en dire, c'est
que, aux yeux de quiconque a connu M. Gounelle, le caractère distinctif de sa vie n'était pas tant sa science rare, ni
son intelligence élevée, que sa foi profonde et son ardent
amour de l'Église.

Ancien élève de l'École polytechnique et de l'École d'application d'artillerie, Dieu lui fit la grâce de conserver intact le
dépôt de ses croyances ; sa foi ne connut jamais le doute ; elle
ne connut jamais d'éclipse, ni même d'attiédissement. L'Église
n'a jamais eu de fils plus soumis et plus dévoué que M. Gounelle ; il aurait voulu mettre à son service sa science, son
temps, sa fortune, et, au besoin, sa vie et celle de ses
enfants.

Sa piété égalait sa foi, et sa charité était au niveau de sa
piété. Assidu aux offices du dimanche, il passait encore
chaque jour deux longues heures en prières, n'estimant pas
perdu le temps qu'il prenait à la science pour le donner à
Dieu. Ses aumônes étaient abondantes, et il ne regrettait la
modicité de sa fortune qu'à cause de l'impuissance où elle le
mettait de donner davantage.

J. GRANGE.

JEAN REBOUL

(1796-1864)

Le 31 mai 1864 (1) Reboul rendait à Dieu l'âme belle et
harmonieuse qu'il avait reçue de lui. Le deuil a été grand
dans le camp catholique : il perdait un bon soldat. La presse
s'en est émue, la chaire a fait l'éloge du poète pur et du chrétien, et la ville de Nîmes, par une lettre solennelle, a convié
ses enfants aux obsèques d'un homme qui l'avait honorée par
ses chants et par sa vie.

Il n'y a rien cependant qui soit plus simple que cette vie.
Humble par la naissance, petit par la fortune, mais noble par le
cœur et par l'intelligence, ouvrier par devoir, poète par goût....
c'est un enfant du peuple qui est demeuré peuple, mais sans
s'en prévaloir et sans se faire, comme d'autres, de son point
de départ un titre, et de son origine un droit et un drapeau.

Catholique en religion, et catholique pratique, royaliste en
politique, classique en poésie, ce poète-boulanger n'appartient à aucune de ces démocraties qui dissolvent la pensée,
la société et l'art. Il a mis constamment la dignité morale
au-dessus de la vaine gloire, et il est vrai de dire que toutes
les noblesses se cachent sous l'habit de ce grand ouvrier qui
ne voulut jamais être autre chose, qui vécut pauvre, obscur,
sans songer à s'en plaindre une seule fois dans ses vers : con-
ciliant en lui-même des grandeurs réputées jusqu'alors incompatibles, et trouvant dans sa foi le modèle et le soutien
de cette vie idéale dont le Père Lacordaire a écrit ce beau
mot : « Je n'aime rien tant qu'un grand cœur dans une petite
maison. »

(1) Cet article est extrait d'une étude publiée en 1864 par M. l'abbé Beaunard
sur Jean Reboul.

Ce fut dans la petite maison d'un honnête serrurier de la
ville de Nîmes que Jean Reboul naquit le 23 janvier 1796.
L'étoile de la poésie était sur ce berceau, mais alors personne
ne pouvait la voir encore. Le pauvre enfant grandit dans l'espoir de devenir un ouvrier de renom : l'ambition de son père
n'allait pas au delà. Celle de sa mère était qu'il fût, par-dessus
toutes choses, un homme et un chrétien. Voilà sous quels aus-
pices Reboul entra dans la vie. Ajoutez à cela l'influence du
prêtre qui lui fit le catéchisme, et vous aurez l'histoire de
ses premières années, plus fécondes qu'on ne pense et qui lui
faisaient dire plus tard, à l'âge d'homme :

> Revenez, revenez, beaux jours de mon enfance ..
> Jours naïfs, plaisirs purs emportés par le temps,
> Ainsi que le parfum des fleurs par les autans ;
> Quand notre bon curé, d'un doigt glacé par l'âge,
> Me caressait la joue en me disant : « Sois sage ! »
> Quand mes pieuses mains aux prières du soir,
> Pour ranimer ses feux balançaient l'encensoir.

— A treize ans, l'écolier quittait le pensionnat d'instruction primaire. Il savait lire, écrire, et rien ne le distinguait
encore de ses camarades si ce n'est une passion extrême pour
la lecture. Sa famille, témoin de ces dispositions, crut que
c'était le servir que de placer l'enfant, en qualité de clerc,
chez un avoué de Nîmes. C'était un singulier noviciat de
poésie, et Reboul put bientot acquérir la certitude que la
langue de la chicane diffère notablement de celle des muses.
Aussi revenait-il d'instinct à celles-ci dans ses heures per-
dues, et les meilleures de toutes étaient celles où il jetait à la
marge d'un dossier quelques rimes qui ne tardaient pas à s'en
aller au feu, mais qui, du moins, lui valurent ces premières
joies de l'esprit qu'on ne retrouve guère. Tout cela, bien entendu, se faisait en cachette ; car maître Boyer tenait pour les

choses positives, et son honnête clerc se reprochait à lui-même le temps qu'il lui dérobait par ses digressions dans le pays des rêves.

C'est sur ces entrefaites que son père mourut. Reboul le pleura beaucoup. Il y a dans ses œuvres une page touchante où il raconte la maladie de son père, les larmes de sa mère et les siennes :

> Que de fois loin du lit où gisait la souffrance,
> Ma mère avec des yeux qui cherchaient l'espérance
> A dit au médecin qui nous donnait ses soins :
> « Ne le trouvez-vous pas mieux qu'hier? — Beaucoup moins. »
> Et ses yeux se mouillaient de larmes, et les miennes
> Se mettaient à couler, voyant couler les siennes.

A la suite de ce deuil, Reboul changea de carrière et il se fit boulanger. La muse le suivit dans son humble boutique.

... La mort vint plusieurs fois visiter la demeure du pauvre poète et faire à son cœur de cruelles blessures. Ces douleurs donnèrent plus de puissance à son génie et, à partir de cette heure, il commença à se faire de la religion une famille et de la poésie une religieuse compagne.

On ne lit plus rien de lui qui ne soit saint, pur, élevé. Il disait que son génie était né dans les pleurs.

Au souvenir des vers de son jeune âge, il ajoutait :

> Tout n'est qu'images fugitives,
> Coupes d'amertume et de miel,
> Chansons joyeuses et plaintives,
> Abusant des lèvres fictives ;
> Il n'est rien de vrai que le ciel.

Cette pièce est son programme. Une autre plus citée est celle où renversant d'une aile dédaigneuse tous les vieux thèmes de la poésie vulgaire, il répond à chaque strophe par ce noble refrain qui est son manifeste :

> Souviens-toi du ciel, ô ma lyre!
> Car c'est du ciel que tu descends.

Hélas ! les voix du ciel ne sont pas toujours celles qui plaisent à la terre : Reboul ne l'ignorait pas. Mais il ne chercha jamais la popularité aux dépens de la vérité et de la vertu, et c'était de Dieu seul qu'il attendait le prix de ses vers :

> J'ai tout mis à tes pieds, Seigneur, et ta justice
> Donnera quelque chose à ce grand sacrifice.

La gloire cependant ne lui fut pas refusée. En 1828, Reboul adressait à une dame de Nîmes une petite pièce de vers pour la consoler de la mort de son enfant. Cette ode, née d'une larme, se trouva être un chef-d'œuvre de pureté, d'onction et de grâce céleste. L'*Ange et l'Enfant* parut d'abord dans la *Quotidienne*. Elle y fut aussitôt distinguée et bientôt après elle était reproduite presque partout avec un applaudissement unanime. Toutes les mères la lurent ; tous les enfants l'apprirent ; les arts s'en emparèrent ; elle fut chantée, modelée, burinée, peinte, sculptée.

Aussi bien, le temps dont je parle était l'âge d'or de la poésie parmi nous. Le sceptre en reposait alors glorieusement aux mains de Lamartine, qui lut le petit poème et qui en fut charmé. Il commença par féliciter l'auteur ; puis, quelque temps après, jugez ce que fut la joie du boulanger quand un jour il reçut, du poète qu'il aimait, la dédicace d'une *ode* de ses *Méditations : Le Génie dans l'obscurité!* Reboul avait désormais son droit de bourgeoisie dans la cité des lettres, et les plus éminents écrivains de toute école s'empressèrent de lui ouvrir leurs rangs.

Ce ne fut cependant que plus de dix ans après qu'il parut à Paris ; mais on ne venait pas à Nîmes sans visiter Reboul. Autour de la glace de sa modeste cellule, vous eussiez vu rangées les cartes des princes de la science, des princes de la parole et des princes de l'art. Après Lamartine, Alexandre Dumas s'é

tait fait son patron dans le monde littéraire, et c'était avec
joie qu'il montait cet escalier au détour de la rue, traversait
le grenier plein de tas de froment et frappait à la porte de
cette chambre de poète dont la simplicité presque monastique
devait trouver en lui un peintre si fidèle.

La Révolution de 1830, par son caractère impie, l'attrista
profondément. Il exhala son indignation dans une *Ode* au
Christ, qu'il terminait par cette strophe, le *Christ à Gethsé-
mani* :

> Et nous, fils de son culte, imitons son exemple,
> Sur le profanateur de la Croix et du temple
> Gémissons : un remords peut le rendre au Seigneur !
> Sous notre affliction que toute haine expire !
> C'est le temps de pleurer et non pas de maudire.
> Le ciel même est dans la douleur!

Quand éclatèrent les événements de 1848, Reboul reçut de
ses compatriotes un magnifique hommage. Leur vote le porta
à la représentation dans l'Assemblée constituante. Il n'y demeura qu'un an ; il avait hâte, d'ailleurs, de revoir ses foyers,
qu'il ne devait plus quitter et où sa vie, désormais, se consacra
tout entière au culte de Dieu, des pauvres, de l'amitié, de
l'étude et de la sainte poésie.

La Bible fut le manuel de ses dernières années. Elles se passèrent dans le silence et presque dans la retraite, béni des
pauvres dont il visitait les mansardes. Quelques prêtres distingués, des jeunes gens choisis, des hommes du peuple
comme lui et de hauts magistrats firent une garde d'honneur
autour de sa vieillesse. Affaibli et malade, il se recueillait en
lui-même comme pour prêter l'oreille à une voix douce et
faible qui l'appelait d'en haut. Parlant du poète chrétien, il
avait dit :

> Dans un galetas solitaire
> La mort pourra fermer ses yeux.

Mais ses chants rompus sur la terre
Iront se renouer aux cieux.
Quittant cette triste vallée,
Son âme sera consolée :
Son parfum n'y fut répandu,
Comme ceux de la pénitente,
Que sur les pieds de la vertu...

Cette heure sonna pour lui le dernier jour de mai 1864, et le poète chrétien allait contempler aux cieux ce qu'il avait pieusement chanté sur la terre.

LAMORICIÈRE

(1806-1865)

Le général LAMORICIÈRE (Christophe-Louis-Léon Juchault de) est né à Nantes. Brillant élève de l'École polytechnique, il embrassa la carrière militaire et s'y signala de bonne heure par son intelligence et sa bravoure. Envoyé en Afrique, il se distingua sur tous les champs de bataille, et, âgé seulement de trente-sept ans, il était arrivé au grade de général. Ce fut lui qui éut la gloire de réduire Abd-el-Kader à se rendre au duc d'Aumale.

Lamoricière fut nommé représentant du peuple en 1848. Il ut arrêté au 2 décembre 1851 et exilé ; il ne rentra en France qu'en 1857.

Le vaillant soldat avait payé sa dette à sa patrie. L'admirable chrétien allait mettre son épée au service de l'Eglise, sa mère, car Lamoricière était un homme de grande foi.

« Cette foi, disait Mgr Freppel, héritage d'une femme chrétienne et qui avait embaumé les jours de son enfance, au milieu

de la catholique Bretagne, cette foi qui était venue se placer à
ses côtés sous les traits de la piété la plus tendre et la plus
aimable, à l'heure de l'exil, comme au temps de la gloire ;
cette foi dont il ressentait la douce influence dans tout ce qui
faisait le charme et le bonheur de sa vie domestique, cette
foi à laquelle, sans jamais la perdre de vue, il avait prêté
moins d'attention au milieu des camps, il allait l'approfondir
avec l'esprit de recherche et le besoin de clarté qu'il portait
dans chaque question.

« Pour une nature si franche et si loyale, le doute et l'in-
décision ne pouvaient être de longue durée. Ce qui devait
l'étonner plutôt, à mesure qu'il avançait dans des études si
attrayantes et si élevées, c'était de voir l'indifférence ou
l'hostilité de plusieurs à l'égard d'une religion « qui a (ce
« sont les paroles du général) pour elle la science, la philo-
« sophie, les arts, les grands hommes ; qui a pour elle le passé,
« le présent, l'avenir ; qui peut seule résoudre les difficultés
« du temps actuel ; qui répond aux besoins de tous les esprits,
« de tous les cœurs, de toutes les volontés, de toutes les clas-
« ses, de tous les malheureux ; qui est seule capable d'assu-
« rer le bonheur présent et le bonheur futur. »

— Afin de défendre les droits sacrés de l'Église, Pie IX,
abandonné de tous les gouvernements et trahi de toutes
parts, envoya, au mois de mars 1860, Mgr de Mérode proposer
au plus illustre des généraux français, à celui qui avait pris
Abd-el-Kader, de se mettre à la tête de la petite armée pontificale.

« Un soir, raconte Mgr Dupanloup dans l'oraison funèbre
de Lamoricière, un général, un jeune homme et un prêtre,
étaient réunis au château de Prouzel. On discutait la question de savoir si le général irait se mettre à la tête de l'armée du pape. Il ne s'agissait pas d'augmenter sa gloire, mais

de la sacrifier, d'illustrer sa vie, mais de l'exposer. On lui demandait de quitter la France et de prendre le commandement d'une poignée de jeunes gens qui n'avaient jamais vu le feu, ne parlant pas la même langue, mais ralliés par la foi, sur un petit territoire pris entre deux armées dix fois plus nombreuses, plus aguerries, mieux équipées ; il s'agissait de passer pour un étourdi aux yeux des sages, pour un factieux aux yeux des politiques, pour un chef aventureux aux yeux des militaires, en deux mots, de combattre sans espoir de mourir et de vaincre. Le prêtre insistait, le jeune homme hésitait, le général méditait.

« Tout à coup le guerrier se lève et dit d'une voix nette et calme : « J'irai. »

« Le général marcha, pour la première fois, à une défaite. Il devait être vaincu, comme les Croisés, dont les défaites ont sauvé l'Europe et la civilisation ; vaincu, mais après avoir taché de sang les mains des envahisseurs ; et ce sang ne s'effacera pas ! »

L'acceptation de Lamoricière surprit la plupart de ses anciens amis, qui ignoraient quelles profondes convictions chrétiennes animaient cette âme d'élite.

L'année précédente, M. de Corcelles lui ayant fait cette question : « Que répondriez-vous à qui vous offrirait le commandement de l'armée de Pie IX ? — Je répondrais, dit Lamoricière, que la cause de Pie IX me semble humainement compromise, mais que c'est une de ces causes pour lesquelles je serais heureux de mourir. »

Lamoricière n'eut la gloire ni de vaincre ni de mourir pour la cause de Pie IX et de l'Église. Il revint en France, et, retiré dans son pays, il vécut dans la retraite et la pratique des vertus chrétiennes. La mort ne le surprit pas : il était prêt.

Cette mort fut presque subite, mais non pas inopinée. C'était un dimanche, en la solennité de l'adoration perpétuelle dans la paroisse de Prouzel. Le matin à la grand'messe, le soir au salut, Lamoricière avait prié à genoux, parmi la foule, le Dieu qui était près de se révéler à lui. Toute la soirée s'était passée avec son curé, dans des entretiens sur les indulgences, le purgatoire, la vie future et il en avait recueilli une salutaire confiance : « Monsieur le curé, je suis bien content de ce que vous m'avez dit ce soir. » Tel avait été l'adieu du général en le reconduisant. Il lut encore quelques pages de l'*Histoire de l'Église*, après quoi il s'endormit. Entre une et deux heures, un étouffement le réveilla, sa dernière parole fut pour crier : « M. le curé, faites venir M. le curé ! » Son premier mouvement fut de saisir le crucifix pendu à la muraille, puis, après s'être promené à pas lents dans sa chambre, étouffant et priant, il tomba à genoux en le pressant sur ses lèvres. Le prêtre arrive, l'absout, essaye de le relever, de le faire respirer. Seul, un regard du général, un regard levé vers le ciel répond aux paroles du prêtre. Quelques instants après Lamoricière n'était plus.

*
* *

LE GÉNÉRAL LAMORICIÈRE ET LES LOIS DE L'ÉGLISE

Qui pourrait dire avec quelle générosité ce grand cœur s'était donné à Dieu ? Toutefois, ceux qui l'ont vu de près savent seuls avec quelle simplicité, quelle candeur, quelle fermeté, quelle fidélité dans les plus petites choses, il avait embrassé la vie chrétienne. Loin de se borner à quelques devoirs généraux, que l'Église s'estime souvent trop heureuse de voir acceptés par ses enfants ; loin de faire, comme tant d'autres, du catholicisme l'accessoire de sa vie, il considérait que c'était son affaire capitale, qu'il y avait là un champ illimité ouvert à ses investigations, digne de fixer son intelligence, d'intéresser son cœur, d'occuper son activité. Aussi apportait-il un égal soin à étudier l'histoire, la doctrine de l'Église, et à mettre sa vie d'accord avec ce qu'il avait appris.

Il remplissait ponctuellement ses moindres obligations et travaillait avec l'ardeur d'un jeune néophyte à se perfectionner lui-même. Le surprenait-on un jour maigre à un buffet de chemin de fer, on le voyait donnant l'exemple de l'abstinence. Arrivait-on chez lui un soir de carême, on le trouvait à genoux, faisant la prière en commun avec ses enfants et ses domestiques. Le dimanche matin, les gens qui venaient lui parler d'affaires étaient obligés d'attendre son retour de la messe, et il leur demandait comment il se faisait qu'ils n'y eussent point été. Un jour sa belle-mère, malade, désira communier chez elle : le général fit orner les corridors que le Saint-Sacrement devait traverser, et, au moment où parut le prêtre qui le portait dans ses mains, il invita tous les ouvriers occupés aux abords du château à suspendre leur travail et à s'agenouiller.

Fidèle à lire l'épître et l'évangile de chaque fête, il s'en faisait expliquer les passages obscurs, voulant à son tour en donner le sens à ses filles. A l'avance, il était convaincu que, loin d'être des formalités superflues ou de simples spéculations de l'esprit, chacun des enseignements de l'Église avait sa raison profonde, était destiné à rapprocher les créatures de Dieu et à guérir les misères innées de la nature humaine. Il y trouvait le moyen d'adoucir, à un âge où d'ordinaire on ne songe plus à se modifier, les aspérités de sa nature impétueuse. Chaque jour on le voyait plus patient, plus indulgent pour ses adversaires, plus calme en présence des contrariétés dont la vie est semée. (*Lamoricière*, par E. Keller, député.)

* *
*

Une fois chrétien, Lamoricière ne pouvait l'être à demi. Il voulut l'être au grand jour et sans plus reculer devant le respect humain, devant les dédains de l'incrédulité, que devant les Arabes et les barricades.

Un jour, à Bruxelles, un ancien collègue qui l'avait connu autre, le trouva penché sur ses cartes où il marquait, avec une fiévreuse anxiété et une sympathie passionnée, les progrès de nos armées en Crimée. Pour assujétir ces cartes déroulées, il avait employé ses livres devenus usuels, le *Catéchisme* d'abord, son livre de messe, puis l'*Imitation de Jésus-Christ*, et un volume du P. Gratry.

A la vue de ces ouvrages, le visiteur ne put dissimuler sa surprise.

« Eh bien! oui, dit le général, j'en suis là, je m'occupe de cela ; je ne veux pas rester comme vous le pied en l'air, entre le ciel et la terre, entre le jour et la nuit. Je veux savoir où je vais, à quoi m'en tenir, et je n'en fais pas mystère. »

Un jour M. Thiers, étant à Bruxelles, pria le général Lamoricière de venir le trouver le lendemain, à sept heures, pour visiter avec lui le champ de bataille de Waterloo, dont il devait écrire l'histoire.

« Je serai chez vous à huit heures, non à sept, répondit Lamoricière, car je vais à la messe. »

Il avait frappé juste : le grand historien, qui l'attendait pour partir, lui avoua en chemin qu'il avait un immense besoin de la foi et qu'il lui enviait le bonheur de croire.

PIE IX ET LE GÉNÉRAL LAMORICIÈRE

Voici une anecdote racontée par M. Louis Teste, dans son livre intitulé : *Préface au Conclave :*

« Comme tous les hommes doués de mémoire, Pie IX aimait les citations.

« Un jour, après Castelfidardo et Ancône, s'entretenant avec le général de Lamoricière, il cita un vers d'Horace. Le général poursuivit la citation. Pie IX le regarda fixement. La conversation continuant, il cita Virgile. Le général savait l'*Énéide* et acheva ses vers. Mouvement du pape. Après tout, dut-il penser, Virgile et Horace entrent dans l'enseignement scolastique.

« Les deux interlocuteurs vinrent à parler de l'Afrique, et Pie IX, voulant surprendre le général, cita l'évêque d'Hipponée. M. Lamoricière avait lu saint Augustin : il retrouva le passage entier. C'était fort. Pie IX se pique au jeu, sans en avoir l'air, et jette un mot de saint Irénée à la tête du général. Celui-ci, — qu'on ne croyait pas si lettré, — prenant cet assaut de citations à la façon d'un assaut d'armes, continue encore.

« Ah çà ! mon cher général, s'écria le Pape en lui pre-
« nant les mains, où avez-vous fait votre cours de patrologie ?

« — Dans les camps, en Afrique, Très Saint-Père. Que voulez-vous ? Un soldat ne peut pas se battre tous les jours, et j'ai lu les Pères. Je les ai lus avec amour ; ce sont eux qui m'ont enseigné qu'il y avait une gloire au-dessus de la gloire, la gloire d'être vaincu pour le Christ, supérieure à la gloire de vaincre pour le monde.

« Ce fut à la suite de cet entretien que le Souverain Pontife fit remettre au général Lamoricière, — qui avait refusé tout honneur, — ce petit billet écrit de sa main :

   « Mon cher général,

« Je vous envoie cet Ordre du Christ que vous avez si bien
« servi, et qui sera, je l'espère, votre récompense et la mienne.

« Pie IX, pape. »

LAMORICIÈRE ET LES LIBRES PENSEURS

Il faut voir de quels stigmates brûlants Lamoricière marquait le misérable orgueil de ces libres penseurs qui cachent leur ignorance ou leur mauvaise foi sous le masque de l'amour et de la liberté :

« J'ai vu de près ces gens-là, disait-il ; je les ai pratiqués. Ils s'appellent libres et ils sont esclaves ; ils se croient gens d'esprit, et Dieu sait quelle est la légèreté de leur cuirasse. Ils disent : J'ai mes principes, mes convictions ; la science a parlé ; et ils n'ont pas ouvert de bonne foi, sérieusement, un livre catholique. Ils ne lisent rien, ils ne discutent rien. O Pascal ! où es-tu, avec ton fouet, pour flageller ces insensés qui se mentent à eux-mêmes ? »

Voici en quels termes vigoureux et originaux le général répondait à un prétendu esprit fort.

« Que veux-tu avec tes livres et tes discours ? Tu veux détruire le Christianisme, le déshonorer, l'étouffer dans la boue ! Mais as-tu au moins quelque chose à mettre à la place ? Qu'est-ce que tu as ? Tu as tes opinions, tes systèmes, tes désirs. Tu as du style, tu as de la colère, tu as toi, ta raison ta volonté, tes passions. Tu as du nouveau, dis-tu ? Mais tiens, à ton nouveau, je préfère le vieux. Car le vieux, c'est Dieu ; le nouveau, c'est toi. Le vieux, c'est la morale en œuvre ; le nouveau, c'est la morale en l'air. Le vieux fait des citoyens et des hommes, le nouveau ne fera jamais que des furieux et des malheureux, des enragés et des sauvages. »

COUSIN

(1792-1867)

Cousin (Victor), très célèbre philosophe de notre siècle, a composé un grand nombre d'ouvrages où sont exposées et défendues des opinions le plus souvent blâmables au point de vue chrétien.

Cependant, vers la fin de sa vie, il se rapprocha beaucoup des enseignements de l'Église, à ce point que ses amis croyaient qu'il était devenu entièrement chrétien.

« On le voyait, dit M. l'abbé Beaunard, à mesure qu'il avançait en âge, rechercher de préférence les sociétés chrétiennes et les entretiens religieux. Il abhorrait l'athéisme, il invectivait contre le matérialisme, et l'invasion des doctrines positivistes lui était pareillement odieuse.

« Au sein de l'Académie, il votait érnergiquement contre les ennemis de Dieu, comme dans sa conversion il s'élevait hardiment contre les ennemis du peuple et de la papauté. Il avait aimé, suivi et regretté l'abbé H. Perreyve. Le P. Félix recevait ses encouragements. Le parti de la libre pensée se faisait déjà peur de son apostasie, et un écrivain bien connu annonçait *que le philosophe allait faire naufrage dans le bénitier.*

« Jeunes gens, disait-il, n'écoutez pas ces esprits superfi-
« ciels qui se donnent comme de profonds penseurs, parce
« que, après Voltaire, ils ont découvert quelques difficultés
« dans le Christianisme. Mesurez vos progrès en philosophie
« par ceux de la tendre vénération que vous ressentirez pour
« la religion de l'Évangile. »

« Parmi ces démarches de l'esprit, le cœur se sentait touché de je ne sais quelle grâce qui lui venait d'en haut. Il ne

supposait pas qu'on pût mourir en paix sans l'assistance et
l'absolution de l'Église, ne louant et n'estimant que les
morts consacrées ainsi par la religion. On l'a entendu dire
que ce serait peut-être un prêtre de campagne qui recevrait
les confidences religieuses de son âme. On sait qu'il avait repris le chemin des églises ; il n'y avait rien dans l'attitude
du vieillard qui n'y fût selon le respect et l'adoration..... ; et
si l'on veut avoir son dernier mot, il faut le chercher dans ces
lignes émues par lesquelles il prenait congé de ces grands
personnages d'un siècle qu'il aimait, et auxquels il disait:
« Contemporaines de Descartes, de Corneille, de Pascal, de
« Richelieu, de Mazarin, de Condé, Anne de Bourbon, Marie
« de Rohan, Marie de Hautefort, Marthe de Vigean, Louise-
« Angélique de Lafayette, sœur Sainte-Euphémie, âmes
« aussi fortes que tendres, qui, après avoir jeté tant d'éclat,
« avez voulu vous éteindre dans l'obscurité et le silence,
« enseignez-moi à sourire, comme vous, à la solitude, à la
« vieillesse, à la maladie, à la mort.

« Disciples de Jésus-Christ, joignez-vous à son précurseur
« sublime pour me répéter, au nom de l'Évangile et de la phi-
« losophie, qu'il est bien temps de renoncer à tout ce qui passe,
« et que la seule pensée qui désormais me soit permise est
« celle de quelques travaux utiles, du devoir et de Dieu. »

Frappé de mort subite, M. Cousin n'a pu recevoir les sacrements de l'Église qu'il eût désirés pour ses derniers moments.

*
* *

Le *Correspondant* du 10 juin 1881 reproduisait, au sujet de
M. Cousin, la conversation suivante. C'est un témoin qui
parle :

« Je me trouvais aux Eaux-Bonnes, où les médecins

m'avaient envoyé pour ma santé. Un concours de circonstances m'amena à faire la connaissance de M. Cousin,
alors présent aux Eaux-Bonnes, et quelques relations
s'établirent entre nous, assez intimes pour qu'il nous ait
été facile d'aborder plusieurs fois des questions religieuses et
de les traiter fort sérieusement de part et d'autre. Je fus
d'abord étonné d'entendre M. Cousin professer sur des points
fondamentaux du Christianisme les sentiments d'une adhésion
presque irréprochable ; mais ce qui acheva de me surprendre,
ce fut ces mêmes sentiments soutenus sans aucune gêne par
M. Cousin devant d'autres personnes non ecclésiastiques, dont
l'une M. de L..., ancien ambassadeur de France en Orient,
et d'autres qu'il me serait facile de nommer. Frappé du mouvement religieux que ces conversations m'avaient révélé dans
cette âme, j'écrivis chaque jour, en rentrant chez moi, le résumé de ses paroles, et lorsque notre départ mutuel nous eut
séparés, je montrai à quelques personnes, autant que la discrétion me le put permettre, ces résumés de conversations si
intéressantes.

« Nous parlâmes de révélation. M. Cousin me dit : — « Sa
« nécessité éclate à chaque pas ; voyez ces hommes (à ce mo-
« ment passaient trois pauvres montagnards) ; ont-ils le temps
« de sonder les plis et replis des questions philosophiques ? En
« auraient-ils d'ailleurs la force intellectuelle ? Non. Dès lors,
« quel moyen pour eux d'atteindre la vérité ? Il leur faut Jésus-
« Christ. » Je dis alors : « Je crois, monsieur, qu'il nous le
« faut autant à chacun de nous ; car, devant les vérités éter-
« nelles, notre âme n'est guère plus puissante, livrée à ses
« seules forces, que l'âme de ces pauvres gens. » M. Cousin m'a
« répondu : « Eh ! sans doute, monsieur, c'est ainsi que je
« l'entends. Eh ! mon Dieu, quand je vous montre ces pauvres
« montagnards, c'est *l'homme* que je vous montre, et l'homme

« c'est nous. Un peu plus ou un peu moins de *barbouillage* n'y
« fait rien. » Je lui dis : « Nous avons souvent regretté,
« monsieur, de voir ces idées absentes de vos ouvrages et sur-
« tout des ouvrages de vos disciples. » M. Cousin m'a répondu :

« D'abord, monsieur, mes disciples m'ont quitté sur ce
« point, j'ai bien le droit d'en faire autant ; par conséquent je
« ne réponds que pour moi. Je réponds ensuite qu'on a tort de
« m'opposer toujours mes premiers écrits. Quel est l'homme qui
« ne change pas en vieillissant ? Pour moi, monsieur, je marche
« tous les jours : oui, je marche, si vous voulez (faisant allusion
« à une montée rapide que nous gravissions en ce moment, et,
« avec un sourire), comme je suis vieux, je me traîne. »

« Nous parlâmes de l'existence d'un ordre naturel et d'un
ordre surnaturel. Je dis à M. Cousin : « Ce qui nous afflige
« souvent dans vos écrits et surtout dans les écrits de vos dis-
« ciples, c'est la négation implicite qu'un secours surnaturel
« soit nécessaire à l'homme pour atteindre ses destinées éter-
« nelles. » M. Cousin m'a répondu : « Je suis aussi loin que
« personne de nier l'existence d'un ordre surnaturel. Je soutiens
« même que je ne l'ai jamais niée. J'en donne pour preuve que
« j'ai constamment distingué l'ordre naturel de l'ordre surna-
« turel ; or on n'établit de distinction entre deux termes qu'à
« la condition de reconnaître l'existence de ces deux termes.
« Établir cette distinction, ce n'est pas là faire un œuvre ratio-
« naliste. Le vrai rationalisme consiste au contraire à confon-
« dre les deux ordres et à vouloir expliquer les faits de l'ordre
« surnaturel par des raisons tirées de l'ordre naturel... »

« Un autre jour, nous parlions de Jésus-Christ. M. Cousin
me dit : « Si j'avais à faire maintenant un cours public, je
« voudrais ne traiter que d'un seul sujet : de Jésus-Christ. Je
« voudrais montrer comment le sentiment de Jésus-Christ est
« le seul qui, aujourd'hui, puisse relever les âmes. Il faudrait

« faire comprendre ce que peut le sentiment de Jésus-Christ
« pour élever le magistrat, le soldat, l'écrivain, le marchand. Il
« faudrait (mais il n'y a qu'un saint qui pût entreprendre cette
« œuvre,) il faudrait faire pour les gens du monde ce que l'au-
« teur de l'*Imitation* a fait pour des moines : faire pour eux
« une *Imitation* de Jésus-Christ. Encore une fois, la main
« d'un saint est seule capable d'une telle entreprise, mais je
« regrette que ce saint ne se soit pas rencontré, qu'un saint
« François de Sales, par exemple, ne l'ait pas accomplie.....
« Beaucoup d'hommes ont la *lettre* de Jésus-Christ, mais trop
« peu en ont le *sentiment,* c'est-à-dire ce qui ne reste pas dans
« l'esprit, mais passe de l'esprit au cœur, du cœur dans la vie
« de chaque jour. Quelques-uns parmi nous l'avaient, par
« exemple, notre pauvre Ozanam, mélange de douceur et de
« force... Oui, tout est là, le sentiment de Jésus-Christ ! » Je
lui dis : « Je suis sûr, monsieur, d'après ce que vous me
« dites, que la vie d'une sœur de Charité est pour vous une des
« meilleures démonstrations de la divinité de Jésus-Christ. » Il
« m'a répondu : — « Oui, quand je vois un crucifix dans les
« mains d'une sœur de Charité, je dis: « Voilà mon Dieu! » Il
revenait à ses précédentes pensées, et me disait: « Le sen-
« timent de Jésus-Christ, voilà l'important; auprès de lui la
« *lettre* est bien peu de chose. » Je lui dis : « Il me semble
« cependant, monsieur, que la *lettre* est d'une importance fon-
« damentale, ne serait-ce que pour autoriser le sentiment et
« lui servir de base, car que sera le sentiment de Jésus-Christ
« sans la foi explicite et formelle à Jésus-Christ? » Il m'a répondu : « Vous ne m'avez pas compris. Je suis loin de faire
« peu de cas de la *lettre*, prise en ce sens. Vous croyez peut-
« être que les formules exactes consacrées par l'Église sur
« Jésus-Christ ont peu d'importance à mes yeux? Mais alors,
« que fais-je donc, monsieur, quand soir et matin je les récite

« à ma prière ? et quand, chaque dimanche, je les récite à la
« messe, que fais-je donc, si je ne les crois pas ? »

*
* *

La congrégation romaine de l'Index, à cause même de l'autorité et du grand nom de M. Cousin, qui rendaient plus dangereuses les erreurs semées dans ses ouvrages, d'autre part excellents, préparait une condamnation. Mgr Sibour et Mgr Maret décidèrent alors M. Cousin à écrire au Souverain Pontife. Il écrivit la lettre suivante :

« Très Saint-Père,

« Mgr l'archevêque de Paris a bien voulu me communiquer une lettre de Votre Sainteté, remplie de tant de bontés et si digne du cœur paternel de Pie IX, que je cède au besoin de vous en exprimer ma sincère et profonde reconnaissance. Oui, très Saint-Père, on vous a dit vrai : loin de nourrir aucun mauvais dessein contre la religion chrétienne, j'ai pour elle les sentiments de la plus tendre vénération ; j'aurais horreur de lui porter directement ou indirectement la moindre atteinte, et c'est dans le triomphe et la propagation du Christianisme que je place toutes mes espérances pour l'avenir de l'humanité. Affligé d'avoir vu autrefois mes intentions trahies par de fausses apparences, j'ai voulu en ces derniers temps faire un livre de philosophie entièrement irréprochable, et ne me fiant pas à mes sentiments les plus sincères, à mes études, à mon âge, j'ai recherché les conseils d'amis sages et pieux, d'ecclésiastiques éclairés et autorisés. Les sacrifices d'amour-propre ne me sont rien auprès du grand but que je poursuis, l'établissement d'une philosophie irréprochable, amie sincère du Christianisme. Si donc, malgré tous mes soins et ceux de mes doctes conseillers, quelques

passages nous avaient échappé qui pussent troubler le cœur
de Votre Sainteté, qu'on me les signale, et je les ôterai de
bien bon cœur, ne demandant qu'à me perfectionner sans
cesse et moi et mes humbles écrits. Tels sont mes sentiments,
très Saint-Père, fiez-vous à votre cœur, et, j'ose le dire
aussi, à ma parole : c'est celle d'un homme qui n'a jamais
trompé personne, et qui, touchant au terme de sa carrière et
voué à la retraite, ne connaît aucun intérêt sur la terre
capable de lui faire prendre un masque et déguiser ce qu'il
croit la vérité.

« Je mets à vos pieds, très Saint-Père, l'hommage de mon
respect filial.

« Victor COUSIN,

« Membre de l'Institut, ancien ministre de
« l'Instruction publique.

« 30 avril 1856. »

M. de Resbecq a raconté le trait suivant, qui lui est personnel :

« Un jour, M. Cousin était venu entretenir M. Duruy d'une
grave question de liberté de conscience qui préoccupait fort
l'opinion publique ; j'eus la bonne fortune d'assister à leur
conversation, que je me suis toujours rappelée. J'étais tout
yeux, tout oreilles, — les hommes de ma génération n'avaient
point eu le privilège d'entendre l'éminent philosophe, —
lorsque tout à coup M. Cousin, se retournant vers moi, me
dit : « Jeune homme, savez-vous votre *Credo* par cœur ? »
M. Duruy voulut bien lui répliquer : « Oh ! pour celui-là,
« cher maître, je vous réponds qu'il ne doit point l'avoir ou-
« blié. — Je vous félicite, me dit-il alors M. Cousin, je vous féli-
« cite, mon ami ; c'est là toute la vérité, et on ne saurait trop
« l'enseigner aux enfants. Il ne faut jamais l'oublier, votre
« *Credo.* »

Il disait un jour d'un ton profondément ému à M. Cochin:

« Si je devais écrire que Jésus n'est pas Dieu ou monter sur l'échafaud, je monterais sur l'échafaud... Oui, plutôt que de l'écrire, je monterais sur l'échafaud. »

* *
*

M. Cousin se promenait un jour dans la cour de l'Institut, avec un savant professeur de philosophie ; un jeune prêtre vint à passer ; M. Cousin, s'arrêtant tout à coup, le suivit des yeux et s'écria : « Nous avons toute notre vie professé la philosophie et tâché de démontrer qu'il y a une âme ; pendant ce temps que fait ce jeune prêtre et où va-t-il? il va combattre le vice dans l'âme d'un méchant, la tentation dans l'âme d'une jeune fille, le désespoir dans l'âme d'un malheureux... et nous voudrions jeter ces gens-là à l'eau ! il vaudrait mieux qu'on nous y précipitât nous-mêmes, avec une pierre au cou. Ayons l'honnêteté de reconnaître ce qu'ils font pour les âmes, pendant que nous tentons de reconnaître l'existence de l'âme. »

M. COUSIN ET LES FRÈRES DE LA DOCTRINE CHRÉTIENNE

En 1857, M. Cousin, au retour d'une mission officielle, publiait sous ce titre : *De l'Instruction publique en Hollande*, le résultat de ses observations :

« A Dieu ne plaise que jamais je ne puisse songer à exclure personne de l'éducation populaire ! Loin de là, je ne cesserai d'appeler à cette noble tâche tous les gens de bien, tous les hommes éclairés, sans aucune acception de cultes ni de méthodes. Mais je l'avoue à mes risques et périls, *c'est surtout aux Frères de la Doctrine chrétienne* qu'il me paraîtrait convenable de confier les écoles communales absolument gratuites

comme c'est surtout aux sœurs de la Charité que nous con-
fions le soin des malades dans nos hospices. D'abord c'est
au service du peuple que les statuts des Frères les consa-
crent. Ensuite, par un retour naturel, le peuple les aime. Le
peuple est fier, il ne veut pas qu'on le méprise, et avec les
meilleures intentions du monde on peut avoir l'air de le mé-
priser, pour peu qu'on ait des façons trop élégantes.

« Les Frères ne nous méprisent pas, » dit le peuple. La
tournure un peu lourde et commune de ces bons Frères, qui
les expose à quelques railleries, leur humilité, leur patience
surtout, leur pauvreté et leur désintéressement (car ils ne pos-
sèdent rien en propre) les rapprochent et les font bien voir
du peuple au milieu duquel ils vivent. Le peuple et l'enfance
demandent une patience sans bornes. Quiconque n'est pas
doué d'une telle patience ne doit pas songer à être maître
d'école. Enfin, par leurs statuts, les Frères enseignent gra-
tuitement : il leur est interdit de rien demander aux enfants,
et ils se contentent de très peu de chose pour eux et pour
leurs écoles. *Voilà des gens qui semblent faits tout exprès pour
l'instruction primaire gratuite.* »

INGRES

(1781-1867)

INGRES (Jean-Dominique-Auguste) est né à Mautauban. Son
nom mérite d'être inscrit à côté de celui des plus illustres
peintres et ses tableaux admirables lui donnent une grande
place dans l'histoire de la peinture. Dans ses dernières années
il a vécu en pleine possession d'une gloire incontestée, comme

chef de l'école classique moderne. Son talent et son caractère
ont été récompensés par les premiers honneurs publics : il est
mort grand officier de la Légion d'honneur et membre du Sénat.

Ingres, depuis longtemps, était revenu à la pratique religieuse, et il est mort en chrétien fervent, comme l'atteste la
lettre suivant du prêtre qui l'assistait à ses derniers moments :

« Ingres n'a pas été surpris par la mort, quelque soudaine
et foudroyante qu'ait été sa maladie ; son directeur, — car
Ingres avait un confesseur depuis de longues années déja, —
son directeur fut prévenu et appelé aussitôt que son médecin, et il put le préparer, sans embarras ni précipitation, à
rendre sa belle et grande âme à Dieu.

« Aucune des grâces que peut recevoir un chrétien mourant ne lui a été refusée. Dimanche matin (16 janvier 1867),
il recevait l'extrême-onction et la sainte Eucharistie avec l'é-
motion de la foi la plus vive et aussi avec le calme de l'âme la
plus résignée. Oppressé par la terrible maladie qui nous le
ravissait, il devait faire un effort surhumain pour faire sortir
de sa poitrine la moindre parole, et néanmoins il trouva la
force de prononcer devant son Dieu présent, et qui allait se
donner à lui, un acte de foi, de reconnaissance et d'amour
dont le souvenir ne s'effacera pas de mon cœur. »

M. Claudius Lavergne a dit encore du célèbre artiste :

« Avant de le toucher, la mort a dû attendre que l'artiste
eût accompli sa mission et parfait son chef-d'œuvre, et lorsqu'elle est venue, le vieillard était armé pour le combat et
n'a point tressailli. Il a déposé tranquillement le crayon avec
lequel il venait de tracer l'image de la sainte patronne d'une
enfant qu'il aimait, et qui a reçu de lui cette dernière
étrenne ; puis, il a frappé humblement sa poitrine et réglé les
affaires de sa conscience avec autant de netteté et de fermeté
qu'il en avait mis aux dernières corrections de ses dessins.

« Et au moment où le saint et vénérable prêtre qui, depuis dix ans, lui avait ouvert les trésors de la miséricorde divine, lui annonçait qu'il verrait bientôt face à face, sans nuage et sans voile, cette Beauté parfaite qu'il avait eu le don d'entrevoir, et dont les œuvres admirables sorties de ses mains portaient l'empreinte, le mourant l'interrompit: « Ne parlons « pas de cela. Il n'y a de grand, il n'y a de beau, il n'y a « d'admirable que les dons que Dieu nous fait et les secours « que la religion nous donne. »

« N'est-ce pas là le geste, la voix, l'accent du maître que nous pleurons ? Je le demande à tous ceux qui l'ont connu, à ses élèves surtout qu'il appelait ses enfants et qui ont gardé les impressions de sa parole vive, lumineuse, inspirée.

« Qu'ils rapprochent dans leur souvenir ce codicille ajouté à la dernière heure au testament du jour où, partant pour Rome, il licencia son atelier. Qu'ils se souviennent des larmes silencieuses qui suivirent cette exclamation fière et solennelle: « On a dit, messieurs, que mon atelier était une église ; eh « bien ! oui, qu'il soit une église, un sanctuaire consacré au « culte du beau et du bien, et que tous ceux qui y sont entrés « et qui en sortent, réunis ou dispersés, que tous mes élèves « enfin soient partout et toujours les propagateurs de la vé- « rité ! »

« Pour vous former au beau, répétait-il encore, ne voyez que « le sublime ; ne regardez ni à droite ni à gauche, encore « moins en bas. Allez, la tête levée vers les cieux, au lieu de « la tenir courbée vers la terre. »

« Aujourd'hui la profession de foi du chrétien complète celle du peintre. C'est sa dernière leçon, nous l'avons pieusement recueillie pour la transmettre à tous. Dieu veuille qu'elle ne soit perdue pour personne ! »

.Redisons cette parole qu'on ne saurait trop répéter à l'adresse des savants orgueilleux. « *Il n'y a de grand*, s'écriait l'illustre peintre,*il n'y a de beau, il n'y a d'aimable que les dons que Dieu nous fait et les secours que la religion nous donne.*»

BERRYER

(1790-1868)

BERRYER (P.-Ant.), fils d'un avocat distingué, est né à Paris en 1790. Comme son père, il entra dans le barreau, dont il fut et dont il restera une des gloires. Ses succès ont été magnifiques et innombrables, et l'on affirmait qu'une cause était gagnée lorsqu'il avait accepté de la défendre.

Berryer, depuis 1830, fit partie de toutes les législatures et il se montra toujours le vaillant soutien de la cause légitimiste. En 1854, il devint membre de l'Académie française.

A ses qualités oratoires il joignait une prestance majestueuse et un magnifique organe qui ajoutaient encore à la puissance de sa parole. Il lisait surtout avec une perfection rare, au point qu'un homme illustre qui l'avait entendu, disait que Berryer était, en France, le seul homme *qui sût lire.*

Cette belle intelligence était illuminée des clartés de la foi, et le célèbre orateur compte parmi les enfants fidèles de l'Église.

*
* *

« M. Berryer, dit le R. P. de Ponlevoy, n'était point homme à dissimuler sa croyance ou sa pratique. Un de ses amis politiques lui demandait un jour devant témoins : « Est-ce que vous allez à confesse, vous ? — Oui, vraiment, « répond aussitôt M. Berryer. — Que vous êtes heureux ! dit

« alors l'interlocuteur. Pour moi, je reconnais bien que la
« religion est la plus grande et la plus belle chose qu'il y ait
« au monde ; mais à qui me prouverait qu'elle est exclusi-
« vement divine, je donnerais volontiers la moitié de ma for-
« tune. » En effet, la foi vaut encore plus que cela ; mais, en
vérité, elle coûte beaucoup moins. M. Berryer aurait pu clore
ainsi le discours : « Quoi qu'il en soit d'une apparente péti-
« tion de principes, dites seulement le *Pater* et l'*Ave*, et sur-
« tout, comme moi, récitez le *Confiteor*, et le *Credo* sortira
« spontanément de votre cœur. »

« Et cette année encore, vers la fin du carême, M. Berryer
dînait en tête-à-tête avec un de nos grands hommes d'État.
Celui-ci vint à lui demander : « Mon cher Berryer, allez-
« vous faire vos pâques ? — Je crois bien, répondit-il à l'in-
« stant ; je veux demander à mon confesseur de les faire deux
« fois : à Paris d'abord, pour mon propre compte ; puis à
« Augerville, pour l'exemple de mes paysans. — Ah ! que vous
« avez raison ! s'écria l'homme d'État. Si nous en faisions
« tous autant, la France serait sauvée. » M. Berryer tint
parole : en 1868, il a fait deux fois ses pâques.

« M. Berryer avait donc vécu plein de foi ; mais est-ce que
sa foi s'est jamais démentie en face de l'éternité ? Il est mort
plein d'espérance.

« Comme je revenais presque tous les jours, le malade me
dit une fois : « Vraiment, je reconnais que la maladie elle-
« même est un don de Dieu, parce qu'elle rapproche les
« cœurs et surtout parce qu'elle nous rapproche de Dieu. »

« Il avait fait mettre devant lui un beau et grand crucifix
qu'une main religieuse lui avait offert. Il aimait à invoquer
la sainte Vierge et saint Pierre son patron. Entre toutes les
prières, sa prédilection était pour le *Salve Regina*, et chaque
jour, après un grand signe de croix, il le récitait avec tous

les assistants. Cette prière commune, dans laquelle nos voix accompagnaient, en la suivant, celle du malade, détermina une scène des plus touchantes. Une personne amie tout à coup se déclare vaincue sur place. Il y eut alors des larmes de joie, et le malade tout heureux lui adressa cette charmante parole de félicitation : « En vérité, il ne vous manquait que cela. »

« On remarquait d'ailleurs, à vue d'œil, que toute visite du prêtre était immédiatement le signal d'un mieux dans l'état moral du malade : il devenait plus ferme et plus doux. Ce ne pouvait être sans doute un remède contre un mal qui n'en avait pas ; c'était du moins un cordial et un calmant. Ce n'est pas en vain que l'Église a mis cette suave parole sur les lèvres de son ministre : *Pax huic domui.*

« Le 17 novembre, entre neuf et dix heures, M. Berryer voulut se confesser une dernière fois. Il tenait à le faire en toute conscience et vraiment à souhait. Sur sa recommandation expresse, toutes les portes de la chambre furent exactement fermées, et alors, dans la plénitude de ses facultés, avec toute la netteté de ses souvenirs et la franchise de sa religion, d'une voix ferme, pleine et sonore, il prononça ces désaveux suprêmes qui replongent dans l'éternel oubli toutes les défaillances temporaires. C'était à peine fini qu'un prêtre de la paroisse, comme il avait été convenu d'avance, apportait au chrétien en détresse le Dieu de toute consolation.

« Voici quelques incidents de l'auguste cérémonie. Comme le prêtre allait tracer l'onction sur la poitrine du malade, celui-ci, faisant lui-même les apprêts, cherche avec une sorte d'anxiété un médaille qu'il portait au cou : « Où est donc « ma médaille ? Je veux ma médaille ! » La sœur garde-malade cherche et retrouve enfin la médaille égarée. Il la prend aussitôt, la regarde et la baise sur les deux faces avec une joie et une piété d'enfant. Après l'extrême-onction vient le

saint viatique. Le prêtre, tenant entre ses doigts la divine
hostie, lui adresse ces quelques paroles :

« Mon bien cher ami, je vous présente et vous laisse le Dieu
« de votre première communion. Le reconnaissez-vous? »

« A cette question, le malade, souriant sans rien dire, fit
un grand signe de tête.

« Oui, c'est bien lui, toujours le même, toujours constant,
« quand même nous ne sommes pas fidèles. C'est lui qui par-
« donne et qui bénit ; c'est lui qui reste seul quand, tout passe
« et qui nous prend et nous recueille quand nous nous en
« allons nous-mêmes.

« Ah ! mon très cher fils, laissez-moi donc aussi vous pré-
« senter à lui. — Seigneur Jésus, celui que vous aimez, celui
« qui a toujours cru en vous, qui a si souvent parlé de vous,
« est malade : *Domine, ecce quem amas infirmatur.* Rendez-
« lui donc la joie et la vigueur de la santé ; en attendant, don-
« nez-lui la patience et la douceur dans la maladie, et enfin,
« au nom de Marie votre mère et la sienne, réservez-lui un
« jour le bonheur qui n'est point de ce monde et cette gloire
« qui n'est plus de ce temps. »

« La sainte cérémonie venait d'être terminée ; quelques
témoins choisis étaient encore agenouillés autour de son lit,
quand le malade, étendant les bras comme pour appeler à
lui, s'écria d'une voix forte : « O mes amis, mes amis, où
« êtes-vous ? » A ce cri, on se lève, on s'empresse ; il saisit
les mains qu'on lui présente, les baise avec effusion en
disant : « Mes amis, que je vous aime ! pardonnez-moi toutes
« les peines que je vous ai faites. »

« Peu avant sa mort, avec la tranquillité de l'espérance, il
venait de dire à un noble et pieux ami : « Sans désirer la
« mort, je ne la crains point. Mon confesseur a dit à saint
« Pierre de m'ouvrir les portes du paradis. »

*
* *

Voici encore sur le grand orateur un trait qui est un bel acte de foi et de simplicité chrétienne :

Le 29 septembre 1868, Berryer était allé passer quelques jours chez Mme de la Ferronnays.

En cette fête de saint Michel, précieux et touchant anniversaire, la famille de la Ferronnays et son hôte illustre assistèrent à la sainte messe. Au moment où M. le curé arrivait au pied de l'autel, Berryer se présenta pour répondre ; et, en effet, le prince de l'éloquence, chargé d'années et de gloire, servit dans la perfection la messe du pieux pasteur, comme le plus humble enfant de l'Église. Le curé, ému de cet acte de religion, ne put s'empêcher d'adresser quelques paroles de remerciement et d'éloge à ce noble chrétien, qui, sans respect humain comme sans vanité, avait tenu à honneur de servir la messe à soixante-dix huit ans. « Ah ! monsieur, lui répondit Berryer, plaise à Dieu que cela me serve pour le ciel ! »

Dans ses dernières années, un de ses amis lui disait : « Oui, vraiment, le sacerdoce vous eût convenu ; vous auriez fait bien des conversions. — Je le crois, dit Berryer, car j'aurais prêché Jésus-Christ avec tout le feu de mes plus ardentes convictions. » On lui demandait s'il avait visité Rome ; sur sa réponse négative, et comme on exprimait de l'étonnement, il dit avec un accent inexprimable: « *Si j'étais allé à Rome, je n'en serais pas revenu !* »

LE SÉNATEUR TAYER

(1869)

Tayer (Amédée) était né et avait grandi dans le protestantisme, qu'il pratiquait fidèlement.

Un jour, des doutes troublent son esprit et il se demande si la religion catholique n'est point seule dépositaire de la vérité. Il réfléchit, il étudie sérieusement, et la lumière se fait dans son âme sincère et droite : il acquiert la conviction que l'Église catholique est l'Église de Jésus-Christ.

Cependant il hésitait à le reconnaître par une abjuration publique. Il ne se croyait pas autorisé à professer la foi catholique avant d'avoir exposé ses raisons aux pasteurs protestants et reçu d'eux les lumières qu'ils lui devaient.

Il y avait alors aux Eaux-Chaudes, près des Eaux-Bonnes, deux ministres de la religion réformée. C'étaient deux frères. M. Tayer les vit.

Il se présente chez un de ces ministres, annonçant le dessein d'exposer quelques difficultés sur l'Écriture sainte. Celui-ci l'arrête dès les premiers mots et lui dit : « Si vous voulez des explications sur l'Écriture, adressez-vous à mon frère, il en a fait une étude approfondie et vous répondra très bien. Pour moi, j'aime surtout la botanique, et je n'étudie que cela pour le moment. »

M. Tayer va donc trouver l'autre ministre, qui se trouve tout disposé à parler d'Écriture sainte. On commence. M. Tayer lui dit : « Vous blâmez le célibat, et en particulier le célibat des prêtres. Alors, pourquoi l'apôtre Paul, après avoir parlé du mariage, ajoute-t-il ces paroles : « Au reste, « ce que je vous dis ici, c'est par indulgence et non pour « vous commander de vous marier. Car ce que je souhaite,

« c'est que vous voyez tous comme moi. » Le ministre écoute
d'un air étonné et répond: « Où donc Paul a-t-il écrit ces
paroles? C'est la première fois que je les entends. Indiquez-
moi le passage de la Bible, et je vous l'expliquerai un autre
jour. » M. Tayer indiqua la première Épître aux Corinthiens,
VII, 6 et 7, et se retira bien résolu de ne pas aller chercher
l'explication qu'on lui promettait.

Cependant il n'avait pas désespéré de trouver plus de lumières auprès des ministres protestants. Ceux qui habitent
la province peuvent n'avoir qu'une science médiocre; il était
convenable de se mieux adresser.

Au mois d'août de la même année, M. Tayer, toujours aux
Eaux-Bonnes, écrit à Mme Tayer et lui dit: « Je vous quitte
pour me rendre à Paris, où je vais consulter les pasteurs
de l'Oratoire. Je suis pressé de me faire catholique. Mais je
ne veux pas prendre ce parti avant de savoir ce que nos
ministres peuvent répondre aux difficultés que je dois leur
proposer. »

Ce voyage dura quelques semaines. Les entretiens de
M. Tayer avec M. Coquerel père furent aussi peu satisfaisants
que les entrevues avec les pasteurs des Eaux-Chaudes. Voici
le dernier mot qui termina la discussion.

M. Tayer avait posé cette question à M. Coquerel : « Si
on vous démontrait que l'Église catholique possède et enseigne la doctrine de Jésus-Christ comme elle a été enseignée
par les apôtres, que répondriez-vous? — Eh bien ! dit M. Coquerel impatienté, si on me démontrait cela, je dirais que les
apôtres se sont trompés. — Vraiment! s'écria M. Tayer.
Dans ce cas j'aime mieux me tromper avec les apôtres que
d'avoir raison avec vous. » Et il se retira fermement décidé
d'abjurer le protestantisme.

Jusque-là, M. Tayer, dans sa correspondance avec sa femme,

n'avait rien dit sur la grande affaire qui avait déterminé son voyage à Paris. Mme Tayer en était inquiète, et le 8 septembre, fête de la Nativité de Marie, elle lui écrivait pour l'interroger à ce sujet. Or le même jour, M. Tayer écrivait de son côté à sa femme ces quelques lignes : « C'est fini. J'ai vu Coquerel, qui ne m'a répondu que des absurdités. Aussi, ma résolution d'embrasser la foi catholique est maintenant irrévocable, et dès ce soir j'annonce à ma mère cette détermination. »

La mère de M. Tayer ne devait pas rester indifférente à cette nouvelle. Sa peine fut profonde. Elle manifesta son déplaisir avec une vivacité qui fut une cruelle épreuve pour son fils. Quoiqu'elle connût mieux que personne la loyauté de son caractère, elle ne craignit pas de lui dire : « C'est pour Hortense que tu te fais catholique. — Ma mère, répondit M. Tayer, si c'était pour Hortense il y a neuf ans que ce serait fait. » Mot simple et profond, qui révélait du même coup toute sa tendresse et toute sa sincérité.

« En sortant du protestantisme, M. Tayer ne laissa entrer dans son cœur aucun sentiment qui pût blesser ses anciens coréligionnaires. Il prenait leur défense quand on contestait devant lui leur bonne foi. Il disait que lorsqu'on n'a pas vécu soi-même dans l'erreur, on ne peut pas assez se rendre compte de la puissance que prennent dans l'esprit les préjugés reçus dès l'enfance. »

Louis Veuillot a consacré à M. Tayer la page suivante :

« La mémoire de M. Amédée Tayer, sénateur, n'a point péri et ne périra point parmi ceux qui l'ont connu.

« Amédée Tayer naquit riche, beau, bienveillant, raisonnable ; il avait le goût des arts et une pente naturelle à bien faire. Il se laissa tout simplement aller sur ce chemin de faveur où Dieu l'avais mis, et il le suivit droit et tranquille jusqu'à la fin.

« Il était né dans l'erreur protestante ; il monta, non sans labeur, jusqu'à la vérité catholique, et il y entra. Il était né facile, il devint généreux. Il était né doux, il devint bon et tendre. Il était né juste, il devint pieux. Tout cela se fit comme par une pure croissance de nature ; mais la fidélité à la grâce était le soleil qui mûrissait et enrichissait ainsi sans cesse cette nature de choix.

« La fortune semblait chercher M. Tayer ; il cherchait le devoir et le suivait avec une ardeur paisible, mais si pleine et si dominante qu'aucune menace de la fortune ne l'aurait pu détourner, et qu'il ne l'eût pas même entendue. L'on se sent fortifié devant ce spectacle de l'homme du devoir, fidèle dans les petites choses, comme dans les grandes ou plutôt ne connaissant point de petites choses, parce que en réalité il n'y en a point, puisque le sommet de la sagesse humaine est de tout faire pour Dieu ; et c'est bien ainsi que ce grand chrétien l'entendait. Il était sénateur et marguillier de sa paroisse ; il s'appliquait également à ses fonctions de sénateur et à ses fonctions de marguillier.

« Toute place lui semblait bonne, et il y était à sa place. Véritable type de l'homme de bien dans les œuvres nécessaires de la vie publique et de la vie privée, éclatantes ou obscures, il voulait, avec la même conscience éclairée, avec la même inaltérable vigueur, bien employer son intelligence, bien user de sa richesse, bien dépenser son temps, afin que toute action de sa vie tournât au profit de son âme, au secours du prochain et à l'avantage commun de la société.

« Ce fut ainsi qu'il vécut, ayant marqué chacun de ses jours par un bienfait. Il se tint en réalité toute sa vie au service de tout le monde, et particulièrement au service des pauvres. Il aida quantité de bonnes œuvres ; il en fit à lui seul de douces et magnifiques. Il a laissé à sa paroisse de campagne une église

plus belle que sa maison et institué, avec une largeur de'prince
ou plutôt de père, une école qui, par son caractère religieux,
est une véritable bénédiction pour une vaste contrée. Il adopta
un canton désolé, tombé dans un véritable état de sauvagerie.
Il y raviva l'agriculture, il y introduisit l'instruction, il y ramena la prière, et c'est par lui qu'on y trouve maintenant le
pain du corps et le pain de l'âme. Ce fut ainsi qu'il se plaignit
à Dieu de l'unique, mais immense douleur de sa vie, la mort
de ses trois enfants. »

LE MARÉCHAL NIEL
(1802-1869)

Le maréchal NIEL mourait le 14 avril 1869. Il a couronné
une vie de dévouement à sa patrie par une fin édifiante et très
chrétienne. D'ailleurs le général n'avait pas attendu la mort
pour revenir à Dieu.

Dès qu'il se crut en danger, il fit appeler l'archevêque de
Paris, se confessa, et reçut en pleine connaissance, par le ministère de M. le curé de Sainte-Clotilde, les derniers sacrements de l'Église.

Le général avait recommandé à la sœur qui le veillait de
lui lire des chapitres de l'*Imitation de Jésus-Christ*, de *Bossuet* et de *Bourdaloue*, et l'agonie est venue le surprendre au
milieu de ces graves pensées.

Le 15 octobre 1876 on a inauguré solennellement à Muret
la statue du maréchal. Le général de Chabaud-Latour et M. Sacaze, sénateur, dans les discours qu'ils ont prononcés à cette
cérémonie, ont rendu un bel hommage aux sentiments religieux de l'illustre soldat.

Voici la fin du discours de M. le sénateur Sacaze :

« Le maréchal Niel pouvait redire cette parole chrétienne :
« J'ai achevé ma course et j'ai gardé ma foi. » Sa foi, il l'avait
en effet gardée, et elle avait gouverné sa vie. Lorsqu'on ouvrit
son testament, on y lut avec émotion ces lignes inspirées par
la tendresse attentive du père et la préoccupation austère du
chrétien : « Je recommande à mes chers enfants, après la
« crainte et l'amour de Dieu, l'humilité et la probité qui furent
« toujours héréditaires dans notre famille. » Dans l'état des
partis et des esprits en France, quand, autour de nous, l'irréligion est poussée jusqu'à l'outrage, on est heureux de se détourner de ce spectacle pour goûter cet autre spectacle d'un
soldat illustre qui se montre à découvert avec la fermeté de sa
conscience et de sa foi. »

UN ÉPISODE DE LA VIE DU MARÉCHAL NIEL

On venait de prendre Bomarsund (1854), ville forte appar-
tenant à la Russie et située sur la côte d'une des îles de l'ar-
chipel d'Aland, à l'entrée de la mer Baltique. Les soldats français, avec l'entrain qu'on leur connaît, démolissaient cette
ville. N. Niel, alors général, aperçoit tout à coup une croix
dominant la flèche d'une église : « Tu ne peux, se dit-il en lui-
même, laisser renverser cette croix ! Renverser une croix !
Ta vieille mère ne te le pardonnerait jamais ! » Il se retourne
vers ses soldats et s'écrie : « Deux hommes pour aller chercher cette croix. » Il s'en présente cinquante. La croix fut détachée avec soin et apportée en France. Le maréchal l'a offerte
à l'église de Muret, où il avait reçu le baptême et fait sa première communion.

LE COMTE DE MONTALEMBERT

(1810-1870)

Le comte DE MONTALEMBERT est né à Londres, en 1810. A peine âgé de vingt ans, il succédait à son père à la Chambre des pairs, et consacrait les premiers accents de son éloquente voix à la liberté de l'enseignement, à laquelle il devait ensuite vouer sa vie entière. Disciple ardent et sincère de Lamennais, il s'en sépara résolument, malgré le déchirement de son noble cœur, quand le prêtre égaré affligea, par sa chute, l'Église, qu'il avait glorifiée et défendue.

A vingt-six ans, il écrivait les pages délicieuses et si riches de poésie céleste qui s'appellent l'*Histoire de sainte Élisabeth de Hongrie*.

Depuis cette époque jusqu'en 1848, il figure au premier rang dans la grande et longue lutte qui devait conquérir enfin la liberté de l'enseignement en France. Nul n'y déploya plus d'admirable énergie, plus de persévérance. Nul n'a plus de droit à l'honneur de cette glorieuse victoire.

L'Église et le monde entier savent ce qu'il fut aux Assemblées constituante et législative.

« J'assistais, écrit Charles Garnier dans la *Décentralisation*, j'assistais à la séance du 19 octobre 1849, dans laquelle il prononça son discours sur les conditions du retour de Pie IX à Rome. C'est dans ce discours qu'il laissa échapper de son cœur cette phrase qui devint un véritable événement :

« Quand un homme est condamné à lutter contre une femme,
« si cette femme n'est pas la dernière des créatures, elle peut
« le braver impunément. Elle lui dit: Frappez, mais vous vous
« déshonorez et vous ne me vaincrez pas. (Très bien ! très

« bien !) Eh bien ! l'Église n'est pas une femme ; elle est bien
« plus qu'une femme, *c'est une mère!* »

« J'ai conservé toute vivante l'impression prodigieuse produite par l'accent, le geste, l'attitude de l'orateur, quand il
prononça cette mémorable parole ; elle fut couverte par plusieurs salves d'applaudissements de l'immense majorité de
l'Assemblée, dont l'émotion était indescriptible.

« Une médaille a été frappée pour conserver à la postérité
cette noble parole. »

Peu de temps après, Pie IX adressait au comte de Montalembert un Bref pour le féliciter. Ce Bref disait: « Le discours
que vous avez prononcé, cher et digne fils, dans l'Assemblée générale des représentants, le 19 du mois dernier, est
un nouveau et brillant monument de votre talent et de votre
zèle fervent pour la défense de notre cause. Il vivra à jamais
dans la mémoire des gens de bien. »

Bientôt après commençait à paraître son grand ouvrage,
les *Moines d'Occident*, œuvre magnifique, trésor immense de
science religieuse et d'études historiques vraiment neuves,
profondes et pleines de charmes.

Pendant plusieurs années, la maladie retint M. de Montalembert sur son lit de douleurs ; mais elle ne l'empêcha pas de
se livrer à ses études chéries, et il a travaillé jusqu'à la dernière heure.

La mort est venue tout à coup : elle l'a trouvé prêt, et le
prêtre eut encore le temps de donner une dernière absolution
au chrétien vaillant et fidèle dont la vie, comme personne ne
l'ignorait, avait été si profondément pieuse.

— Citons quelques extraits où apparaît l'homme de foi:

« Je n'imagine pas un plus beau sujet que l'histoire de la
prière, c'est-à dire l'histoire de ce que la créature doit à son
Créateur, le récit qui nous apprendrait quand, pourquoi et

comment elle s'y est prise pour raconter à Dieu ses misères et ses joies ! S'il était donné à une plume humaine de l'écrire, cette histoire serait l'histoire des moines...

« Pénétrés de cette conviction, les peuples d'autrefois ne négligeaient aucun moyen, aucune occasion de maintenir l'intensité de la prière à sa plus haute puissance. Autrefois, comme aujourd'hui, bien des chrétiens ne savaient sans doute pas mieux prier que celui qui écrit ces lignes. Mais tous reconnaissaient la force, la grandeur, la nécessité de la prière. » (*Les Moines d'Occident.*)

*
* *

Il peint ainsi le besoin de solitude que l'homme ressent souvent :

« Qui donc, à moins d'être complètement dépravé par le vice ou appesanti par l'âge et la cupidité, n'a pas éprouvé, une fois au moins avant de mourir, l'attrait de la solitude ? Qui n'a ressenti le désir ardent d'un repos durable et régulier, où la sagesse et la vertu pussent fournir un aliment continuel à la science et à l'amour ? Où est l'âme chrétienne, quelque enchaînée qu'elle soit par les liens du péché, quelque souillée qu'elle ait pu être par le contact des bassesses terrestres, qui n'ait soupiré parfois après le charme et le repos de la vie religieuse, et respiré de loin le parfum qu'exhale un de ces suaves et secrets asiles habités par la vertu et le dévouement et consacrés à la méditation de l'éternité ? Qui n'a rêvé un avenir où il pourrait, pour un jour au moins, dire de lui-même avec le prophète : *Sedebit solitarius et tacebit ?* Qui n'a compris qu'il fallait réserver au moins quelques coins du monde, en dehors des révolutions, des agitations, des convoitises de la vie ordinaire, pour y réunir les concerts de l'adoration et de

la reconnaissance des hommes à toutes les voix de la nature,
à tous ces chœurs de la création qui bénissent et vénèrent le
Créateur ? »

***

Il parle ainsi de son amour pour l'Église et de ses profondes convictions :

« On se trompe en croyant que tout ce débordement d'in-
jures et de violences soit propre à affaiblir le sentiment religieux dans les cœurs qui sont capables de le goûter. Il faut
bien peu connaître l'histoire du cœur humain et celle de la
religion pour nourrir de telles appréhensions ; les grandes in-
jures enfantent les grandes réparations. Savez-vous ce qui
sort de cette fange qu'on remue contre nous ? Il en sort l'amour,
l'amour fécond, généreux, complet, de cette Église qu'on insulte ; plus on entasse contre elle calomnie sur calomnie, et
plus elle trouvera des cœurs disposés à lui payer le tribut de
leur dévouement et de leur obéissance. Nous avons sur ce point
des démonstrations irréfutables dans le nombre et la nature
des vocations ecclésiastiques, et dans les chaleureux dévouements qui se manifestent parmi les laïques.

« Ah ! laissez-moi vous le dire, au sein de cette région intime où les convictions religieuses sont reléguées, dans ce
fond de la conscience que l'on fouille si rarement, on ne se
doute pas de ce qu'éprouve un chrétien lorsqu'il voit l'insulte
prodiguée au prêtre qui le confesse, à la religieuse qu'il appelle
au chevet de son ami malade ou mourant, aux religieux qui
élèvent ses enfants, à tous les objets de son culte et de son
respect. On ne sait pas combien la douleur même qu'il
éprouve retrempe sa foi et son courage. S'il m'était permis de
me citer moi-même pour exemple, et si l'on me demandait à

quelle occasion se sont ancrées en mon âme ces convictions que je viens d'exprimer devant vous avec une hardiesse légitime, mais inaccoutumée, je dirais que ce fut en ce jour où, à l'âge de dix-huit ans, je vis la croix arrachée du fronton des églises de Paris, traînée dans les rues, et précipitée dans la Seine aux applaudissements d'une foule égarée. Cette croix profanée, je la ramassai dans mon cœur, et je *jurai de la servir et de la défendre.* Ce que je dis alors, je l'ai fait depuis, et, s'il plaît à Dieu, je le ferai toujours. »

*
* *

M. de Montalembert fait ce magnifique tableau d'une jeune fille quittant le monde et se donnant à Dieu :

« Un matin elle se lève et s'en vient dire à son père et à sa mère : « Adieu ! tout est fini, je vais mourir, mourir à vous, « mourir à tout. Je ne serai jamais ni épouse ni mère, je ne « serai même plus votre fille. » Rien ne la retient...

« La voilà qui apparaît déjà parée pour le sacrifice, étincelante et charmante avec un sourire angélique, avec une ardeur sereine, rayonnante de grâce et de fraîcheur, le vrai chef-d'œuvre de la création !

« Fière de sa riante et dernière parure, vaillante et radieuse, elle marche à l'autel, ou plutôt elle y court, elle y vole comme un soldat à l'assaut, contenant à peine la passion qui la dévore, pour y courber la tête sous le voile qui sera un joug pour le reste de sa vie, mais qui sera la couronne de son éternité.

« C'en est fait, elle a franchi l'abîme avec cet élan, cet essor, ce magnanime oubli de soi qui est la gloire de la jeunesse, avec cet enthousiasme invincible et pur que rien ici-bas ne saura plus éteindre, ni égaler.

« Mais quel est donc cet amant invincible mort sur un gibet
il y a dix-huit siècles, et qui attire ainsi à lui la jeunesse, la
beauté et l'amour? qui apparaît aux âmes avec un éclat et un
attrait auquel elles ne peuvent résister? qui fond tout à coup
sur elles et en fait sa proie? qui prend toute vivante la chair
de notre chair et s'abreuve du plus pur de notre sang? Est-ce
un homme? Non ! c'est un Dieu!

« Est-ce là un rêve? une page de roman? Est-ce seulement
de l'histoire, l'histoire d'un passé à jamais éteint? Non, encore une fois, c'est ce qui se voit et se passe chaque jour parmi nous. Ce spectacle quotidien, nous-même qui en parlons,
nous l'avons vu et subi. Ce qui ne nous était apparu qu'à travers les âges et à travers les livres, s'est dressé un jour devant nos yeux baignés des larmes d'une angoisse paternelle.
Qui ne nous pardonnera d'avoir, sous l'empire de cet ineffa-
çable souvenir, allongé plus que de raison peut-être cette
page d'une œuvre trop longtemps inachevée? Combien
d'autres n'ont-ils pas, eux aussi, traversé cette angoisse et
contemplé d'un regard éperdu la dernière apparition mondaine
d'une fille ou d'une sœur bien-aimée ? »

Un jour, en effet, son enfant charmante et chérie entrant
dans son cabinet de travail, lui avait dit: « Mon père, j'aime
tout, j'aime le plaisir, j'aime l'esprit, le monde, la danse,
j'aime ma famille, j'aime mes études, mes compagnes, mon
âge, ma vie, j'aime ma patrie, mais j'aime mon Dieu, et je
veux me donner toute à lui! » Et comme il lui disait:
« Mais, ma chère enfant, n'as-tu pas quelque chagrin? » elle
courut à sa bibliothèque, chercha un de ses livres où il a raconté l'histoire des religieuses saxonnes, et elle lui dit: « Vous
m'avez appris qu'on n'offre pas à Dieu des cœurs flétris et
des courages fatigués. . » Quelque temps après, sa famille
l'accompagnait dans un pieux sanctuaire, où la fiancée du

Christ s'agenouillait, attendrie et rayonnante, au pied de l'autel à l'ombre duquel devait s'écouler sa vie.

*
* *

Nous recommandons aux amis du peuple ce passage d'un discours de Montalembert en 1850 : « Savez-vous, messieurs, quel est le grand et implacable ennemi de l'instruction du peuple? C'est le travail du dimanche. C'est le travail sacrilège qui le condamne à l'ignorance, qui lui interdit toute culture sérieuse et féconde de l'esprit et du cœur. Autrefois peut-être, l'enfant allait moins à l'école, mais il avait deux sources d'instruction toujours ouvertes devant lui : l'Église et la famille. L'Église lui apprenait la vérité et lui faisait aimer le devoir. En lui donnant des notions complètes sur Dieu, sur ce qu'il faut croire, sur ce qu'il faut pratiquer, elle s'emparait de son esprit et de son cœur. La famille entretenait en lui de douces croyances, elle le maintenait dans l'amour et le respect de la tradition. L'Église est trop oubliée aujourd'hui, le foyer de la famille est déserté ; l'école peut quelque chose sans doute, mais elle ne remplacera pas ce qui est la condition essentielle de toute vie morale. »

Quel admirable élan d'amour pour l'Église se manifeste dans les lignes suivantes :

« Savez-vous, s'écriait-il, dans un discours fameux aux Montagnards, savez-vous quel est le plus grand de vos crimes? ce n'est pas seulement le sang innocent que vous avez répandu, bien qu'il crie vengeance contre vous ; ce n'est pas seulement d'avoir versé à pleines mains la ruine dans l'Europe entière, quoique ce soit le plus formidable argument contre vos doctrines. Non ! c'est d'avoir désenchanté le monde de la liberté ; c'est d'avoir ou compromis, ou ébranlé dans tous les

cœurs honnêtes cette noble croyance; c'est d'avoir refoulé
vers sa source le torrent des destinées humaines. Vous niez
la force morale, vous niez la foi, vous niez l'empire de l'autorité pontificale sur les âmes, cet empire qui a eu raison des
plus forts empereurs; eh bien! soit!... Mais il y a une chose
que vous ne pouvez pas nier, c'est la faiblesse du Saint-Siège.
Sachez-le, cette faiblesse même fait sa force insurmontable.
Quand un homme est condamné à battre une femme, si cette
femme n'est pas la dernière des créatures, elle peut le braver
impunément; elle lui dit: « Frappez! mais vous vous déshonorez et vous ne me vaincrez pas! » Eh bien, l'Église n'est pas
une femme, c'est bien plus : C'EST UNE MÈRE, la mère de l'Europe, la mère de la société moderne! On a beau être un fils dé-
naturé, un fils ingrat, on reste toujours fils, et il arrive un
moment où cette lutte parricide devient insupportable au genre
humain. Celui qui l'engage tombe accablé, anéanti, soit par
sa défaite, soit par la réprobation unanime de l'humanité. »
(19 octobre 1849.)

VILLEMAIN

(1790-1870)

VILLEMAIN (Abel-François) est né à Paris le 11 juin 1790. A
peine sorti du lycée Louis-le-Grand, il fut nommé professeur
suppléant au lycée Charlemagne, et bientôt maître de conférences à l'École normale.

Agé seulement de vingt-deux ans, en 1812, il fit l'*Éloge de
Montaigne*, qui fut couronné par l'Académie française.

Suppléant de M. Guizot à la Sorbonne, dans la chaire d'histoire moderne, il fut bientôt nommé à la chaire d'éloquence française et commença la série de ces belles leçons qui ont charmé deux générations d'auditeurs et de lecteurs.

Ses leçons sur l'*Éloquence chrétienne au* IVe *siècle* resteront comme un des plus beaux monuments de notre littérature.

M. Villemain fut élu député d'Évreux en 1830; il devint pair de France et secrétaire perpétuel de l'Académie française deux ans plus tard. Deux fois, en 1839 et en 1840, il eut le portefeuille de l'instruction publique.

Il quitta la vie publique en 1844, pour s'adonner entièrement aux lettres.

On a de lui, outre son *Cours de littérature française* et un grand nombre de discours académiques, une *Histoire de Cromwell, Lascaris ou les Grecs au* XVIIIe *siècle*, un *Essai sur l'état des Grecs depuis la conquête musulmane*, deux volumes de *Discours et mélanges littéraires*, des *Études de littérature ancienne et étrangère*, un tableau de *l'Éloquence chrétienne au* IVe *siècle*, des *Études d'histoire moderne*, des *Souvenirs contemporains d'histoire et de littérature*, un *Choix d'Études sur la littérature contemporaine*, la *Tribune contemporaine*, *M. de Chateaubriand*, des *Essais sur le génie de Pindare et sur la poésie lyrique*, sans compter de nombreux essais d'études, notices, rapports à l'Académie, et morceaux de critique ou d'histoire insérés dans divers recueils et réunis ensuite en volume.

Villemain était très original : « il avait, dit M. Fulbert Dumonteil, toutes les coquetteries, hormis celle du costume. Sa mise était des plus négligées, des chemises et des manchettes extravagantes et des gilets de flanelle beaucoup trop évidents ; des pantalons qui descendaient toujours et des habits qui remontaient à M. de Fontanes ; d'immenses chapeaux enfoncés sur les yeux, mais ne parvenant pas à étouffer l'expression pétillante de cette sprituelle physionomie. »

* *

Sainte-Beuve le définissait ainsi :

« Penché au dehors, rayonnant vers tous, cherchant, demandant alentour le point d'appui et l'aiguillon, questionnant, et, pour ainsi dire, agaçant à la fois toutes les intelligences, allant, venant, voltigeant sur les flancs et comme aux deux ailes de la pensée....., il a ce que les anciens appelaient les jeux de l'orateur, l'anecdote aiguisée, la sortie imprévue, que son masque expressif et spirituel accompagne ; et si la saillie est trop forte, trop hardie (jamais pour le goût !), si elle a trop porté, il la ressaisit au vol, il la retire et elle échappe encore ; et c'est alors une lutte engagée de la vivacité et de la prudence, un miracle de flexibilité et de contours, de saillies lancées, reprises, rétractées, expliquées toujours au triomphe du sens et de la grâce. »

* *

« Vous avez beaucoup d'esprit, lui disait un jour un fameux savant, aussi savant qu'ennuyeux ; c'est dommage que vous ne soyez pas un savant...

— Mon cher monsieur, répartit Villemain, vous êtes un savant ; c'est dommage que vous ne soyez pas un homme d'esprit. »

Une médiocrité à l'affût de toutes les dictinctions, de tous les hochets, de tous les rubans et de tous les galons, Germain transplanté sur les rives de la Seine, rencontre un jour M. Villemain, revêtu de son costume d'immortel.

« Quel est cet habit ? lui demande-t-il en ouvrant les yeux du renard *guignant* les raisins de la fable.

— Ne le voyez-vous pas ? c'est celui de l'Institut.

— De l'Institut ? Ah! ah! mais il est bien, très bien même... Que faut-il faire pour l'obtenir ?

— Renoncer à un de vos grands avantages, cher monsieur : celui de n'avoir rien fait! »

*
* *

M. Villemain n'était pas seulement un brillant littérateur et un homme d'esprit, il était un chrétien convaincu. Il accomplissait scrupuleusement ses devoirs religieux et donnait l'exemple de l'observation des lois de Dieu et de l'Église comme de la fréquentation des sacrements.

ALEXANDRE DUMAS

(1824-1870)

M. Louis Veuillot annonçait ainsi la conversion, à l'heure dernière, du célèbre et fécond écrivain :

« Après soixante ans passés dans l'oubli de Dieu, il se souvint de lui et il revint à lui. Comme Frédéric Soulié, il eut le bonheur d'ouvrir les yeux à la véritable lumière.

« Rien de sérieux ne restera de l'écrivain ; pourtant, il avait reçu de la Providence des dons merveilleux. Il y avait en lui l'étoffe d'un grand artiste. Mais il avait soif d'argent et de jouissances, et il s'est gaspillé.

« Toutefois, au milieu de la prodigieuse dissipation qui fut sa vie, il avait conservé au fond du cœur des sentiments religieux. Il a fait une mort chrétienne et mérite ainsi une récompense et une gloire supérieure à celle que son talent, même s'il l'avait su féconder et faire fructifier, lui aurait pu mériter parmi les hommes.

« Il faut préférer à l'immense collection de ses œuvres complètes ces quelques lignes d'une piété si touchante, écrites
par sa fille, Mlle Marie Dumas : « Mon bien-aimé père est mort
« lundi, 5 décembre 1870, à Dieppe, muni des sacrements de
« l'Église. Répétez-le très haut avec moi, Dieu m'a fait une
« grâce infinie. Priez pour celui qui s'est doucement endormi
« dans le Seigneur. Louez Dieu de ce grand exemple. »

LE MARÉCHAL RANDON

(1870)

Le maréchal RANDON était protestant. Le R. P. Olivaint,
assassiné sous la Commune, contribua beaucoup à la conversion de l'illustre soldat. Le R. P. Clair, dans sa *Vie du
P. Olivaint*, a raconté l'histoire de cette conversion :

« La conversion du maréchal Randon fut, sans contredit,
pour le P. Olivaint, l'une des plus douces consolations de son
zèle, après avoir été de longues années l'objet de sa persévérante sollicitude.

« Issu d'une famille protestante, le maréchal Randon vécut
longtemps dans la religion de ses pères, sans que rien ne
troublât sa bonne foi. Nature droite et loyale, esprit élevé,
cœur généreux et vaillant, il alla à Dieu simplement et cherchait la vérité sans arrière-pensée. Loin de nourrir aucune
prévention contre le catholicisme, il pencha peu à peu et
comme à son insu vers lui.

« Gouverneur général de l'Algérie, il s'était intimement
lié avec le P. Brumauld, de la compagnie de Jésus, dont il fa-
vorisait de tout son pouvoir les fondations charitables et les

essais de colonisation chrétienne. En retour, le zélé religieux
faisait violence au Ciel pour obtenir la conversion du maréchal ; il s'était même concerté avec quelques autres missionnaires pour que, chaque jour, le saint sacrifice fût offert par
l'un d'eux à cette intention.

« On peut dire que l'âme qu'il s'agissait de sauver était
naturellement catholique. Le maréchal saisissait, en effet,
toutes les occasions de témoigner son estime et sa vénération
pour l'Église, son culte, ses ministres. Ainsi il exigeait que
l'aumônier des colonnes expéditionnaires occupât toujours
à la table de l'état-major la place d'honneur, « comme représentant la première autorité, celle de Dieu. » A Alger, il
se faisait un devoir d'assister aux splendides processions de
la Fête-Dieu et d'y donner à tous l'exemple d'un religieux
respect.

« Après la mort du P. Brumauld, le P. Olivaint, par ses
prières et son action discrète, continua l'œuvre de cette conversion.

« Longtemps il demeura invisible comme l'ange gardien,
mais inspirant et dirigeant tout ce qui se faisait en faveur du
« *cher séparé* » ; c'est ainsi qu'il se plaisait à nommer le
maréchal.

« On le tenait au courant des moindres progrès ; et quelle
était sa joie quand il apprenait, par exemple, que le ministre
de la Guerre, encore protestant, avait pris noblement la défense du Saint-Père dans les conseils du gouvernement ; qu'il
avait, par une touchante délicatesse, confié à Mme la comtesse
Randon le soin de veiller à l'entretien des chapelles dans
les forts de Paris ; qu'il marquait pour la véritable Église un
attrait d'autant plus vif qu'elle était plus violemment attaquée.
Au moment où le livre de M. Renan faisait scandale, le maréchal formulait ainsi son jugement sur cet odieux pamphlet :

« En résumé, ce livre aura eu pour résultat de rapprocher
« dans une commune indignation deux religions qui, au fond
« (pensait-il), sont divisées par si peu..... Il faudrait de ces
« deux religions n'en faire qu'une, prendre à l'Église catho-
« lique son esprit de gouvernement et son unité ; au protes-
« tantisme..... quoi ? Je ne sais trop....., car après tout, c'est
« moins une religion qu'une négation. » Il se montrait fatigué
et comme honteux des dissensions qui déchiraient la prétendue
Réforme et des contradictions doctrinales de ses ministres.
« Un pasteur prêchant en habit noir et en cravate blanche,
« disait-il, me fait l'effet d'un colonel commandant son régi-
« ment en habit bourgeois. »

« Ces succès partiels présageaient dans un avenir prochain
la pleine victoire, et le P. Olivaint s'écriait : « Oh ! il faut
« que nous obtenions cette conversion ! Il n'y a pas d'exemple
« qu'un souverain, un prince ou même un simple particulier
« ait servi l'Église, sans recevoir de Dieu la récompense. Et
« le maréchal qui a si généreusement défendu le Saint-Père
« n'en serait pas récompensé par le don de la foi ! »

« C'était une allusion aux soins donnés par le maréchal
Randon à la formation de la légion d'Antibes, dont il avait
voulu choisir lui-même, un à un, tous les officiers et la plupart
des soldats.

« Enfin, un jour vint où le P. Olivaint put dire : « La conver-
« sion du cher séparé est un fruit qui tient encore à l'arbre
« et mûrit doucement ; mais nous le cueillerons demain ou
« après-demain... Il ne faut plus qu'une circonstance provi-
« dentielle pour amener le résultat définitif. »

« Cette circonstance providentielle fut, comme il arrive le
plus souvent, une cruelle épreuve. Le loyal et fidèle serviteur
de la France se vit tout à coup en butte à d'injustes accusa-
tions et à d'indignes calomnies.

« Au mois de janvier 1867, le maréchal disgracié quitta le ministère de la Guerre.

« Je ne puis pas m'empêcher de déplorer cette retraite, « écrivit aussitôt le P. Olivaint. Le maréchal a si noblement « rempli sa mission, il a si généreusement défendu les intérêts « de l'Église ! Il sera bien difficile de trouver un successeur « aussi dévoué que lui à tout bien ; les hommes qui lui res- « semblent deviennent si rares ! Cependant, tout en déplorant « cette retraite, je ne puis m'empêcher de me réjouir. « J'éprouve en ce moment une douce espérance. Il me semble « que l'heure approche où vous aurez la consolation d'offrir à « Notre-Seigneur cette chère âme tout à fait conquise à la « vérité par l'esprit, comme elle l'est déjà par le cœur, ou « plutôt à la vérité par la pratique de la foi, comme elle l'est « déjà par le cœur et l'esprit. Vous savez si je prie avec vous « et si tout mon dévouement vous est assuré, au besoin, dans « cette œuvre. »

« Retiré dans ses montagnes du Dauphiné, le maréchal consacra au recueillement et à la prière les loisirs que lui faisait l'ingratitude des hommes.

« Il surveilla lui-même la construction d'une chapelle bâtie auprès de son château de Saint-Ismier, et au sommet de laquelle se dressa, par son ordre, une grande croix. Le Dieu de l'Eucharistie vint y faire sa demeure et remplir de ses bénédictions la maison de son hôte. *Salus domui huic hodie facta est.* (Luc, xiv, 9.)

« Le maréchal se prêtait volontiers aux pieuses industries qu'on imaginait pour l'acheminer insensiblement vers le catholiscisme. Tantôt, c'était une petite médaille de la sainte Vierge qu'il consentait à porter sur lui ; tantôt, la prière du soir qu'il faisait en famille ou la messe à laquelle il assistait volontiers. Le P. Olivaint répondait au message qui lui apportait ces

touchantes nouvelles : « Demain, jour de l'Exaltation de la
« sainte Croix, je dirai la messe pour le cher séparé qui, le
« matin, j'en suis sûr, se sera simplement, chrétiennement,
« pieusement uni à vous pour entendre la messe dans la petite
« chapelle et adorer avec vous le bon Maître. Quelles influ-
« ences vont s'échapper de ce tabernacle pour avancer la
« conversion de cette chère âme ! Oui, recourez plus que ja-
« mais à l'influence directe de Notre-Seigneur : il s'appro-
« chera de lui par vous. »

« Le jeune fils d'un autre maréchal de France allait faire sa
première communion. Il fut chargé d'avancer, par sa pieuse
intervention, l'heure ardemment désirée. « Les enfants sont
« de bien puissants auxiliaires, disait à cette occasion le
« P. Olivaint ; tirez du cher petit dont vous me parlez tout le
« parti que vous offrira Notre-Seigneur... Je craindrais un
« plus long retard justifié par toutes les préoccupations de la
« vie active, surtout si la guerre éclate. »

« Tant de prières ferventes touchèrent le cœur de Dieu. Le
vieux maréchal sentit la lumière se faire dans son esprit, tous
ses doutes se dissiper, et un mystérieux attrait le pousser
dans le sein du catholiscisme. Il s'en ouvrit, avec sa franchise
habituelle, à celle qui n'avait vécu que pour lui obtenir ce bonheur. « La mort, disait-il, approchait : ceux que réunirait la
même tombe devaient avoir une même foi ici-bas, afin de se
retrouver ensemble dans une autre vie. »

« *Magnificat!... Te Deum !...* s'écria le P. Olivaint avec
« transport. Voyez-vous que la sainte Eucharistie a exercé sur
« lui sa toute-puissante influence ? Je ne saurais vous dire à
« quel point je partage votre joie. »

« Peu de jours après eut lieu la première entrevue du maréchal avec celui qui depuis si longtemps s'intéressait à son
âme. L'entente s'établit aussitôt.

« Le bon maréchal, écrivait son nouveau guide, a une droi-
« ture et un mouvement du cœur qui me touchent profondé-
« ment. »

« Enfin, après que le noble vieillard eut été suffisamment
instruit du dogme catholique, le jour fut fixé pour la réconci-
liation avec la sainte Église. Le 22 décembre 1867, dans
l'humble chapelle d'un orphelinat, en présence du P. Olivaint
et de deux témoins, le maréchal déclara « reconnaître l'Église
« catholique pour la seule véritable Église, faire profession
« de la religion catholique, apostolique et romaine, et renon-
« cer à l'hérésie de Calvin. »

« Depuis lors, il apporta au service de Dieu une fidélité que
le P. Olivaint appelait « militaire ».

« J'admire vraiment, écrivait-il, la grâce de Dieu dans cette
« âme si droite ; comme il prend simplement les choses ! »

« Une particulière amitié unit jusqu'à la fin le prêtre et le
soldat.

« Le 22 juillet 1870, le P. Olivaint adressait au maréchal
la lettre suivante :

« Laissez-moi, monsieur le maréchal, vous témoigner le
« bonheur que j'ai ressenti d'être auprès de vous l'instru-
« ment de la grâce de Dieu. Je vous ai voué un attachement
« sincère et profond. Je vous suivrai de cœur sur cette terre
« d'Afrique, où, par votre esprit chrétien, vous avez fait tant
« de bien autrefois, où vous ferez bientôt, maintenant que
« vous êtes plus près de Dieu, plus de bien encore. »

« De son côté, le maréchal exprimait avec bonheur sa reconnaissance au P. Olivaint « pour tous les secours spirituels
« qu'il lui avait prodigués. Je vous prie de croire, ajoutait-il,
« que je n'oublierai jamais ce que je vous dois à ce sujet, car
« j'y trouverai une consolation et un soutien dans les adver-
« sités dont la vie est ici-bas parsemée, et une confiance

« bien grande pour cette vie qui nous est réservée dans le
« ciel. »

« Le maréchal entrevoyait le terme ; il l'atteignit bientôt.
« Oh ! la patrie !... Ses souffrances me tuent. » Ce furent ses
dernières paroles.

« Atteint d'une cruelle maladie, sa vigoureuse organisation résistait au mal ; mais il en survint un contre lequel elle
fut impuissante, ce fut le mal qui frappa la France et dont
nous souffrons encore. Lorsqu'il vit les gloires de la patrie
s'éclipser, la vie l'abandonna et il rendit son âme à Dieu. Il
est mort avec le courage du soldat, avec la foi et la soumission du chrétien. Il est mort après avoir reçu les sacrements
qui aident à faire le voyage de l'éternité. Il est mort après
s'être courbé avec amour et reconnaissance sous la main du
Pontife suprême qui lui donna sa bénédiction apostolique. »

UN TRAIT QUI PEINT LE MARÉCHAL

C'était en Afrique ; la colonne expéditionnaire qu'il com-
mandait venait de faire halte. Les troupes allaient prendre
leur repas. Celui de l'état-major fut bientôt disposé, et le
maréchal s'étant assis, la place d'honneur à sa droite resta
vide, nul n'osant l'occuper. Le maréchal Randon, non encore
catholique, promenant ses regards dans le groupe des officiers
généraux, aperçut l'abbé Suchet, aumônier de la colonne, qui
se tenait modestement à l'écart, le dernier de tous. « Monsieur l'abbé, dit le maréchal, veuillez venir de mon côté ; »
et comme l'aumônier s'excusait : « Vous êtes le premier ici,
monsieur l'abbé, car vous représentez la première autorité :
celle de Dieu. »

BABINET

(1794-1872)

Babinet est le célèbre astronome dont le nom et les travaux savants sont connus dans le monde entier. Il ne fut pas toujours un enfant fidèle de l'Église. Dans les bons mots d'un goût douteux, dans les plaisanteries qu'il aimait à faire, il n'épargnait pas assez les choses saintes et il avait la réputation d'être un peu voltairien.

Toutefois son incrédulité était plus apparente que réelle, aussi quand la mort apparut, le savant se rappela la foi de ses premières années, et il quitta la vie au mois d'octobre 1872, dans les sentiments les plus chrétiens.

Mgr l'évêque de Poitiers, étant allé le visiter, eut avec lui une assez longue conversation, et quelques jours après M. le curé de Saint-Étienne-du-Mont administrait le malade, qui lui-même avait demandé un chapelet de N.-D. de Lourdes.

Les feuilles radicales essayèrent de nier cette conversion, mais l'illustre président de l'Académie des sciences, M. Faye, confondit ce mensonge, car, annonçant à ses collègues la perte qu'ils venaient de faire, il ajoutait que M. Babinet, « réconcilié avec les hommes, et réconcilié surtout avec Dieu, avait eu une mort paisible. »

C'est une des belles et nombreuses conquêtes de la religion, « si bonne pour mourir. »

LE DOCTEUR NÉLATON

(1803-1873)

La réputation du docteur Nélaton était universelle. Son intrépidité au travail, sa science profonde, son sang-froid lui avaient attiré une confiance extraordinaire, méritée d'ailleurs par d'étonnantes opérations et d'innombrables guérisons.

Voici comment l'*Univers* racontait la mort du célèbre docteur :

« Un des princes de la science moderne vient de fermer les yeux à la vie ; sa mort a été celle d'un chrétien plein de conviction et de foi.

« M. le docteur Nélaton, qui depuis longtemps déjà souffrait d'une maladie de cœur, comptait pour ainsi dire tous les progrès du mal et toutes les pulsations lentes de l'agonie. Si naguère il eut quelque espoir dans l'air vif de la mer, ses illusions ne tardèrent pas à s'évanouir. Il revint à Paris et se prépara à recevoir dignement les sacrements.

« Avec quelle foi il reçut le sacrement dernier et la sainte communion ! Avec quel recueillement il écoutait chacune des paroles qui l'exhortaient à s'unir à son Dieu, avec quel amour il collait ses lèvres sur le crucifix !

« Quand la cérémonie fut terminée, se tournant vers l'ecclésiastique qui l'assistait : « Je vous remercie, dit-il, des excel- « lentes paroles que vous venez de m'adresser : elles sont « certainement l'expression de la vérité. » Le prêtre, après lui avoir manifesté toute sa joie de l'entendre parler ainsi, lui dit qu'ayant vu récemment le Saint-Père et obtenu une bénédiction spéciale pour chacun de ses pénitents, il allait la lui donner en son nom : « *C'est bien consolant,* » répondit le malade.

« Il ne cessa de persévérer dans ces sentiments, qui firent l'édification de ceux qui l'entouraient : « *Mes enfants*, leur « disait-il, *la voie droite. ., l'observation des commandements de* « *Dieu, voilà ce qui seul peut assurer la paix de la conscience et* « *du cœur.* » Et plus tard, il ajoutait cette parole remarquable, bien propre à produire une grande impression sur les incrédules modernes qui prétendent regretter de n'avoir pas la foi : « *J'ai prié, j'ai cherché, j'ai trouvé !* »

« La fin chrétienne du docteur Nélaton n'étonnera personne, si on se rappelle la droiture de cette âme noble et élevée. Dieu ne permet pas que l'homme qui cherche la vérité avec franchise, et se dépense dans l'exercice de la charité, ne soit pas un jour éclairé des lumières de la foi. Cette fin si parfaite peut servir de leçon et de modèle à notre génération légère et sceptique ; elle démontre une fois de plus que la science et la religion peuvent se rencontrer ici-bas sur le même terrain, sans s'exclure, et s'y donner la main. »

CARPEAUX

(1827-1874)

Carpeaux (Jean-Baptiste), sculpteur français, né à Valenciennes (Nord), le 14 mai 1827, vint à Paris pour y étudier la scuplture, entra à l'école des Beaux-Arts et fut élève de Rude, de Duret et d'Abel de Pujol. Il obtint quatorze médailles et remporta le prix de Rome en 1854. Parmi ses principales œuvres, on cite : un *Jeune Pêcheur* (1859) *; Ugolin et ses enfants* (1863) ; *la Jeune Fille à la coquille* (1864) ; *une Négresse*, buste ; *Rieur et Rieuse; Napolitains*, buste ; le *Prince Impérial et son chien Néro ;* des figures de fantaisie, telles que *l'Espérance*, la *Candeur*, le *Printemps*, *l'Espiègle*, une *Mater dolorosa*, un très grand nombre de bustes de personnages contemporains. — Au mois d'août 1869, un groupe de la *Danse*, exécuté pour la façade du nouvel Opéra, excita les plus vives contestations, et par sa fougue toute réaliste, valut à l'auteur des critiques et des louanges non moins vives. On verra dans le récit suivant ce que M. Carpeaux pensait de ce groupe à ses derniers moments. Cet artiste, qui avait pris une des premières places dans la sculpture contemporaine par ses qualités et leurs excès mêmes, est décédé le 12 octobre 1874, à Courbevoie. Nous trouvons dans l'*Univers* les deux pièces suivantes, dont la première nous apprend comment a été préparée la conversion de M. Carpeaux, et la seconde comment elle s'est accomplie.

«... Je vous envoie en hâte quelques renseignements sur la part que deux membres de notre *Cercle* ont eue dans le retour à Dieu de Carpeaux et dans sa fin si chrétienne. Vous pouvez avoir la plus entière confiance en ces renseignements. Ils vous démontreront une chose qui ne peut manquer de surprendre extrêmement vos lecteurs : c'est que Carpeaux n'a pas été l'artiste débraillé et cynique qu'on s'imagine ; ceux donc qui persisteraient à juger l'homme d'après certaines œuvres du statuaire feraient fausse route et commettraient une injustice.

« Carpeaux a eu une jeunesse très chrétienne, non seulement pendant le temps qu'il passa chez les Frères de Valenciennes, sa ville natale, mais encore pendant ses premières études à Paris. Il habitait chez une de ses parentes, qui était loin d'avoir sa piété, car elle se plaignait souvent de ses longues prières du matin et du soir, et s'étonnait de le voir, selon ses propres expressions, *ahuri de dévotion.*

« Voilà des mots bien étranges, n'est-ce pas? quand on se reporte à la réputation faite au pauvre Carpeaux.

« La vie parisienne, les entraînements de son âge, et surtout la fréquentation des jeunes artistes, ses compagnons, le perdirent. Mais au milieu de ses folies de jeunesse, il gardait la foi. — A Rome, il voulut voir Pie IX, qui l'accueillit avec sa bonté habituelle et sa bienveillance spéciale pour les artistes et pour la France. Carpeaux garda précieusement une médaille que lui avait donnée le souverain Pontife. — Quelque temps avant son dernier voyage à Nice, il formait le projet d'aller en Italie et de revoir Rome :

« Je veux aller à Rome, disait-il ; j'irai voir le Saint-Père, « car je l'aime beaucoup et je le vénère ; il m'aime bien aussi... « Je ferai son buste ; certainement il ne me refusera pas. »

« Carpeaux sans doute n'était pas un idéaliste, mais dans l'œuvre trop célèbre qui lui a valu un si triste renom, il n'est peut-être pas aussi coupable qu'il le paraît. La première esquisse qu'il composa du groupe de *la Danse* n'était pas nue. La commission à laquelle les artistes devaient soumettre leurs esquisses la refusa. Carpeaux refit alors sa composition telle qu'elle est aujourd'hui ; et elle fut acceptée. Le fait est certain et se passe de commentaires.

« La fin chrétienne de Carpeaux devait être prévue de son entourage dès les premières atteintes de sa dernière maladie, qui fut si longue. Alors qu'il jouissait absolument de toutes ses facultés, il était résolu à revenir à Dieu. Tout à l'heure vous verrez que rien ne surpassa la profondeur de son repentir. C'est ce repentir et son immense charité pour les pauvres qui devaient lui obtenir de Dieu la grâce d'une sainte mort, la plus précieuse de toutes.

« Beaucoup de pauvres gens s'adressaient à lui ; il ne les rebutait jamais ; souvent il les admettait à sa table. Un jour, passant rue Lamartine en voiture, il aperçoit dans une allée une pauvre femme ; vite, il remet à l'un des membres de notre

Cercle qui l'accompagnait une pièce d'or pour la lui donner.
On l'a vu dans des circonstances analogues prendre à pleines
mains dans sa poche des poignées d'argent et d'or et les remettre aux pauvres sans compter. — A un vif sentiment de
foi, il joignait la charité : Dieu lui a beaucoup pardonné...

« Mais ce qui a notablement contribué à soutenir chez lui
le sentiment religieux est sans contredit l'exemple des vertus
chrétiennes de deux jeunes Bretons que la Providence amena
près de lui. L'un était employé dans son atelier comme praticien, l'autre comme commis et homme de confiance. On sait
la foi et la simplicité bretonnes qu'accompagne ordinairement
cette énergie qu'on accuse d'entêtement. Carpeaux comprit la
valeur de ces jeunes gens. Il mit en eux toute sa confiance. Il
les traita bientôt moins en employés qu'en amis. — Chez le
sculpteur, tout le monde travaillait le dimanche ; les deux Bretons en furent dispensés.

« Mais que faites-vous de votre dimanche ? leur dit-il.

« — Nous allons au cercle Montparnasse. »

« Carpeaux se fit décrire l'institution, qui l'intéressa. Ces
bons enfants, dans la pensée de l'arracher au milieu funeste
où il vivait et de lui procurer quelques impressions salutaires,
lui proposèrent de visiter le cercle, — ce qu'il accepta.
Carpeaux ne se contenta pas d'une visite ; il voulut dîner avec
ses jeunes amis et prendre place à côté des ouvriers dans
notre humble restaurant. Il passa avec nous toute la soirée,
et s'amusa beaucoup d'un petit concert et d'une charade en
action improvisée par eux. — En attendant le dîner, nous
causâmes et il me dit tout le bien qu'il pensait de mes jeunes
gens ; et, comme l'attente se prolongeait un peu :

« Avez-vous du papier et un peu de fusain ? » me de-
manda-t-il.

« Je lui procurai ce qu'il me demandait, ne sachant ce qu'il

voulait faire. Puis il me dit : « Restez tranquille un moment... »
Et, quelques minutes plus tard, il me remettait mon portrait fort ressemblant et esquissé avec une énergie fort étonnante... Se figure-t-on Carpeaux au milieu du cercle catholique de Montparnasse et faisant le portrait de son directeur?...

« Devant ces jeunes gens, jamais il ne lui échappait la
moindre parole inconvenante. Il disait à l'un d'eux : « Que
« vous êtes heureux ! Vous n'avez que de saintes passions... Je
« vous vénère... »

« Un jour, une personne qui était venue lui rendre visite
lui dit : « Moi, je n'ai aucune croyance... — Eh bien ! lui dit
Carpeaux, je ne pense pas comme vous; je crois, et cette
croyance, c'est ma force... »

« La veille de son mariage il communia avec sa femme. Il
disait un jour à l'un de mes jeunes gens : « Les deux plus
« beaux jours de ma vie sont ceux de ma première communion
« et de mon mariage... »

« Je n'ai plus à vous entretenir que des dispositions que
montra Carpeaux au commencement de sa maladie.

« Il fut bien vite abandonné de la plupart de ses amis de
plaisir ; mais les deux Bretons lui demeurèrent fidèles et l'al-
lèrent voir assidument, l'un d'eux surtout, que Carpeaux affectionnait d'ailleurs plus particulièrement. Le sculpteur était
heureux de ses visites et aimait à s'épancher avec lui. Il avait
consigné sa porte, excepté pour le jeune Breton, qui pouvait
entrer à toute heure.

« Crois-tu, disait le pauvre grand artiste à son fidèle
« ami, crois-tu, dis-moi, que le bon Dieu puisse pardonner à un
« aussi grand coupable, à moi qui l'ai tant offensé ? Comment
« Dieu pourrait-il me faire miséricorde? Non, c'est impossible!...

« — Vous vous trompez, lui disait le jeune Breton ; voyez
« donc saint Augustin, il a été un grand pécheur, et pourtant

« Dieu lui a pardonné, et il est devenu un grand saint... Vous ne
« devez pas douter de la miséricordé de Dieu.

« — Oh ! saint Augustin ! reprenait Carpeaux, je l'aime de
« tout mon cœur ! Je voudrais bien lire toute sa vie... »

« Dans un autre entretien, Carpeaux disait à son jeune confident :

« Hélas ! je mérite bien toutes mes souffrances... Combien
« j'ai offensé Dieu dans ma vie !... Comment veux-tu que je me
« confesse ? Je suis trop coupable... Dieu ne peut pas me par-
« donner... »

« Et le Breton cherchait, dans sa science ou plutôt dans son
cœur, les arguments dont il se souvenait pour incliner à
l'espérance son maître désespéré.

« Si je reviens à la vie, disait un autre jour le pauvre ma-
« lade, je promets à Dieu de faire autant de bien que j'ai fait
« de mal... Car, avec une petite esquisse d'une heure ou deux,
« je pourrais soulager la misère de beaucoup de pauvres
« gens. »

« La lumière, d'ailleurs, se faisait chaque jour dans ce cœur,
à l'aide de la souffrance :

« Je m'aperçois tous les jours, s'écriait-il, que je suis un
« grand coupable !...

« Ma plus grande souffrance sur mon lit de douleur, c'est
« d'avoir abandonné mes devoirs religieux... Si tu veux être
« toujours heureux, sois toujours chrétien ! »

« L'an dernier, à peu près à cette époque, il fut si mal, que
notre Breton, sans prévenir Carpeaux, courut chercher le
gardien des Capucins du couvent de la rue de la Santé, le
R. P. Ubald. Il le fit entrer immédiatement dans la chambre
et dit au malade :

« Voici le bon Père dont je vous ai parlé souvent et qui
« désire vous connaître. »

« Il fit signe à tout le monde de se retirer. Carpeaux tendit la main au religieux, et il la tint ainsi pendant tout l'entretien, qui dura une heure.

« Maintenant, voici une lettre de Carpeaux écrite vers la même époque, et qui montre les sentiments profondément religieux qui l'animaient un an avant sa mort. Elle serait digne d'être imprimée en fac-simile ; je la copie textuellement, c'est une véritable page historique :

« Ce 26 novembre 1874

« Mon cher ami,

« Depuis que je ne t'ai vu, les douleurs nerveuses ont repris « leur intensité. Impossible de sortir. Aussitôt qu'il y aura du « mieux dans mon état, je te le ferai savoir.

« En attendant, je conserve avec recueillement la petite « médaille de Notre-Dame-des-Victoires que tu m'as envoyée « dans ta lettre. Je désire te donner satisfaction en entrant « dans la vie religieuse ; j'en sens le besoin moi-même, ce « sera pour moi un heureux jour.

« Tout à toi,
« CARPEAUX. »

« Ce simple billet dit beaucoup : il témoigne des rapports qui existaient entre le grand sculpteur et son noble ami et l'heureux effet de ses naïves prédications sur le grand artiste.

« Je ne saurais mieux terminer qu'en citant une admirable parole recueillie de la bouche de l'illustre artiste et qui devrait servir de leçon à toute cette école païenne et matérialiste qui fait du désordre des mœurs la condition du génie : c'est tout un testament :

« *Si j'avais toujours vécu comme un bon moine, je serais devenu l'égal de Michel-Ange.* »

« Voilà, cher monsieur, ce que j'ai pu recueillir et que je m'empresse de vous envoyer. Je regrette seulement de ne pouvoir mettre plus d'ordre dans ces notes, mais il est plus de minuit, et je vous écris à la hâte après la journée laborieuse d'un dimanche de cercle. Puissent ces quelques lignes contribuer à glorifier Dieu dans ses infinies miséricordes!

« Maurice Maignen. »

« Ses relations avec son bienfaiteur s'établirent dans les circonstances suivantes : le prince Stirbey venait d'acheter le dernier groupe de Carpeaux, *l'Amour blessé*, lorsqu'il apprit la situation si digne d'intérêt du sculpteur qu'il n'avait jamais vu jusque-là. Il lui offrit l'hospitalité dans sa villa, le confia aux soins de deux sœurs de charité et rivalisa de zèle avec le climat bienfaisant de Nice pour rendre la santé au malade.

« Lorsque Carpeaux revint à Paris, la sollicitude du prince l'y suivit, et c'est à ses soins délicats que le sculpteur dut de trouver à Courbevoie, dans le voisinage du château de Bécon, une jolie maison de campagne déjà préparée pour le recevoir,

« J'aurais bien des choses à dire sur la vie que le pauvre grand artiste mena dans cette maison ; mais ces détails sortiraient du cadre que je me suis tracé.

J'arrive donc au 3 août où, pour la première fois, l'abbé X..., vicaire de la Madeleine, se trouva en présence du malade.

« Quelques jours auparavant, la fille d'une excellente amie de Carpeaux, qui avait fait récemment sa première communion, dit, sans autre préambule, à l'artiste :

« — Vous devriez bien venir communier avec moi le 15 « août...

« Je ne dis pas non, répondit sans hésiter le malade. »

« Il aimait beaucoup cette enfant, en qui il avait remarqué une intelligence précoce et un goût très vif pour les arts.

« — Certainement, continua-t-il, je veux bien me confes-
« ser... mais alors tu m'amèneras ton confesseur à toi... »

« On comprend la joie de la mère et de sa fille. Malheureusement le confesseur de cette dernière avait quitté la Madeleine
quelques jours plus tôt pour se rendre aux eaux ; le désir du
malade ne put donc être obéi. Malgré cela, Carpeaux accueillit
à merveille M. l'abbé X.... et se confessa aussitôt.

« Ici je ne dois pas omettre un détail tout à l'honneur du
prince Stirbey. Celui-ci avait été mis dans la confidence des
négociations pieuses entreprises par l'enfant et du plein succès qu'elles avaient obtenu auprès de Carpeaux. Sachant donc
que son ami recevrait la visite de M. l'abbé X... le 3 août, il
lui écrivit, le matin même de ce jour, une lettre remplie de
sentiments élevés et de conseils chrétiens. En quelques lignes
il l'exhortait à bien recevoir le prêtre et lui rappelait « qu'il de
vait à Dieu l'hommage de sa vie ». Carpeaux fut très touché de
cette marque suprême d'intérêt, et, s'il avait encore quelques
hésitations, le langage si persuasif du prince dut certainement les faire disparaître et prévenir le retour d'une prochaine
défaillance.

« La conduite du prince Stirbey se passe de commentaires :
cette fidélité dans le malheur, cette façon d'encourager les
arts et de se préoccuper d'un artiste, non seulement pendant
les jours mauvais, mais encore par delà cette vie d'épreuves,
le placent bien haut dans la reconnaissance de ceux qui aiment
les arts et pratiquent la religion... Certes, voilà une grande
et noble leçon pour nos Mécènes du boulevard, qui ne voient
dans les œuvres d'art que le mobilier obligé d'une galerie, et
dans l'artiste, qu'un compagnon de plaisir plus ou moins ex-
périmenté....

« Mais revenons à Carpeaux. — Le 6 août, après s'être confessé une seconde fois, il demanda la faveur d'être traîné dans

sa petite voiture de malade jusqu'à la sainte table afin de pouvoir y communier près de celle qui l'avait décidé de revenir à Dieu...

« — Mais, mon cher monsieur, lui disait M. l'abbé X..., ne
« craignez-vous pas que les secousses de la voiture, pendant
« le long trajet de votre maison à l'église n'altèrent vos forces ?
« Il serait bien facile de vous apporter ici le saint viatique...

« — Non, non, répondit Carpeaux... Elle ne serait pas près
« de moi... et je tiens à communier près d'elle... comme elle
« me l'a demandé... Ce sera plus poétique... »

« Sa nature d'artiste se plaisait à ces contrastes. Il lui semblait touchant de voir, réunis à la même table, cet apôtre de douze ans et ce converti dont la souffrance avait fait un vieillard... Le voisinage de cette innocence exaltait son repentir...

« Ce fut, ce même jour, sous le porche de l'église de Courbevoie, que le prince Stirbey remit à Carpeaux la lettre du ministre lui annonçant sa nomination au grade d'officier de la Légion d'honneur.

« M. l'abbé X... revint voir souvent le malade, qui lui avait demandé la permission de l'appeler son ami. Leurs conversations avaient pour sujet la religion ou les arts.

« — Laquelle de vos œuvres préférez-vous ? lui demanda un
« jour le prêtre.

« — Le groupe d'*Ugolin*, répondit Carpeaux... C'est, sans
« contredit, mon œuvre la plus forte...

« — Et le groupe de l'Opéra ? ajouta avec intention
« M. l'abbé X.

« — Oh !... Oh !... pas trop orthodoxe, celui-là, » dit-il avec un sourire triste...

« Puis, s'adressant à M. le curé de Courbevoie :

« Ce n'est pas ça !... dit-il ; j'avais de meilleurs et de plus

« nobles sujets dans la tête... Mais, que voulez-vous ? j'ai été
« lancé dans une mauvaise voie... »

« Le 29 septembre, Carpeaux se confessa de nouveau à
M. le curé de Courbevoie. Ce fut sur la belle terrasse du château de Bécon qu'il reçut l'extrême-onction et le viatique. Il
s'y était fait traîner, suivant son habitude, afin de reprendre,
au contact de l'air salubre du parc et des rayons du soleil, un
peu de force et de vie.

« Quand M. le curé de Courbevoie arriva, les domestiques
apportèrent une table sur laquelle on plaça le crucifix. Les
cérémonies allaient commencer, quand le sculpteur s'aperçut
que le prêtre n'avait pas retiré sa houppelande qui dissimulait
son surplis :

« Monsieur le curé, lui dit-il, n'allez-vous point retirer
« ce vêtement ? »

« Le curé s'empressa d'accéder à la demande du malade ;
les domestiques se rangèrent respectueusement en face du
prêtre et les prières commencèrent. Ce fut Carpeaux lui-même
qui remplit l'office du clerc, et il s'acquitta de cette tâche
avec beaucoup de piété et toute sa présence d'esprit. Après
l'extrême-onction il reçut le saint viatique.

« Ne me ferez-vous pas embrasser le crucifix ? » demanda-
t-il ensuite.

« Quand on lui eut remis la croix, il attacha d'abord sur
l'image de Notre Seigneur un regard d'artiste :

« Oh !... dit-il d'un ton de reproche, comme ils l'ont
« traité !... Ah ! si je reviens à la santé, je vous ferai un Christ
« qui sera mieux que celui-là... Ce ne sera pas difficile... Enfin,
« ajouta-t-il, c'est l'image du bon Dieu cependant. »

« Et il la baisa à plusieurs reprises.

« Le 12 octobre suivant, il rendait son âme à Dieu.

« TH. DE CAER. »

COROT

(1796-1875)

Corot, peintre paysagiste renommé, dont si souvent les tableaux ont été admirés et couronnés dans les expositions des
beaux-arts, a fait la mort la plus chrétienne. L'*Univers*, dans
son numéro du 13 mars 1875, reproduit sur cet artiste célèbre
les détails suivants donnés par le prêtre qui l'a assisté à ses
derniers moments :

« Il est parfaitement vrai que M. Corot est mort en chrétien.

« Le mardi, 9 février, il avait prié le docteur Gratiot, son
ami, de m'écrire qu'il désirait me voir le plus tôt possible. —
Le mercredi des cendres, 10 février, à deux heures, j'étais
auprès de lui ; je le trouvai au lit, suivant la prescription des
médecins. Son accueil fut, comme toujours, le plus cordial.

« Eh bien, comment allez-vous, mon bon ami ? lui dis-je.

« — Moi ? comme quelqu'un qui croit devoir mettre ses af-
« faires en règle... A mon âge, on ne sait pas ce qui peut ar-
« river, il est bon de prendre ses précautions. J'avais prié le
« docteur Gratiot de vous demander de venir me voir ; puis-
« que vous voilà, je vais profiter de l'occasion, car je suis ca-
« tholique, apostolique, etc... »

« Vous comprenez sans peine, Monsieur, que j'ai profité
des bonnes dispositions de mon cher malade, et que sans tarder nous avons commencé la confession. Ce que je puis vous
dire, sans indiscrétion, je crois, c'est qu'elle a été ce qu'elle
devait être de la part d'un homme comme Corot... Lui, la
franchise, lui, la loyauté, lui, qui ne sut jamais mentir, il a
accompli cet acte avec le sérieux et la franchise de son caractère. Quand arriva le moment solennel, et qu'au nom de Dieu
j'ai prononcé la sentence du pardon, j'aurais voulu que tous

ses amis fussent présents et vissent avec quel recueillement
cet homme illustre priait et inclinait sa tête vénérable sous
la main du prêtre. J'étais profondément ému, je vous l'assure ;
aussi quand mon vieil ami, les yeux mouillés de bien douces
larmes, me tendit les mains pour me remercier, je trouvai à
peine quelques paroles à lui dire.

« Que c'est donc bon, répétait-il, d'être en paix avec Dieu !
« Comme ça repose ! Comme ça fortifie !... Maintenant, n'est-
« ce pas, je puis partir.

« — Oh ! oui, mon bon ami, vous pouvez compter sur la mi-
« séricorde, car vous avez été bien miséricordieux...

« — C'est vrai, j'ai fait pas mal de bien ; mais, que voulez-
« vous ? je n'ai pas eu grand mérite... c'était mon bonheur.
« Dieu me récompense, dès ce monde, par l'affection et la re-
« connaissance dont je suis entouré... »

« Il fallut le quitter ; mon devoir me rappelait dans ma paroisse. Je l'embrassai une dernière fois en lui promettant de
de prier et de faire prier mes petites orphelines pour lui.

« Oui, oui, c'est cela ! qu'elles prient bien, les pauvres pe-
« tites ! Si je désire vivre encore quelques années, ce n'est
« pas pour moi, je n'ai plus besoin de rien, mais c'est pour con-
« tinuer à soulager la misère... Ah ! si vous saviez combien
« il y en a pour lesquels il est utile que je vive. »

« Le digne homme ! Je ne l'ignorais pas ; mais que de bienfaits inconnus sont descendus avec lui dans la tombe ! Que de
fois il a défendu à sa main droite de savoir ce qu'avait fait sa
main gauche. — Si, de temps à autre, il parlait d'une bonne
œuvre qu'il avait faite :

« — Ne croyez pas, disait-il, que c'est pour en tirer vanité,
« c'est pour essayer d'encourager les autres à en faire autant...
« Si on voulait bien, il n'y aurait pas de malheureux ; les *mau-*
« *vais* riches sont les véritables révolutionnaires ! »

« Le lendemain jeudi, 17 février, à huit heures du matin, sur sa demande *expresse*, M. le curé de Saint-Eusèbe lui porta le saint viatique et l'extrême-onction. Je n'ai pu être témoin de l'accomplissement de ce dernier devoir, mais M. le curé m'a affirmé qu'il avait été édifié de la manière dont mon vieil ami avait reçu la sainte communion. »

« Quelques heures après, les médecins se préparaient à pratiquer la ponction, il dit doucement à l'oreille du bon docteur Gratiot :

« J'ai vu hier le curé de Coubron et je me suis confessé...
« Le curé de Saint-Eusèbe est venu ce matin m'apporter la
« communion : c'est bien bon, ça donne du courage... Mainte-
« nant à l'œuvre !...

« Tout le monde sait qu'à la suite de cette opération, il éprouva un soulagement qui fit espérer à ses amis qu'ils pourraient le conserver quelque temps encore. Malheureusement ces espérances ont été déçues, et il s'est endormi du sommeil du juste au moment où l'on finissait les prières de l'agonie, prières auxquelles, m'a-t-on assuré, il s'associait de cœur et, par instants, de bouche.

« J'ai pu le voir sur sa couche funèbre : aucune trace de douleur... il souriait à ce ciel auquel il croyait, qu'il aimait et qui l'a fait un artiste qu'on ne remplacera pas.

« Que vous dirai-je de sa conduite? Le libertinage le révoltait. Dans ses conversations je l'ai toujours vu d'une réserve et d'une convenance parfaites : jamais de mots risqués, de phrases à double entente, encore moins de mots graveleux. Sa conviction profonde était que l'obéissance à *la bête* atrophie l'intellect, et qu'un homme dissolu peut devenir peintre, mais jamais *artiste*. »

CHANGARNIER

(1798-1877)

Le général CHANGARNIER (Théodule) est né en 1798. Il fut,
dans toute la vérité du mot, un ardent et infatigable serviteur
de sa patrie, à laquelle, par sa brillante carrière militaire,
il rendit les plus grands services. L'Algérie fut surtout la
terre où il s'illustra, et le nom du guerrier français et chrétien
ne saurait y tomber dans l'oubli.

On connaît le glorieux épisode de la retraite de l'armée
française obligée d'abandonner le siège de Constantine. Le
24 novembre 1836 vit s'accomplir cette retraite de quarante
lieues au milieu de périls sans cesse renaissants, sous le feu
de la mousqueterie d'ennemis cachés et infatigables, secondés
en quelque sorte par les éléments et qui causaient à l'armée
des dommages sérieux et grandissant d'heure en heure. Enfin, harcelé, criblé, décimé, le bataillon Changarnier obéit à
la voix de son chef qui commanda la manœuvre du carré. »

« Allons ! mes amis, dit avec énergie le commandant, voyons
une bonne fois ces gens-là en face. Ils sont six mille et nous
sommes trois cents : la partie est égale. »

« Ce langage énergique électrise les soldats, un feu bien
nourri disperse les Arabes dont beaucoup restent sur le car-
reau et l'armée peut continuer en toute tranquillité son mouvement de retraite. Le grade de lieutenant-colonel ré-
compensa Changarnier de cet acte d'héroïque sang-froid. »
(M. A. BLANQUET.)

Banni de la France par Napoléon III, dont il fut l'adversaire politique, il resta dans l'exil jusqu'à la funeste guerre
de 1870. Alors, âgé de 73 ans, et n'écoutant que l'amour de
la patrie, il offrit son épée pour combattre l'ennemi.

Cette noble conduite reçut bientôt sa récompense. Aux élections générales de 1871, Changarnier fut nommé député à l'Assemblée nationale, puis sénateur inamovible.

Il mourait en chrétien au mois de février 1877, et l'État lui fit faire, à ses frais, de magnifiques funérailles.

Le trait suivant nous montre les sentiments religieux qui animaient le vaillant général.

A l'époque où Changarnier était commandant en chef de l'armée de Paris, de zélés laïques, qui se dévouaient à l'Œuvre des Militaires, ouvrirent, d'accord avec de bons Frères, non loin d'une caserne ou d'un fort, un cercle-école où les soldats se rendaient volontiers et recevaient, avec l'instruction élémentaire, les meilleurs conseils. On leur apprenait à respecter leurs chefs, à respecter la discipline, par des motifs plus élevés que la crainte du châtiment.

Un colonel, cependant, protestant exalté, dit-on, mais plutôt libre-penseur, c'est-à-dire intolérant, en prit de ombrage, et défendit, sous peine de punition, à ses soldats, de fréquenter la réunion, dont les promoteurs ne furent pas moins désolés que les militaires. On tint conseil, mais longtemps sans résultat : enfin l'un des jeunes gens, tout à coup, se rappela que le curé de Notre-Dame-des-Victoires, l'abbé Des Genettes, avait un neveu attaché à l'état-major du général en chef. Sans tarder, il se rend chez le curé, lui raconte ce qui arrive et le prie de faire une démarche à ce sujet auprès du général, qu'il connaît déjà peut-être par son neveu. Le bon abbé promet au visiteur de faire selon son désir, et bientôt, libre, il court à la place Vendôme, mais n'y trouve que son neveu ; il lui dit le motif qui l'amène, en le priant de transmettre sa supplique au général dès qu'il sera de retour. Peu de temps après la sortie du curé, Changarnier rentre, et l'aide-de-camp est prompt à s'acquitter de sa commission, en ajoutant que son oncle reviendra le soir ou le lendemain.

« Non pas, reprend vivement le général, je n'entends point que derechef le bon curé se dérange; c'est à moi de lui rendre sa visite. »

Aussitôt il demande sa voiture et se fait conduire au presbytère de Notre-Dame-des-Victoires, où le curé, rentré depuis peu, et qui ne s'attendait guère à la visite, paraît d'abord non moins ému que surpris.

« Monsieur le curé, dit le général, le sourire aux lèvres, avec un accent tout à la fois cordial et respectueux, votre neveu m'a dit le motif auquel je devais l'honneur de votre visite. Je suis, grâce à Dieu, catholique et Français, et, à ce double titre, je ne puis qu'approuver votre démarche; j'ai tenu à vous le dire moi-même et sans retard. Moraliser l'armée, c'est faire une œuvre patriotique et sainte, et je ne permettrai pas, assurément, qu'on empêche nos braves soldats de se rendre à des réunions où ils n'entendent que de bonnes choses, ne reçoivent que d'excellents conseils. Mieux vaut cent fois les voir là qu'au cabaret! Soyez tranquille, et rassurez les dignes messieurs qui se dévouent à l'Œuvre des Militaires; il sera fait droit à leur réclamation et leur zèle n'aura plus à craindre d'entraves. »

LE VERRIER

(1811-1877)

Le Verrier (Urbain-Joseph) est né à Saint-Malo (Manche) le 11 mars 1811.

Sur la tombe de l'illustre savant, M. Dumas, de l'Académie des sciences, a prononcé un discours qui résume sa vie et dont voici quelques extraits :

« M. Le Verrier était le fils de ses œuvres. Il avait connu toutes les luttes. Élève brillant de l'École polytechnique, il n'avait fait qu'apparaître dans les services publics. Voué de bonne heure au culte de la science pure, il fut bientôt rappelé à l'école comme répétiteur.

« L'héritage de Laplace était libre ; il en prit hardiment possession. Il mit en évidence les conditions de stabilité générale du système solaire par la discusion approfondie des lois qui président aux mouvements de Jupiter, de Saturne et d'Uránus, et chacun comprit à ce début large et même hautain, si on remonte au temps et si on tient compte du milieu, qu'un grand astronome venait de se révéler. L'Académie s'empressa d'adopter M. Le Verrier.

« Presque aussitôt il donnait au monde la démonstration la plus éclatante du pouvoir de la science. La dernière planète de notre système, Uranus, éprouvait dans sa marche des irrégularités que la théorie n'avait pas prévues et qu'elle ne parvenait point à s'expliquer. Le système conçu par Newton, jusque-là victorieux de toutes les objections, allait-il se montrer impuissant et en défaut, aux dernières limites de notre système solaire ?

« M. Le Verrier ne le pensa point. Acceptant avec un ferme bon sens les lois de l'attraction comme vraies, il en poursui-

vit toute les conséquences. C'est ainsi que, par une analyse
admirable et convaincue, il découvrit dans l'espace une planète inconnue ; qu'il la pesa, comme s'il l'eût tenue dans ses
mains ; qu'il marqua sa route dans les cieux et la position
qu'elle devait occuper le 1er janvier 1847, comme s'il en eût
lui-même dirigé le char.

« On sait comment cet astre fut trouvé par le télescope
dans le firmament, à la place même que lui avait assignée
l'analyse mathématique.

« L'émotion fut universelle. Mais Le Verrier ne grandit
pas seul ; ses confrères, ses émules, les savants de tous les
pays grandirent avec lui. Il faut le reconnaître et le proclamer à sa gloire, la confiance publique dans les forces de la
science s'éleva, dès ce moment, à un niveau qu'elle n'avait
peut-être jamais atteint. Le jeune astronome qui, par le seul
effort de sa pensée, découvrait une planète inconnue, la dernière du système, à une distance du soleil trente fois plus
considérable que celle qui en sépare la terre, devint tout à
coup populaire. Par une exception sans exemple, mais que
tout motivait, l'astre nouveau lui fut dédié, et si plus tard
son nom, d'abord inscrit avec justice dans les confins du ciel,
fut remplacé par celui de Neptune, ce fut pour obéir à d'antiques traditions.

« Il semble que dès ce moment M. Le Verrier se soit dévoué à perfectionner, à compléter l'œuvre de Newton, en
s'appuyant sur l'œuvre de Laplace. C'est ainsi que par un
travail persévérant, poursuivi pendant trente années sous
nos yeux et dont rien n'a jamais pu le détourner, il nous a
donné successivement le code définitif et complet des calculs
astronomiques, les tables du mouvement apparent du soleil,
la théorie et les tables des planètes tant intérieures qu'exté-
rieures, embrassant ainsi le système solaire dans son en-

semble, écrivant le dernier mot de la dernière page de son œuvre immortelle à la dernière heure de sa vie, et murmurant pieusement alors : *Nunc dimittis servum tuum, Domine.*

« M. Le Verrier regardait, en effet, le ciel comme un domaine dont il aurait eu la garde et dont il aurait été appelé à proclamer l'ordre et la beauté. Intendant fidèle, il tenait à constater que tout y était à sa place, et n'a cessé de vivre qu'après en avoir acquis la certitude. Le monument qu'il a élevé laisse de côté les altérations physiques des astres ; il ne s'occupe que des lois qui règlent leur marche dans l'espace. Il affirme la stabilité du système solaire, et après avoir servi à diriger tous les calculs astronomiques de nos contemporains, il pourra pendant des siècles encore rendre le même office à leurs successeurs.

« Une puissance d'abstraction vraiment extraordinaire, une géométrie souple et pénétrante, aidée de toutes les ressources du calcul infinitésimal, lui ont permis de conduire à son terme cette œuvre immense, qui semblait exiger l'effort d'une académie tout entière.

« Il ne laisse pas d'autre héritage. Mais sa gloire n'est pas de celles qu'une nation méconnaisse et répudie.

« M. Le Verrier appartenait à cette grande famille des Copernic, des Kepler, des Newton, et des Laplace, qui, depuis plus de trois siècles, s'appliquent à découvrir les lois du système du monde et à nous en faire comprendre la beauté. Nous, qui avons profité de sa gloire, nous garderons le respectueux souvenir de ses services, et nous saurons en estimer le prix.

« Témoin affectueux de sa vie, je viens, d'un cœur ému, dire adieu au confrère illustre, au grand astronome qui portait au plus haut la dignité de l'Académie et l'honneur scientifique de la France. Cette vérité qu'il avait poursuivie avec tant de passion, pendant son séjour sur la terre, à travers tant d'agitations et de troubles, il la connaît enfin toute entière dans la sérénité de la vie éternelle et dans la paix du tombeau ; nul ne s'est rendu plus digne que lui d'en contempler les splendeurs infinies... »

L'illustre Directeur de l'Observatoire se montra toujours chrétien.

Loin de se cacher, il aimait au contraire à confesser sa croyance catholique, dont il voyait la démonstration et la confirmation dans la science sublime qui lui a pris toute sa vie.

Quand pendant les claires nuits il plongeait son télescope dans les profondeurs des cieux, il voyait Dieu de trop près pour le nier, et quand ses calculs prodigieux l'amenaient à découvrir un nouvel astre, il se souvenait aussitôt de cette parole de l'Écriture : « *Que Dieu a tout fait avec nombre, poids et mesure.* » Chez lui, la science et la foi s'éclairaient mutuellement. Voilà pourquoi ce grand esprit n'a cessé de rendre témoignage à la vérité, protestant avec l'autorité du génie contre le matérialisme qui nous tue.

C'est après avoir demandé et reçu les secours suprêmes de la religion, que M. Le Verrier a rendu son âme à Dieu.

M. le curé de Saint-Sulpice reçut la confession de M. Le Verrier. Mais, selon les propres expressions du savant, comme il n'était pas seulement catholique, mais paroissien, il voulut donner cet exemple, de mourir avec l'assistance du curé de sa paroisse.

Ce fut, en effet, M. Lemaître, curé de Saint-Jacques-du-Haut-Pas, qui remplaça M. le curé de Saint-Sulpice, administra les derniers sacrements, et visita plusieurs fois le malade avant sa mort.

M. Le Verrier avait fait placer un grand crucifix dans les salles de l'Observatoire, où, malade, il se traînait encore,

allant de ses chers instruments à la croix et pensant à la mort
en homme qui avait vu Dieu dans ses œuvres.

Exemple admirable et bien salutaire dont nos esprits forts
devraient profiter, confirmation éclatante de ces paroles toujours vraies : Beaucoup de science ramène à Dieu! Que diront
les prétendus savants qui affirment si absolument que la foi
est inconciliable avec la science? La plus belle intelligence
dont s'honore notre pays leur a donné le plus éclatant dé-
menti.

CLAUDE BERNARD

(1813-1878)

Claude Bernard est une des plus grandes illustrations de
la médecine française. Ce savant dont la renommée était
européenne était membre de l'Académie des sciences et de
l'Académie française.

Comme ses illustres prédécesseurs Récamier, Nélaton,
Cruveilhier, etc., il conserva toujours la foi de ses premières
années à laquelle il a rendu, pendant sa vie, et spécialement
à l'heure de sa mort, un éclatant et sincère témoignage.

Son Éminence le cardinal Donnet a écrit la lettre suivante
sur Claude Bernard :

« Une partie de l'enfance et de la première jeunesse de
Claude Bernard s'est passée sous mes yeux. Né dans la ban-
lieue de Villefranche-sur-Saône, au village de Saint-Julien, il
devint enfant de chœur de mon église paroissiale et recevait,
comme externe, dans notre collège, placé successivement
sous la direction de MM. Boué et Bourgaud, des leçons

dont il a su si bien profiter. Ces deux vénérables prêtres avaient souvent entretenu l'abbé des Garets et M. Desarbres, maire de Villefranche, dont les habitations étaient fort rapprochées de celle du père du futur académicien, de leur élève de prédilection ; ils ne parlaient de lui que comme d'un être phénoménal.

« Nommé sénateur en 1868, c'est son ancien curé qu'il choisit comme son introducteur au Luxembourg, et je le vis appelé deux fois par le sort, pour être mon secrétaire dans les commissions dont on m'avait fait président. Je n'ai rien à vous apprendre, monsieur, de la variété et de la solidité de ses connaissances ; mais il a été le premier, en me visitant dans la capitale, à me déclarer, sans ostentation comme sans pusillanimité, que le membre de l'Institut faisait encore sa prière et sanctifiait le dimanche, justifiant ainsi la parole de l'Écriture : *Adolescens juxta viam suam, etiam cum senuerit, non recedet ab eâ.*

« Il me parlait quelquefois avec tendresse de son vieux professeur, curé aujourd'hui du canton de Pellegrue, arrondissement de la Réole, et de deux de ses meilleurs frères d'armes de collège, dont l'un est archevêque de Reims et l'autre curé de Notre-Dame, à Bordeaux...

« Je termine cette lettre, pleine de vieux et chers souvenirs par ces paroles de mon ancien collègue et ami, M. Dumas, de l'Institut, sur la tombe de Claude Bernard : « Que les honneurs ont toujours été le chercher et qu'il n'en a jamais réclamé aucun ; savant des plus illustres, il ne connut pas l'orgueil ; sa science avait pour sœur la simplicité, et c'était chose presque étrange que de rencontrer dans le même homme, tant d'autorité alliée à tant de modestie. »

***

Voici comment Claude Bernard prouve l'existence de l'âme.
Cette preuve est vraiment irréfutable :

« Le corps humain est un composé de matières qui se re-
nouvellent incessamment. Toutes les parties du corps sont sou-
mises à un perpétuel mouvement de transformation. Chaque
jour vous perdez un peu de votre être physique et vous rem-
placez par l'alimentation ce que vous perdez. Si bien que, dans
un espace de huit années environ, votre chair, vos os, sont
remplacés par une nouvelle chair par de nouveaux os, qui petit
à petit se sont substitués aux anciens par suite de ces alluvions
successives. La main avec laquelle vous écrivez aujourd'hui
n'est pas du tout composée des mêmes molécules qu'il y a huit
ans. La forme est la même, mais c'est une nouvelle substance
qui la remplit. Ce que je dis de la main, je le dirai du cerveau
Votre boîte crânienne n'est pas occupée par la même matière
cérébrale qu'il y a huit ans.

« Ceci posé, puisque tout change dans votre cerveau en
huit années, comment se fait-il que vous vous souveniez parfaitement de choses que vous avez vues, entendues, apprises,
il y a plus de huit ans ? Si ces choses se sont — comme le prétendent certains physiologistes — logées, incrustées dans les
lobes de votre cerveau, comment se fait-il qu'elles survivent
à la disparition absolue de ces lobes ? Ces lobes ne sont pas les
mêmes qu'il y a huit ans, et pourtant votre mémoire a gardé
intact son dépôt.

« C'est donc qu'il y a autre chose dans l'homme que la matière, c'est donc qu'il y a quelque chose d'*immatériel*, de *permanent*, de *toujours présent*, d'*indépendant de la matière*. Ce
quelque chose, c'est l'âme. »

Claude Bernard a été conséquent avec ses principes religieux, jusqu'à la fin, et c'est avec empressement qu'il a demandé et reçu les derniers sacrements de l'Église.

LE GÉNÉRAL DE SALIGNAC–FÉNELON
(1879)

LE général DE SALIGNAC-FÉNELON, de la famille de l'illustre archevêque de Cambrai, était commandant en chef du 17ᵉ corps d'armée à Toulouse. Une mort inopinée l'a enlevé à sa patrie et à sa famille, mais elle ne l'a point surpris, car le général était un chrétien convaincu et pratiquant.

Voici le touchant récit de ses derniers moments fait par l'aumônier militaire de la garnison de Toulouse :

« Tout le monde connaît les sentiments chrétiens qui animaient M. le général de Salignac-Fénelon. Il ne les cachait point et savait les manifester lorque son devoir l'exigeait. Il avait parfois à rédiger des proclamations ou ordres généraux ou bien à prononcer des allocutions. Il le faisait avec une distinction de style et une aisance qui méritaient le nom d'éloquence ; presque toujours il savait y faire intervenir une idée élevée, et le plus souvent Celui qui est la source de toute autorité.

« Qui n'a admiré le reposoir magnifique et guerrier qu'il faisait dresser tous les ans, dans la cour d'honneur de son palais, pour la procession du très Saint-Sacrement ? et les habitués de la messe de huit heures, à la métropole, pourront-ils de longtemps oublier l'édification qu'il y donnait tous les dimanches, suivant l'office un petit livre à la main ? « Ce

« livre, pardonnez-moi ce détail, je l'ai depuis quarante ans,
« me disait un jour le général, je l'ai fait relier plusieurs fois
« c'est une *Imitation de Notre-Seigneur Jésus-Christ* qui appar-
« tenait à ma mère. »

« Vous savez aussi que le général en chef était chrétien
pratiquant, puisqu'il faut appuyer sur ce mot aujourd'hui.

« Sa mort ne pouvait que refléter une telle vie. »

Nous plaçons ici ces autres touchants détails que donne la
Semaine catholique :

« Atteint, depuis quelque temps, d'une maladie mortelle,
le général n'avait pas voulu quitter le service, il ne voulait
pas avoir l'air de déserter son poste dans la situation actuelle
de la France. Son intention était, cependant, de se retirer
bientôt, après avoir assisté, dans l'intérêt de ses officiers, au
comité de classement, et ce devoir lui faisait oublier le soin
de sa santé. Dieu en avait décidé autrement. Cette âme si
droite, si loyale, si dévouée à son pays et à sa famille, allait
recevoir sa récompense. Dans la soirée du 15 décembre, le
général se sentit pris d'une oppression affreuse ; l'étouffement
commençait, et son courage seul le soutenait ; la nuit fut
terrible et le matin l'agonie arrivait.

« Le général fit appeler un des docteurs qui le soignaient,
et lui demanda de lui dire la vérité sur son état.

« — Général, lui répondit le docteur, vous avez du
« courage ?

« — Oui, je n'ai pas peur.

« — Eh bien ! tout est fini pour vous.

« — Mourrai-je aujourd'hui ?

« — Oui, général.

« — Bientôt ?

« — Peut-être ce soir. Je vous avais défendu de sortir
« samedi.

« — C'était mon devoir, je le devais.

« — Alors vous mourrez martyr de votre devoir. »

« Après cette conversation, le général voulut voir l'archi-prêtre de Saint-Étienne, et se confessa avec une foi et une droiture remarquables. Il reçut le saint viatique et l'extrême-onction, tout de suite après. Alors commença entre lui et la mort cette lutte si belle pour le chrétien qui possède son Dieu dans son cœur. Rien ne saurait rendre le calme, la patience, le devouement, l'oubli de soi-même de ce vaillant soldat, dont le regret était de n'être pas mort sur le champ de bataille. Croisant les mains, il fit son sacrifice, et ses dernières paroles méritent d'être citées. Au milieu de souf-frances atroces: « Mon Dieu, disait-il, sauvez la France ; « pauvre Alsace ! pauvre Lorraine ! Mon Dieu, délivrez-moi ; « qu'il est difficile de mourir ! Combien d'heures ai-je encore « à vivre? et je ne devrais pas me plaindre..... Mon Dieu, « pardonnez-moi mes péchés. » A sa femme et à ses enfants, agenouillés près de son lit, il demandait pardon des peines qu'il avait pu leur causer ; et puis, les bénissant avec un ton de voix d'une solennité et d'une tendresse infinies, il fit à chacun de ses enfants la recommandation qui lui était propre, et à sa femme il confia ses enfants avec des paroles pleines d'af-fection.

« Elle lui parla des enfants qu'ils avaient perdus et qui le recevraient au ciel. Voyant ses souffrances augmenter, elle lui faisait espérer que les prières dites partout pour lui le guériraient.

« Non, non, répondit-il, j'ai fait mon sacrifice. »

« Il s'adressa ensuite à son aide-de-camp, et le remercia de ses bons services d'ami, avec émotion. Mgr l'archevêque, quittant la séance de l'Université catholique, vint bénir ce grand chrétien qui s'en allait au ciel.

« Monseigneur, lui dit le général, je vous confie ma femme
« et mes enfants ; ils ne peuvent pas être entre de meilleures
« mains. »

« L'étouffement augmentait : « L'air me manque, j'étouffe !
« Mon Dieu, ayez pitié de moi ! Dites à mes frères, à tous les
« miens, à mes officiers, que je pense à eux. » Il rappela à
son aide-de-camp une dépêche du ministre reçue la veille et
mise de côté, et, après quelques recommandations à sa femme,
Dieu vint à son secours et il rendit le dernier soupir, fortifié
par l'indulgence plénière, couvert d'une relique de la vraie
croix et de saint François de Sales, sous le regard d'une
image de Pie IX, et portant à son cou les médailles du Sacré-
Cœur et de la sainte Vierge, qui ne le quittaient jamais. »

L'AMIRAL DE SURVILLE

(1879)

Le mercredi, 24 septembre 1879, est mort à Toulon, à l'âge
de soixante et un ans, M. le vice-amiral DE SURVILLE, préfet
maritime. Il était aussi bon chrétien que bon soldat.

La pensée qu'il allait se séparer de sa bien-aimée famille
lui était très pénible: « Dieu seul, disait-il, peut me soutenir
dans cette séparation suprême. »

Lorsque le curé-doyen de Saint-Louis venait le visiter, il
lui tendait la main comme au meilleur de ses amis. Quelques
jours avant sa mort, il chargea M. l'archiprêtre de Toulon
d'écrire à Mgr l'évêque du diocèse (Fréjus) « qu'il mourait en
chrétien et qu'il comptait sur son souvenir à l'autel ».

Dans un moment de crise, montrant à un membre de sa famille le petit crucifix qu'il portait constamment sur lui, il lui dit : « Je voudrais que ceux qui ont le malheur de ne pas croire fussent ici. Je leur apprendrais que dans ce remède il y a une force que ne donne aucun autre remède. »

Quelque temps auparavant, il avait dit à sa digne épouse : « Si je meurs n'étant plus préfet maritime, je ne veux pas d'éclat dans mes funérailles. Mais, si je meurs étant préfet, que l'on donne à mes obsèques toute la pompe que l'on voudra ; et je désire que cette pompe tourne surtout à l'honneur de la religion, à laquelle je serais heureux de rendre un éclatant témoignage, même après ma mort. »

Mgr l'évêque de Fréjus s'est rendu à Toulon pour prendre part aux obsèques. Il a dit la messe à la chapelle ardente ; puis il a assisté à l'office célébré à la paroisse et a donné l'absoute.

Il y a eu plusieurs discours sur la tombe. Un des collègues de l'illustre défunt a terminé son éloge en disant : « Croyez-vous, Messieurs, que la philosophie seule soit capable d'élever une âme à de telles hauteurs ? Non, de Surville était chrétien ; la religion a été sa force. »

LE PRINCE IMPÉRIAL

(EUGÈNE-LOUIS-JEAN-JOSEPH-NAPOLÉON)

(1856-1879)

Le 1er du mois de juin 1879, le fils de Napoléon III, âgé de 23 ans, tombait sur les plages lointaines de l'Afrique, sous les coups des sauvages Zoulous. Avant de partir pour cette périlleuse expédition, le prince, qui toujours avait été animé des sentiments les plus chrétiens voulut se préparer par la confession et la communion. Sans se nommer, il se présenta, un jour de carême, dans l'après-midi, à M. l'abbé Toursel, desservant la chapelle française à Londres, comme à un compatriote qui l'aiderait, à la veille d'un grand voyage, à se mettre en règle avec Dieu et à remplir le devoir pascal. Le vénérable chanoine avait cru reconnaitre son pénitent; mais en respectant l'*incognito* que le prince avait voulu garder, il se contenta de le confesser dans le salon où il l'avait reçu, sans lui faire extérieurement d'autre accueil qu'aux pénitents ordinaires qui viennent le trouver chez lui. A son départ il se borna même à l'accompagner jusqu'à la porte du salon, pour laisser à cette visite le caractère de discrétion dont on avait voulu l'entourer, et aussi pour laisser à la foi et à la piété du jeune prince la faculté de se manifester en toute liberté.

En descendant, le jeune prince entra à la chapelle, où il devait se croire seul et non observé. Il récita dévotement une courte prière. Puis se levant, il jeta ses regards autour de la chapelle; et on le vit s'arrêter pensif et soucieux devant un tableau représentant la sépulture de Notre-Seigneur. Déposé plutôt qu'enveloppé dans un linceul, incliné, affaissé, Jésus n'est, pour ainsi dire, recouvert que de son ombre, qui rend presque noire la moitié du corps. Le prince avait-il le pressentiment qu'à quelques mois de là, son corps entièrement dépouillé et percé serait porté dans un linceul fait d'une couverture de laine enroulée et affermie sur quatre lances de soldats africains ?

Le prince plia le genoux, dit une prière et passa à l'autel de la sainte Vierge. La statue est une Notre-Dame des Victoires. — Là, à deux genoux sur le plancher, on le vit élever les mains jointes à la hauteur des yeux et adresser à la sainte Vierge une fervente prière. Le mouvement des lèvres était sensible. Mais que disait-il ? C'est le secret de Dieu. — Ce que l'on sait, c'est que le barbare Zoulou, qui après sa mort le dépouilla de tout, respecta le médaillon de la Vierge qu'il avait au cou et qui était la preuve de sa consécration à Marie, dont il portait les livrées, et de sa confiance filiale en sa maternelle protection.

Le prince se releva, fit une génuflexion, prit de l'eau bénite et se signa. La personne qui l'avait observé, sans le connaître, lui ouvrit la porte sur la rue, et il sortit, dirigeant ses pas sur Windsor. Il avait voulu prendre congé de la Reine du ciel avant d'aller prendre congé d'une reine de la terre, S. M. Victoria, qu'il aimait et qui lui rendait son affection.

*
* *

La mère du jeune prince, peu de temps après la triste nouvelle, ouvrant le livre d'heures de son fils, trouva la prière suivante écrite entièrement de sa main :

« Mon Dieu ! je vous donne mon cœur, mais vous, donnez-moi la foi. Sans la foi, il n'est point d'ardentes prières, et prier est un besoin de mon âme.

« Je vous prie, non pour que vous écartiez les obstacles qui s'élèvent sur ma route, mais pour que vous me permettiez de les franchir.

« Je vous prie, non pour que vous désarmiez mes ennemis, mais pour que vous m'aidiez à me vaincre moi-même, et daignez, ô mon Dieu, exaucer mes prières !

« Conservez à mon affection les gens qui me sont chers. Accordez-leur des jours heureux. Si vous ne voulez répandre sur cette terre qu'une certaine somme de joies, prenez, ô Dieu ! la part qui me revient.

« Répartissez-la parmi les plus dignes, et que les plus dignes soient mes amis. Si vous voulez faire aux hommes des représailles, frappez-moi.

« Le malheur est converti en joie par la douce pensée que ceux que l'on aime sont heureux.

« Le bonheur est empoisonné par cette pensée amère : je me réjouis, et ceux que je chéris mille fois plus que moi sont en train de souffrir. Pour moi, ô Dieu ! plus de bonheur. Je le fuis. Enlevez-le de ma route.

« La joie, je ne puis la trouver que dans l'oubli du passé. Si j'oublie ceux qui ne sont plus on m'oubliera à mon tour et quelle triste pensée que celle qui fait dire : « Le temps efface tout ! »

« La seule satisfaction que je recherche, c'est celle qui dure toujours, celle que donne une conscience tranquille.

« O mon Dieu ! montrez-moi toujours où se trouve mon devoir, donnez-moi la force de l'accomplir en toute occasion.

« Arrivé au terme de ma vie, je tournerai sans crainte mes regards vers le passé.

« Le souvenir n'en sera pas pour moi un long remords. Alors je serai heureux. Faites, ô mon Dieu ! pénétrer plus avant dans mon cœur la conviction que ceux que j'aime et qui sont morts sont les témoins de toutes mes actions. Ma vie sera digne d'être vue par eux, et mes pensées les plus intimes ne me feront jamais rougir. »

Entre deux pages de ce même livre, le prince avait écrit cette autre prière :

« Si je dois mourir, Seigneur, que ce soit pour sauver la vie de l'un des miens ; si je dois vivre que ce soit parmi les plus dignes. »

Quels admirables sentiments dans ce noble cœur de vingt-trois ans conservé pur et croyant, au milieu des splendeurs du trône et des épreuves de l'exil !

CHAM

(1819-1880)

Tout le monde sait que le nom de CHAM ne fut, pour celui qui le porta, qu'un spirituel pseudonyme inspiré par la vive opposition de son père à sa vocation. Il se nommait Amédée de Noé et il était fils du comte de Noé, ancien pair de France. Le gros bourg où les Noé avaient leur château et dont ils portaient le nom, est situé dans la Haute-Garonne, sur la route de Toulouse à Bayonne, entre Muret et Saint-Èlix.

Cham était né dans ce lieu même, le 26 janvier 1819. Son père l'avait destiné à l'École polytechnique, et les études du jeune de Noé pour cette carrière étaient sérieusement commencées lorsque se montra tout à coup en lui un invincible attrait pour la peinture. Il entra d'abord dans l'atelier de Paul Delaroche. Mais la peinture sérieuse n'était pas son fait ; il quitta son premier maître et se fit le disciple de Charlet. C'est près de cet artiste que se développa chez Cham le talent pour la charge et le dessin grotesque. Il fit son premier début en ce genre, dès 1842, par des caricatures pétillantes d'esprit, et, depuis, adoré du public, il ne cessa de fournir aux *Albums*, aux *Physiologies,* aux mille variétés d'*Almanachs* et surtout au *Charivari,* une suite merveilleuse de dessins, croquis, scènes et revues comiques. Plusieurs de ces charmantes séries, renfermant la satire à la fois la plus mordante et la plus gaie de tous les faits, gestes et types contemporains, ont été réunies en album. « Ce n'est pas toujours de la haute comédie, a dit Paul Féval, ce n'est jamais du marivaudage faisandé, ni de l'épaisse gaudriole… C'est le rire bon qui déploie bonnement la gorge des bonnes gens. Je puis affirmer, pièces en main, que, depuis la naissance du monde jusqu'à notre

époque, Cham est l'homme qui a le plus ri, ri le plus longtemps, ri le plus souvent, ri du meilleur cœur et du rire le
plus franc, le moins dangereux, le plus communicatif. »

M. l'abbé Roussel, directeur et fondateur de l'orphelinat
d'Auteuil, était en relation d'amitié avec le célèbre artiste, et
il lui a consacré, dans la *France illustrée*, un article dont nous
citons quelques passages.

M. Roussel désirait avoir Cham pour collaborateur de sa
publication, et il alla lui faire une visite :

« A quelques jours de là, nous nous présentions, sans recommandation aucune. L'accueil fut bienveillant et sympathique, mais, comme on le devine, le refus ne se fit pas attendre. Engagé avec plusieurs journaux, tiraillé de tous les
côtés, l'éminent artiste devait naturellement répondre: non !
Mais le gentilhomme et le chrétien (car le comte de Noé était
resté catholique) disait oui. Interrompant bientôt une conversation des plus gaies, Cham se reprenant tout à coup : « At-
« tendez, Monsieur l'abbé, vous auriez une trop mauvaise
« idée de moi si je vous laissais partir ainsi. Votre temps est
« précieux, je ne veux pas vous le faire perdre ; venez avec
« moi dans mon cabinet, et je vais vous chercher un croquis. »
Ce ne fut pas long, le grand artiste prit son crayon, et tout
émerveillé, en quelques minutes, nous vîmes sortir la première charge sur les *Réservistes* » (n° 49 de *la France
illustrée*).

« A partir de cette époque, nos relations furent fréquentes
et intimes. Il aimait à visiter notre orphelinat, et nous l'in-
vitâmes un jour de première communion. Cet homme qui était
si sobre de son temps se plut tellement au milieu de nos enfants, qu'il resta jusqu'au soir. Ce fut une bonne fortune pour
nous et nos amis, qu'il sut charmer par ses ravissantes saillies et ses incomparables histoires. Nous regrettons de ne

pouvoir, faute de place, en rapporter ici quelques-unes. Du reste, c'était tellement dans la trempe de cet esprit extra-ordinaire, qu'il n'était pas possible d'être un instant avec lui sans entendre de ces traits fins qui auraient arraché un sourire aux plus taciturnes. Nous nous rappelons qu'un vendredi, nous trouvant chez lui à l'heure de son déjeuner et insistant pour nous le faire partager : « Ne soyez pas étonné, Monsieur « l'abbé, si je fais gras ; on dit que je suis malade et les méde- « cins le veulent, mais ma femme fait maigre, et d'ailleurs « quand j'y suis il y a toujours du maigre. »

Cham faisait allusion à sa maigreur.

« Peu de temps avant sa mort, il nous écrivait la lettre suivante :

> « Mon cher abbé,

« Si je ne vous ai pas écrit plus tôt pour vous témoigner « toute ma reconnaissance (*collection de la* France *que nous lui* « *avions offerte pour le remercier*), la raison est que je viens « d'être gravement malade d'un fort vomissement de sang. Les « démagogues ne manqueront pas de dire que c'est le bon sens « qui me quitte. — Excusez ce calembour de la part d'un ma- « lade.

« J'ai cru que j'y passais, mais qu'importe, puisque j'aurai « un brave ami comme vous pour me faire pardonner bien des « peccadilles là-haut !

« Je ferai bien d'y monter avec un numéro de *la France* « *illustrée* sous le bras.

« De nouveau merci et bien affectueusement à vous, mon « cher abbé.

> « CHAM »

« L'illustre défunt avait sans doute raison de compter sur nos affectueuses prières et sur l'accueil que lui vaudrait là-haut sa généreuse collaboration à notre Œuvre. Mais ce qui nous rassure et nous console, c'est surtout la confession, qu'il a demandée lui-même, et les sacrements qu'il a reçus en pleine connaissance. Après cela, on comprend que ses dernières paroles aient été :

« Je ne sais pourquoi j'ai une si grande confiance en la « miséricorde divine !!! »

— « Lui qui semblait avoir vécu toujours en dehors de lui-même, dit M. A de Salies dans sa notice biographique, n'ayant de pensée que pour la répandre, d'intelligence que pour la semer aux quatre vents du ciel, il s'est recueilli ; connaissant la gravité de son état, sans hésitation, il a appelé un prêtre, et il a reçu les sacrements de l'Église avec un véritable esprit de foi. Ses dernières paroles ont été des paroles d'admiration et de gratitude pour la miséricorde de Dieu, et c'est en les achevant qu'il a expiré, sans secousse, doucement, comme on s'endort...

« Nous sommes en ce triste monde pour voir disparaître un à un, tant que nous ne disparaissons pas nous-mêmes, ceux qui nous sont le plus chers : nos parents, nos proches, nos amis. Quelle consolation, du moins, quand sur le seuil de l'éternité, ils ont reçu le confort de l'âme, le viatique du dernier voyage ! »

ÉMILE DE GIRARDIN

(1806-1881)

DE GIRARDIN (Émile) était né à Paris, le 22 juin 1806.

Il fut élevé en Normandie, sous le nom d'Émile de Lamothe, et arriva à Paris en 1823.

Doué d'une intelligence extraordinairement vive, ambitieux

et actif, il résolut de faire son chemin au moyen de la presse, et fonda successivement la *Mode*, le *Voleur*, le *Journal des connaissances. utiles*, le *Journal des instituteurs primaires*, le *Musée des familles*, l'*Almanach de France*, l'*Atlas de France*, et l'*Atlas universel*.

En 1836, il fonda la *Presse*, qui réussit à merveille, et c'est alors qu'il eut avec Armand Carrel, rédacteur en chef du *National*, le duel dans lequel il le tua.

En 1866, il passa à la *Liberté ;* il fonda enfin son dernier journal, la *France*, et il fut nommé député de Paris en remplacement de M. Thiers.

La plume de M. de Girardin, qui a traité tant de sujets divers, combattu tant d'institutions et de si hautes puissances, n'a jamais outragé la religion et ses ministres. Si parfois il allait contre les lois de l'Église, si même il les critiquait, c'était sans parti pris et sans haine, uniquement parce qu'il ne les comprenait pas. On peut toutefois lui reprocher d'avoir laissé à ses collaborateurs une licence qu'il se refusait à lui-même.

Il a défendu énergiquement la liberté de tous, sans excepter celle des ordres religieux et de l'enseignement chrétien.

M. de Girardin a vu la lumière en même temps que la mort. Il a appelé le prêtre, s'est confessé, a été absous.

M. l'abbé Sabbatier, premier vicaire de Saint-Pierre de Chaillot, avait conservé de lointaines relations avec M. de Girardin ; ayant appris sa maladie, il s'était fait inscrire plusieurs fois chez lui.

A quatre heures du matin, on vint le chercher de la part de M. Émile de Girardin, qu'il trouva en pleine connaissance, et auquel il proposa de se confesser, ce qu'il fit immédiatement de la manière la plus édifiante.

A six heures et demie du matin, M. l'abbé Sabbatier revint

pour l'administrer ; il lui demanda alors, en présence de son
fils, de sa belle-fille et des domestiques présents : « Vous vou-
« lez bien que je vous donne l'extrême-onction ? » — Oui, oui,
« répondit très intelligiblement le malade, je le veux. »

La cérémonie s'accomplit très pieusement et à huit heures
du matin tout était fini.

*
* *

Un écrivain distingué a raconté sur M. de Girardin ce touchant épisode :

« J'étais des adversaires politiques d'Émile de Girardin ; il
le savait, et même un jour, il y a quinze ans de cela, il me
fit la grâce de me dire, dans un de ces entretiens intimes
qu'il ne prodiguait pas et qui avaient ainsi plus de prix et
plus de charme :

« J'admire votre foi robuste. »

« Et, comme il souriait, je lui demandai :

« Parlez-vous de ma foi politique, ou de ma foi religieuse ?

— Je les confonds et je les envie. »

« L'hommage d'un adversaire est un honneur pour qui le
rend et pour qui le reçoit.

« Je veux, moi aussi, apporter sur cette tombe une fleur, la
fleur du souvenir, et pour n'être qu'un simple trait de la longue existence d'Émile de Girardin, je sens que mon court
récit vaut les plus longs panégyriques.

« Dans la foule qui l'accompagnait à sa demeure dernière,
il m'a semblé reconnaître une femme aux cheveux blancs qui
pleurait à chaudes larmes, comme ceux que la mort d'Émile
de Girardin a touchés au cœur.

« C'étaient les larmes de gratitude qui coulaient, larmes
si rares, hélas ! sur les pas du bienfait.

« Il y a quelques années, s'éteignait à Paris un réfugié italien, correspondant de plusieurs journaux de son pays.

« Il avait bataillé, toute sa vie, pour l'unité de la péninsule ; mais, à l'heure du triomphe, il s'était doucement retiré des honneurs de croix et de sinécures, laissant philosophiquement aux affamés sa part du gâteau.

« Il s'était modestement et fièrement confiné dans la dignité du travail littéraire, labeur ingrat et trop souvent peu productif.

« Je le voyais tous les jours à la bibliothèque...

« Un jour, je ne le vis pas à sa place accoutumée.

« Peu de temps après, j'appris qu'il était sorti de ce monde, épuisé de labeur, réconforté des secours de la religion.

Il laissait une veuve qui, respectant fidèlement le vœu suprême de son cher mort, eut à cœur de lui donner des obsèques religieuses.

« Mais la maladie avait absorbé les modiques ressources du ménage, et la pauvre veuve n'avait pas même de quoi faire enterrer son mari.

« Dans sa détresse, elle recourut à un de ses compatriotes, qui avait fait rapidement, en Italie et surtout à Paris, une grosse, une très grosse fortune.

« Elle s'adressait avec d'autant plus de confiance à cet homme qu'il avait été jadis le compagnon de lutte, le compagnon d'armes de son mari, et que, jusqu'à la dernière heure, il s'était montré son ami.

« Mais le millionnaire italo-français était doublé d'un sectaire maçonnique, espèce communément intolérante.

« Tout d'abord, il accueillit avec de grands égards la requête de l'épouse douloureuse.

« Déjà il se dirigeait vers son secrétaire, lorsque, se ravisant brusquement, il demanda :

Passerez-vous par l'église ?

« — Certainement, répondit la veuve à travers ses larmes ;
« en mourant, il me l'a recommandé.

« — Madame, pas d'église ou pas d'argent! dit alors d'un
« ton sec l'insolent Turcaret.

« — Quoi! votre ami de trente ans... vous si riche... vous
« pourriez...

« — C'est à choisir.

« — C'est votre dernier mot?

« Le franc-maçon ne répondit que par un signe affirmatif.

« La veuve sortit, le cœur déchiré, en disant avec une indignation fière :

« Celui qui vous croyait son ami aura le convoi des pauvres ;
« mais le convoi passera par l'église. »

« Émile de Girardin apprit le jour même, par un tiers, cette
détresse affreuse et l'ignominieux marché de l'Italien.

« C'est abominable!... s'écria-t-il. C'est à faire rougir l'humanité! Il devrait y avoir un pilori d'infamie pour de telles
actions!

« Sur l'heure, « l'homme de la liberté pour tous » fit parvenir
à la pauvre femme un rouleau de cinquante louis et, grâce à
cette générosité anonyme, elle eut la triste joie de faire à
l'époux regretté des obsèques convenables.

« Elle ne connut que longtemps après, par l'indiscrétion de
l'intermédiaire, le nom de son discret bienfaiteur. »

Oscar de Poli.

*
* *

Un jour, chez le prince Napoléon, se trouvaient réunis,
par une circonstance fortuite, Hervé, Renan et de Girardin.
Le prince, avec sa vivacité brutale, affirmait qu'il n'y avait
plus de catholiques et que les vieilles femme seules avaient
encore de la religion.

« Pardon, Monseigneur, dit Hervé, il y a encore des catholiques. Moi, par exemple.

— Et moi aussi, dit Girardin.

— Vous, reprit le prince, allons donc !

— Il n'y a pas d'allons donc. *On naît dans une case religieuse
comme on naît dans une case nationale.* Et je ne puis pas plus
ne pas être catholique que je ne puis ne pas être Français. »

M. Émile de Girardin n'a pas voulu renoncer au souvenir de son baptême ; ce sera son éternel honneur. Au
moment où tant de criminelles spéculations déclarent au
catholicisme une guerre à mort, il a préféré, lui, mourir en
chrétien et donner, par ce dernier trait de sa vie, une éclatante leçon à tous les penseurs du présent et de l'avenir.

LITTRÉ

(1801-1881)

Littré (Maximilien-Paul-Émile) était né à Paris, le 1ᵉʳ février 1801.

En 1819, après avoir achevé ses classes, il entra chez le
conte Daru en qualité de secrétaire, mais deux ans après il
quitta cette place pour se consacrer entièrement à l'étude de
la médecine. Dès cette époque, ses aptitudes linguistiques
s'étaient révélées et il connaissait déjà l'allemand, l'anglais,
l'italien, le grec, le latin et le sanscrit.

Il étudia la botanique et l'anatomie, suivit les cours et les
cliniques et fut admis comme interne dans divers hôpitaux.

A la mort de son père, survenue en 1827, il dut, pour sub-
venir aux besoins de sa mère, restée sans fortune, aban-

donner la carrière médicale et donner des leçons de latin et
de grec. Plus tard, il reprit ses études médicales. Mais, chose
singulière, ce savant, qui devint membre de l'Académie de
médecine, n'a jamais eu le titre de docteur.

Tout le monde connaît son *Dictionnaire de langue française*
et aussi, au moins de nom, ses travaux philosophiques, blâmables aux yeux de la foi, qui préconisent surtout les doctrines positivistes d'Auguste Comte.

Il était membre de l'Académie française depuis 1870, et il
avait été élu en remplacement de M. Villemain ; il était le
doyen de l'Académie des inscriptions et belles-lettres où il
siégeait depuis 1839. Il était en outre sénateur inamovible.

*
* *

Les journaux ont raconté sur M. Littré plusieurs anecdotes
dignes d'être connues.

« Très libéral, lisons-nous dans la *Patrie*, M. Littré trouvait
juste que son épouse conservât ses croyances. Jamais il ne com-
battit sa foi religieuse, jamais une ironie, jamais un sarcasme
ne vint blesser les convictions si profondes de sa compagne.

« Un jour, au milieu de ces crises si fréquentes et si dangereuses pour le malade, M. Littré s'évanouit.

« Mme Littré, doucement, avait détaché de sa poitrine une petite médaille bénite et l'avait passée au cou de son mari.

« Le savant, reprenant connaissance, enleva la médaille et la
remit à Mme Littré. Et, penchant la tête sur les mains de sa
femme, il y déposa un baiser sans murmurer un seul mot.

« Chaque semaine, le vendredi, M. Littré faisait servir sur sa
table un menu maigre.

« Dans les viles persécutions dirigées par l'administration ré-
publicaine contre les écoles congréganistes, M. Littré faisait

remettre, chaque année, au curé de Notre-Dame-des-Champs, une somme de 300 fr. pour le soutien des écoles libres. »

— « Son dernier acte politique, écrit le *Clairon*, a été l'expression d'une horreur sincère pour les persécutions basses contre les religieux. Il protesta contre la fermeture des collèges.

« Et son dernier soupir a été encore une sorte de protestation contre la plus niaise et la plus infâme de toutes les persécutions du jour : la laïcisation des hôpitaux. Littré a vécu ses six derniers mois, veillé, soigné par deux sœurs hospitalières. »

— Un menuisier demeurant au rez-de-chaussée de sa maison disait un jour : « On ne mettait pas un clou chez lui le dimanche. L'année dernière il m'avait commandé une demi-douzaine de porte-manteaux. Le dimanche, je vois partir les dames avec leur livre de messe à la main ; alors je monte, en pensant : Quelle chance ! il n'y a pas de danger qu'il m'empêche de travailler, lui. Ah ! bien oui ! il m'a renvoyé. — Mais monsieur Littré, il n'y a que deux ou trois clous à mettre. — Revenez demain. — Mais puisque Madame est à la messe. — C'est égal : elle serait contrariée. »

*
* *

Au mois d'octobre 1875, Claude Bernard prenait quelques jours de vacances dans son pays natal. Dans une réunion, parlant des célébrités de notre époque, il laissa échapper le nom de M. Littré, dont il loua les travaux et l'immense érudition. Quelqu'un essaya de faire certaines critiques au sujet du matérialisme du trop célèbre positiviste. Interrompant alors l'interlocuteur, Claude Bernard dit :

« Messieurs, je connais M. Littré ; il est mon ami. Je serais fort étonné s'il ne finissait pas bien. Il a pour femme une intelligente et grande chrétienne, et pour fille un ange de piété. »

Alors, se tournant vers un ecclésiastique présent à la conversation :

« Monsieur le curé, dit-il, vous devez savoir ce que cela vaut dans l'entourage d'un homme ! »

Et, à l'appui de cette appréciation, l'éminent physiologiste raconta l'anecdote suivante :

« Il y a quelque temps, un de nos amis communs nous invitait à déjeuner, M. Littré et moi, pour un jour *déterminé*.

« Pour ce jour-là, répondit M. Littré, je ne puis accepter aucune invitation : ma fille fait sa première communion. Je serai donc en fête chez moi et à l'église; impossible à moi d'être des vôtres ce jour-là ! »

« Convenez, dit en terminant Claude Bernard, qu'un homme qui a de pareils sentiments n'est pas foncièrement mauvais, ni absolument hostile à la religion. »

*
* *

M. Littré lisait beaucoup, depuis quelque temps, des livres comme ceux de l'abbé Perreyve, comme les conférences du P. Lacordaire, comme la *Vie du P. Olivaint*. Il lut même le catéchisme du diocèse. Très ignorant en matière de religion, il entrevoyait dans ces lectures des vérités qu'il n'avait jamais soupçonnées. D'ordinaire, il rendait le livre sans exprimer son opinion. Il sortit pourtant de cette taciturnité en fermant la *Vie du P. Olivaint :* « Décidément, dit-il, ces hommes-là valent mieux que nous. »

M. Littré avait fait autrefois un testament où il exprimait la volonté d'être enterré civilement, et un double avait été remis entre les mains d'un ami, alors ministre. Mais trois ou quatre jours avant sa mort, *il fit brûler devant lui* l'exemplaire qu'il avait gardé, et il en rédigea un autre. C'est lui-même qui n'a pas voulu que son corps allât au dernier asile sans les prières de l'Église.

Lorsque la sœur garde-malade récitait devant lui le chapelet ou quelque autre prière, il s'unissait volontiers d'intention : il aimait à redire les mots « *priez pour nous pauvres pécheurs.* » — *Oui*, reprenait-il, « *Pauvres pécheurs !* » — Au *Confiteor*, il se frappait la poitrine. On a remarqué en lui, dans ces derniers temps, un très vif sentiment de contrition. « Si j'étais mort il y a quatre ans, disait-il, je serais mort content de moi. Quelle sottise ! »

*
* *

Dans la *Vie du R. P. Millériot*, nous lisons le passage suivant sur M. Littré :

« Le P. Millériot, très bien renseigné, avait eu des relations les plus cordiales avec un homme que ses idées antireligieuses semblaient séparer absolument de lui. Mais M. Littré, car c'est de lui qu'il s'agissait, était une âme loyale ; la franchise militaire du bon Père lui plaisait ; il lisait avec attention ses lettres et les gardait près de son chevet ; il recevait avec reconnaissance ses visites, sans lui permettre, il est vrai, d'aborder la grande question.

« Le jour où le P. Millériot mourut, son supérieur, le R. P. Pitot, crut devoir transmettre à M. Littré la douloureuse nouvelle, et lui fit dire que son vénérable ami était mort de la mort des saints en priant pour lui.

« Voici textuellement la réponse de M. Littré ; elle laissait pressentir le grand changement qui devait s'opérer en lui, sous l'influence de la grâce, au seuil de l'éternité :

« C'est vivre quelques jours de trop que de vivre pour voir

« mourir des hommes tels que le P. Millériot. C'est une grande
« perte pour moi. Il a été pour moi d'une bonté angélique. Il
« m'aimait sans que rien en moi pût motiver cette affection de
« sa part, je ne la méritais pas ; mais j'en jouissais comme
« d'une grâce, et je lui en étais bien reconnaissant. *La grâce*
« *nous est donnée sans qu'on la mérite, vous le savez mieux que moi.*

« Remerciez beaucoup le Père supérieur, et dites-lui que la
« démarche qu'il fait aujourd'hui près de moi m'est bien dou-
« loureuse en son motif, mais qu'elle m'est aussi bien douce
« par l'attention qu'il me témoigne. »

*
*

M. Littré n'était pas baptisé : cette grâce lui a été accordée
à quatre-vingts ans, un peu avant de mourir. La longue mala
die qui précéda son trépas fut une préparation à cet acte solennel, et les prières incessantes d'une épouse et d'une fille chrétiennes ont obtenu du Ciel, à l'illustre savant, cet incomparable
bienfait.

Depuis six mois, du reste, un prêtre, devenu son ami,
M. l'abbé Huvelin, vicaire à Saint-Augustin, lui faisait des
visites presque quotidiennes, toujours bien reçues du malade
qui, au milieu de ses souffrances, et en face de la mort, avait
répété cette parole, indiquant les préoccupations de son âme :
Ils sont heureux ceux qui ont une foi, en ce moment!

Cette foi, désir suprême du mourant, lui a été donnée avec
le baptême, et n'est-ce pas un magnifique triomphe de la religion catholique, que cette conversion sincère d'un des plus
illustres savants du xix° siècle, inclinant son front sous l'eau
du baptême, récitant le *Credo* des enfants de l'Église, et cou-
ronnant une vie si remplie aux yeux du monde, par un touchant
retour à Celui que les Saintes Écritures appellent « le Maître
des sciences : *Deus scientiarum dominus est?* »

**

Le *Correspondant*, dans sa livraison du 10 juin 1882, tome LXXXXV, page 789, reproduisait le témoignagne suivant qui dissipera, croyons-nous, tous les doutes que l'on pourrait avoir sur la foi chrétienne de M. Littré :

« Que s'est-il passé entre M. l'abbé Huvelin et M. Littré dans ces entretiens de chaque semaine, qui, commencés le 25 novembre 1880, n'ont été interrompus que le 2 juillet 1881 ? Je le sais, mais je n'ai pas mission pour le révéler au public. Cette révélation qui se fera en son temps, au grand honneur de M. Littré, n'est pas nécessaire pour prouver le changement qui s'est opéré dans ses idées avant sa mort. Un seul fait y suffit : son enterrement religieux. M. Renan y a assisté comme moi, et je suis heureux d'ajouter que sa tenue a été si correcte, qu'elle lui a valu de la part de quelques libres penseurs, ayant moins que lui les sentiments des convenances, l'épithète, assurément peu justifié, de *clérical*. Or, je le répète, l'enterrement chrétien de M. Littré, précédé de son baptême, est à lui seul une preuve qu'il est mort chrétiennement.

« Tous ceux qui l'ont connu savent qu'il était incapable de commettre un mensonge, ou de permettre qu'on en fît un en son nom, même après sa mort. Si donc l'Église a présidé à ses funérailles, c'est qu'il l'a voulu. Il l'a si bien voulu qu'il a demandé *jusqu'à quatre fois* de détruire un testament où était consignée une volonté contraire. Quelque tolérant qu'il fût pour la foi des siens, sa tolérance ne fût jamais allée jusqu'à se renier dans la mort, et à se démentir lui-même dans cet acte suprême qu'il avait appelé une *fonction*, si aucun changement dans ses idées n'eût justifié à ses yeux ce changement de conduite.

« J'affirme donc que la fin de M. Littré a été une fin chrétienne
et que son enterrement n'a pas été un mensonge concédé
aux *convenances humaines* ni une *faiblesse* arrachée à la tendresse conjugale. Grâce au rayon divin et vainqueur qui, dans
ses derniers jours, a pénétré et consolé son âme, la mort lui est
apparue non pas telle que la voit M. Renan, « odieuse, haïs-
sable, insensée, » non plus même comme une « fonction, la
dernière et la plus tranquille de toutes », mais comme un
passage, transitus, ainsi que parle l'Église, dans la région de la
lumière *et de la paix.* »

M. DUFAURE

(1798-1881)

M. Dufaure est né dans la Charente-Inférieure, en 1798.
Membre de l'Institut, membre de l'Académie française, il fut
sept fois ministre, sans être, ajoutons-le, même chevalier de
la Légion d'honneur. Il fut un homme politique remarquable,
et joua, sous tous les gouvernements, depuis 1834, un rôle
des plus importants. Il est mort le 27 juin 1881, âgé de 84 ans,
dans sa propriété de Rueil, entouré de MM. Gabriel et Amédée Dufaure, ses fils, de Mme de Monicault, sa fille, et de
M. l'abbé Marion, curé de Rueil, qui l'avait vu tous les jours
durant sa maladie.

C'est dans la nuit du 18 au 19 juin que M. Dufaure, alité
depuis longtemps, sentit les premières approches de la mort;
le dimanche matin, jour de la Fête-Dieu, Mme de Monicault
fit prévenir M. le curé, qui se rendit en hâte auprès du ma-

lade. M. Dufaure, qui, jusqu'au dernier moment, conserva la pleine et entière lucidité de son esprit, avait témoigné le désir de communier ; le prêtre s'avança vers son lit :

« Approchez la table, monsieur le curé, je veux entendre toutes vos paroles, et m'unir à toutes les prières que vous voudrez bien faire pour moi, » dit l'ancien ministre, de sa voix lente habituelle. »

Au moment où M. Marion allait lui donner l'hostie consacrée :

« Croyez-vous ? » lui dit-il.

M. Dufaure répondit :

« Oui, je crois à la parole de Celui qui, étant mort pour nous sauver, n'a pas pu parler pour nous tromper. »

La cérémonie terminée, il a dit à haute voix le *Pater noster* et l'*Ave Maria*.

Mais cette cérémonie touchante s'était faite en l'absence de quelques membres de la famille ; or M. Dufaure tenait à la présence de tous les siens.

Le jeudi 23, après une journée assez pénible, il fit de nouveau venir M. l'abbé Marion, à six heures du soir ; dès l'arrivée du prêtre, il prononça ces mots :

« J'ai voulu renouveler mes dévotions devant les miens pour leur laisser un bon exemple après moi. J'ai besoin maintenant de me recueillir moi-même pour comparaître devant le Juge. Merci, Monsieur le curé ; vous faites une bonne action. En mourant, je n'ai qu'un regret ; mon esprit n'est préoccupé que d'une chose, c'est du sort qui sera réservé à mes chers enfants et à mes petits-enfants. Qu'ils vivent indissolublement unis, et, si Dieu veut me recevoir près de lui, j'emporterai cette consolation suprême de pouvoir veiller sur eux dans le ciel. »

Ce jeudi-là, M. Dufaure embrassa tous les siens et reçut l'extrême-onction.

Dimanche soir, à six heures, M. le curé Marion vint lui faire sa visite habituelle. Le malade était au plus bas. A la vue du prêtre, il dit :

« Merci, monsieur, de venir me voir. Je m'en vais en paix avec les hommes et avec Dieu. Quant à vous, je voudrais que vous fussiez bien sûr de l'inaltérable affection que je vous ai vouée. » Ce furent ses dernières paroles.

LE GÉNÉRAL BERTHAUT

(1817-1881)

Le général BERTHAUT est né à Genlis (Côte-d'Or). Jeune lieutenant, il fit la campagne d'Afrique et en revint avec le grade de colonel. En 1869, il fut chargé d'organiser la garde mobile dans le Nord et dans l'Est. Promu général de brigade, il eut le commandement de la garde mobile de Paris. Il se distingua, pendant le siège, dans les combats du Bourget, de Champigny, de Buzenval. Au mois de septembre 1871, il était nommé général de division.

En 1876, il fut appelé au ministère de la guerre. Il est mort le 24 décembre 1881, dans les sentiments chrétiens les plus édifiants, après avoir reçu les derniers sacrements de la main d'un religieux, son ami, et le conseiller des siens.

Le général Berthaut a publié un livre remarquable sur les *principes* de stratégie, livre où apparaît la foi du soldat chrétien, et où il montre le vrai ressort de la vaillance.

« De tous les sentiments, dit-il, qui élèvent le cœur de l'homme, le plus puissant est incontestablement le sentiment religieux, où le soldat puise l'espérance qui le soutient et le

fortifie. » « Je puis dire avec vérité, écrit Montluc, que plusieurs fois je me suis trouvé, en voyant les ennemis, en telle
peur que je sentais le cœur et les membres s'affaiblir et trembler ; puis ayant fait mes petites prières, je promets et atteste
devant Dieu et les hommes que je sentais tout à coup comme
une chaleur au cœur et aux membres ; de telle sorte que je
ne les avais pas achevées que je me sentisse tout autre que
quand je les avais commencées ; je ne me sentais plus de peur. »
En effet, jamais soldat n'a abordé l'ennemi d'un cœur plus
ferme.

« Ce tressaillement de la chair que le brave Montluc a quelquefois ressenti, combien d'autres ne l'ont-ils pas éprouvé et
ne l'éprouveront-ils pas dans l'avenir ? Car, au milieu des
transformations qu'ont subies les choses de ce monde, la
nature humaine est restée la même ; le cœur de l'homme n'a
pas changé : il renferme les mêmes passions, il éprouve les
mêmes émotions devant le danger. Plus qu'aucun autre,
l'homme de guerre se sent sous la main de Dieu et a besoin
de croire à une autre vie pour accepter virilement l'idée du
sacrifice.

« Cette croyance, où le soldat trouve un soutien et un ren-
fort dans ses moments de défaillance, constitue certainement
la plus grande des forces morales ; c'est, du moins, ce qu'ont
pensé les plus grands hommes d'État et les plus illustres
chefs militaires, car ils se sont généralement appliqués à développer et à exalter l'idée religieuse. Quelque sceptiques
qu'ils aient pu être, ils n'ont assurément jamais songé à détruire de leurs propres mains le plus puissant de leurs moyens
d'action.

« Toutefois, ce n'est pas dans les régiments que l'instruction
religieuse des soldats doit être faite ; on ne peut que leur
donner les moyens de remplir leurs devoirs religieux et d'en-

tendre les conseils d'un prêtre. C'est avant leur entrée au service, dans les écoles, qu'on doit commencer l'éducation morale des jeunes gens, qu'il faut leur parler de leurs devoir envers la patrie, leur enseigner le respect des lois, les pénétrer de l'esprit d'obéissance et de discipline, et leur apprendre enfin les vérités fondamentales de la religion, source de toutes les idées morales élevées où ils puiseront plus tard l'esprit de renoncement et de sacrifice. »

On ne saurait flageller plus vertement ceux qui prétendent relever la France en chassant Dieu de l'école et du régiment. Ces gens-là n'ont jamais vu la mort de près. Le général Berthaut, qui l'avait bravée sur les champs de bataille, l'a regardée venir de loin comme terme de l'implacable maladie qui le minait depuis des mois. C'est dans le Dieu des chrétiens qu'il avait puisé sa force, et les compagnons d'armes qui allaient le visiter revenaient pénétrés de respect pour sa noble croyance.

M. FRANTZ DE CHAMPAGNY

(1804-1882)

Le comte DE CHAMPAGNY était né à Vienne. Il était le second fils de l'ancien ministre du premier empire, créé en 1809 duc de Cadore. M. de Champagny était membre de l'Académie française depuis 1869.

C'était un chrétien de vieille race, qu'anima toujours un vif esprit de foi et qui a fait profondément pénétrer cet esprit dans toutes ses œuvres.

Celui de ses ouvrages qui a fondé sa réputation d'écrivain et qu'il faut placer au premier rang est son *Histoire des Césars*, à laquelle il donna pour suite la *Vie des Antonins*, et qui a joui d'un si légitime et si constant succès. Il s'y montre, non pas seulement narrateur consciencieux et précis, mais moraliste aux vues élevées et larges, faisant intervenir pour la solution des problèmes historiques l'idée fondamentale de la providence de Dieu sur les empires dont Bossuet a fait une si magnifique synthèse dans son *Discours sur l'histoire universelle*.

L'Académie s'ouvrit à M. de Champagny au mois d'avril 1869. Devant les opinions de ses collègues, trop souvent hostiles à l'Église, M. de Champagny n'a jamais abaissé son drapeau. Nul n'était plus humble et plus doux à vivre ; mais nul aussi n'était plus fier et moins malléable en tout ce qui concernait la profession de foi des devoirs et des enseignements chrétiens.

On se rappelle avec quelle fermeté tout ensemble et quel bonheur d'expression il flagella le positivisme lorsqu'il eut la charge de le juger en recevant M. Littré. On assure que cette rencontre ne fut pas inutile à la grâce que M. Littré obtint enfin de connaître la foi et de se faire baptiser à ses derniers moments. M. de Champagny, si sa modestie ne l'avait empêché de croire à cette salutaire influence de sa part, en eût été plus heureux que des succès littéraires de sa longue existence, vouée au travail en vue de Dieu.

Dévoué à toutes les œuvres catholiques, on le voyait assidu à chacune des séances où il s'agissait de fortifier ou de mettre en branle le mouvement catholique. C'est ainsi, et par cette action nouvelle, qu'il se reposait de ses longs travaux. Souvent aussi, on pouvait l'apercevoir dans les églises, où son extérieur modeste, presque négligé, ne le désignait en rien à l'attention du public.

La tête dans les mains, en une attitude de méditation profonde, il priait, et sa seule vue était une prédication. Aussi la mort l'a-t-elle saisi, le 6 mai 1882, sans le surprendre. C'est dans les sentiments de la foi la plus vive, après avoir reçu en pleine connaissance et avec dévotion tous les sacrements de l'Église, qu'il s'en est allé, laissant après lui un grand renom de labeur, de dignité de vie, de vertus de famille et d'une admirable piété.

LE GÉNÉRAL DUCROT

(1817-1882)

Auguste-Alexandre Ducrot est né le 24 février 1817, à Nevers. Il est mort le 16 août 1882, général de division et grand-officier de la Légion d'honneur. C'était un intrépide soldat, qui donna sans cesse et surtout dans la guerre de 1870 de brillantes preuves de bravoure.

Il a publié plusieurs ouvrages, qui furent très remarqués lors de leur apparition, et qui resteront comme autant de pages d'histoire.

La Journée de Sedan ; de l'État-Major et des différentes armes ; la Vérité sur l'Algérie ; quelques Observations sur le système de défense de la France ; Guerre de frontières, réponse à l'état-major allemand ; la *Défense de Paris*.

A l'occasion de ce dernier livre, ayant reçu d'un ecclésiastique une lettre de félicitations, il lui répondit par ces paroles vraiment chrétiennes :

« Monsieur l'abbé,

« Je suis très touché de tout ce que vous voulez bien me dire de gracieux au sujet de mon ouvrage sur la *Défense de Paris*, et je vous en remercie de tout mon cœur.

« Je n'ai eu qu'un but en entreprenant ce genre de travail : faire connaître la vérité, toute la vérité sur cette triste période de notre histoire, espérant que la nation pourrait y puiser quelques utiles enseignements. Jusqu'à ce jour, mon but ne paraît pas avoir été atteint, mais espérons que la fièvre révolutionnaire qui nous égare en ce moment ne durera pas éternellement et que le bon Dieu prendra notre belle France en pitié.

« Unissons donc toutes nos prières pour implorer la miséricorde divine, et mettons en elle toutes nos espérances.

« Agréez, monsieur l'abbé, l'expression de mes meilleurs sentiments.

« Général DUCROT. »

*
* *

Celui, dit M. A. Roussel, qui avait exposé vingt fois sa vie sur les champs de bataille, d'où il a emporté son grand renom de clairvoyance et de bravoure, est mort obscurément à Versailles, dans la retraite, où la jalousie l'avait relégué avant l'heure.

Dans l'armée, il n'était pas d'homme de guerre plus apprécié et qui méritât plus de l'être. Homme de cœur, d'énergie, de discipline, il semblait communiquer à tous la noble passion dont on le sentait animé. Tout bouillant de patriotisme et néanmoins en pleine possession de lui-même, il s'est montré en maintes circonstances le modèle des commandants d'armée par son sang-froid, la rapidité de son coup d'œil, la promptitude et la sûreté de ses résolutions. On sait ce qu'il fut à Reichschoffen, à Sedan, et plus tard dans Paris assiégé. Il était de ceux qui, comme on l'a si bien dit, après avoir parlé noblement des efforts faits pour préparer la victoire, en remettent plus noblement le succès à Dieu.

Car ce héros indomptable était aussi un grand chrétien. L'un de ses derniers grands actes a été, on se le rappelle, cette solennelle bénédiction du camp d'Avor, où ses soldats, en apprenant à connaître ses qualités de général, comprirent que celui qui savait si bien se battre savait demander le courage à Dieu. Certes, lui aussi eût pu dire comme le héros de Troie : « Si la France eût pu être sauvée, elle l'eût été par ma main. » Mais dans la défaite il ne désespéra jamais.

Ce qui le désespérait vraiment, ce qui mutilait son cœur de chrétien, de soldat et de Français, c'était de voir la France perdant tristement toutes ses sources d'énergie morale. Il vivait dans une solitude forcée, au milieu des joies de la famille, mais avec le tourment de ne pouvoir renouveler et relever cette France chrétienne pour laquelle il eût souhaité combattre encore.

Dieu l'a rappelé à lui, mais son exemple reste : il signifie, courage, honneur, confiance en Dieu.

LE GÉNÉRAL CHANZY

(1823-1883)

Eugène-Antoine-Alfred Chanzy était fils d'un capitaine de cuirassiers. A seize ans il entra au service de la marine, puis s'engagea au 5ᵉ régiment d'artillerie. Admis à Saint-Cyr, il en sortit sous-lieutenant et fut envoyé en Afrique. Il fit la campagne d'Italie, puis celle de Syrie et fut promu au grade de général le 1ᵉʳ septembre 1868.

Il était général de division, commandant du 6ᵉ corps à la bataille de Coulmiers et il gagna, le 1ᵉʳ décembre, la bataille de Patay. Pendant deux mois il lutta héroïquement contre les généraux allemands, essayant de ramener la victoire, qui, hélas! abandonna nos drapeaux, malgré des prodiges de vaillance et des torrents de sang répandu.

Il fut nommé député des Ardennes, reçut le 11 juin 1873 le commandement en chef des troupes de terre et de mer de l'Algérie, avec le titre de gouverneur, fut élu sénateur inamovible en 1875, et envoyé, en 1879, ambassadeur de France à Saint-Pétersbourg. Depuis le 22 août 1878, il était grand-croix de la Légion d'honneur.

Le général Chanzy est mort subitement le 3 janvier 1883, sans que rien pût faire soupçonner une fin si prompte. Mais le général était chrétien : chaque dimanche il donnait à la ville de Châlons-sur-Marne et au 6ᵉ corps d'armée, dont il était commandant, l'exemple de l'assistance à la messe et du respect pour la religion, et l'Église le compte au nombre de ses fidèles enfants.

*
* *

Son Éminence le cardinal Lavigerie, qui connaissait intimement l'illustre général, a prononcé son oraison funèbre, dans la cathédrale d'Alger, où un service solennel était célébré. L'éminent prince de l'Église a raconté les détails intimes suivants :

« ..... Je le retrouvai bientôt à Rome, où il faisait partie de l'armée d'occupation, lorsque j'y séjournais moi-même. J'ai raconté, le jour du mariage de sa fille, dans cette même cathé-

drale où vous allez prier pour son âme, un trait charmant de
la bienveillance de Pie IX et de la foi du général. Il avait
voulu, au moment du départ, présenter au Saint-Père sa
femme, sa fille qu'il avait toujours tendrement aimée, car il
était le meilleur des pères. Le Pape, qui l'avait distingué déjà
le combla de ses bontés ; et comme le général lui demandait
un dernier souvenir, il appela l'enfant et, prenant sa plume,
il lui dit : « Vous vous marierez un jour, sans doute. Prenez
« cette plume. Elle servira à signer votre mariage, et la béné-
« diction de ce vieux Pontife vous accompagnera pour vous por-
« ter bonheur. »

« Pour qui connaît la grâce de Pie IX ces paroles n'ont rien
que d'ordinaire. Mais ce qui ne le fut pas, c'est la fidélité du
général à les conserver dans son cœur, et sa volonté de les
faire publiquement connaître, il y a cinq ans à peine. Les
temps avaient marché cependant, et aussi beaucoup d'opinions malsaines. On sait ce qu'il en coûte à quelques-uns de
les avoirs bravées. La veille du mariage de sa fille, il me
porta cette plume. Il m'en raconta l'histoire. Je la répétai devant lui, le lendemain du haut de la chaire, en présence de
l'assistance la plus brillante et la plus nombreuse à coup sûr
qu'ait jamais vue notre église métropolitaine. L'acte du mariage fut signé par tous avec la plume de Pie IX.

« Mais quels contrastes ! C'est dans cette même église, où
nous le vîmes alors rayonnant du bonheur de sa fille et des
honneurs qui l'entouraient, que nous avions aussi vu couler
ses larmes les plus amères sur la tombe d'un fils, de ce Lucien
dont la vive intelligence présageait déjà l'avenir, et qui mourut, à sept ans à peine, d'un accident terrible. Vous vous sou-
venez, monseigneur, de ces sanglots qui révélaient la tendresse
du père, de la sympathie de tous pour une douleur si sainte et
si vraie. J'hésitais à prendre la parole, pour ne pas prolonger

tant d'émotions. Mais sachant que je devais parler du
bonheur assuré aux enfants qui quittent la vie avant d'avoir
connu ses souillures, il voulut que je montasse dans la chaire
pour entendre cette vérité. Quel spectacle et quel discours !
Ce général, qui n'avait pas désespéré de la France, désespérait
vraiment auprès de son fils qui n'était plus, se relevant un
moment aux pensées de la foi, et se prenant à sangloter encore jusqu'à ce qu'enfin je descendis pour le conduire à l'entrée du caveau où nous déposions le cercueil! Cher général !
Je n'oublierai jamais son serrement de main et son regard, à
ce moment où certes l'homme ne cherchait pas à cacher son
âme. Je la vis tout entière, et rien ne m'enlèvera l'espérance
que Dieu l'a reçue dans sa miséricorde, auprès de l'enfant qu'il
pleurait alors. »

*
* *

C'était en 1874, au moment où il venait de placer à la rue
des Postes, chez les Jésuites, l'aîné de ses enfants, pour le
préparer à l'école de Saint-Cyr. Après une cérémonie religieuse, il assistait à une réunion, où se trouvaient plusieurs
fonctionnaires ; l'un d'entre eux se permet d'exprimer à
Mme Chanzy son étonnement de voir qu'elle eût confié son
enfant aux Jésuites, prétendant qu'il aurait été mieux instruit
par l'Université. Le général intervient vivement : « J'ai pris,
« dit-il, cette décision, parce que je veux que mes enfants
« soient aussi bien formés à la vertu qu'à la science, et les
« Jésuites sont d'excellents maîtres pour cette double forma-
« tion. »
— Trois jours avant sa mort, aux réceptions du jour de l'an,
il témoigna un respect particulièrement empressé au clergé
de la ville, qui le visitait, et il dit à Mgr Sourrieu : « Le clergé
est étroitement lié à l'armée, l'armée est liée au clergé ; cette

union est indispensable au salut de la patrie. » Et la veille
même de sa mort, chez le préfet de la Marne, répondant aux
légèretés de deux sceptiques, il ne craignait pas de leur dire :
« Messieurs, je prétends que sans religion il n'y a pas d'individu de valeur, il n'y a pas de société. »

Ces paroles sont une noble profession de foi et peuvent être
considérées comme le testament d'un vaillant soldat et du
vrai chrétien.

LOUIS VEUILLOT

(1813-1883)

Louis VEUILLOT est né à Boynes (Loire), le 11 octobre 1813.
« Il y avait une fois, écrit-il, non pas un roi et une reine,
mais un ouvrier tonnelier qui ne possédait que ses outils... Il
se nommait François, il était né dans la Bourgogne, il ne savait pas lire et ne connaissait que son métier... Un jour, tra-
versant une bourgade du Gâtinais, il vit, à la fenêtre encadrée
de chèvrefeuille d'une humble maison, une belle robuste
jeune fille qui travaillait en chantant ; il ralentit sa marche,
il retourna la tête, et ne poussa pas sa route plus loin. La fille
était vertueuse, elle aimait le travail, l'honneur brillait sur
son front, parmi les fleurs de la santé et de la jeunesse, un
sens droit et ferme réglait ses discours : les fortunes étaient
égales : le mariage se fit. »

Louis Veuillot fut l'aîné de la famille.

La banqueroute du principal négociant du pays, à qui François Veuillot avait confié les quelques centaines de francs
qui constituaient sa petite fortune, obligea l'humble famille
d'ouvriers à quitter sa propre maison, et l'on alla à Paris.

Hélas ! on n'y trouva pas la fortune, malgré un travail incessant... « Pas de fête, pas de repos, pas de nuit, en quelque façon pour eux ; ils ne cessaient de travailler que quand l'excès des fatigues et des privations amenait une maladie : ils nourrissaient de leur sang et de leurs jours cette nombreuse famille qui avait toujours faim (quatre enfants) ; ils venaient, avec une générosité sublime, au secours de leurs parents, encore plus misérables qu'eux.....

« Hélas ! ils remplissaient de la religion tous les devoirs, moins ceux qui consolent et qui font espérer. En nous épargnant tout ce qu'ils pouvaient nous sauver de leurs souffrances, ils ne savaient que nous dire : « Habituez-vous à la peine, vous en aurez ! » Et pas un mot de Dieu. Je le dis à la honte de mon temps, non à la leur : ils ne connaissaient pas Dieu. Enfants tous deux à l'époque où l'on massacrait les prêtres, ils n'en avaient point trouvé dans leur village pour les élever, et tout ce qu'en vieillissant ils avaient entendu dire, aux plus habiles qu'eux, de l'Église et des ministres de la religion, leur en inspirait l'horreur. Seulement, ma mère, par un reste de traditions de sa mère, voulait que j'allasse le dimanche à la messe, où elle allait elle-même aux grandes fêtes et m'avait appris quelques bribes de l'*Ave Maria*, que je récitais, le soir au pied de mon lit.

« Partageant le sort des enfants du pauvre dans ce qu'il y a de plus mauvais, je n'eus point le bonheur d'aller à l'école des Frères. Ma mère nourrissait contre ces bons religieux les préventions qu'on répand dans le peuple. D'ailleurs le conseil municipal du lieu que nous habitions avait, dans l'idiotisme de sa tyrannie subalterne, pris des mesures pour que les Frères n'y vinssent pas faire concurrence à l'école mutuelle, qu'il protégeait.

« Je fus donc jeté dans cette école mutuelle ; et il fallait

tous les mois, deux journées de travail de mon pauvre père
(je n'y pense que la sueur au front, mon père en est mort à la
peine!) il fallait deux journées de ce travail sacré pour payer
les leçons de corruption que je recevais de mes camarades et
d'un maître qui était ivre les trois quarts du temps... Cet élu
du conseil municipal tenait encore abonnement de lecture et
nous faisait porter aux dames et aux puissants de l'endroit
les romans de Paul de Kock, de Lamothe-Langon, etc... On
pense si nous nous privions de lire ces beaux ouvrages en les
colportant ainsi.

« Cependant l'école était *religieuse :* nous avions régulière-
ment congé aux moindres fêtes, jour où, non moins réguliè-
rement, notre vénérable instituteur se couchait mort-ivre ; et,
l'on nous faisait le catéchisme. Ce fut à la suite de cet enseignement que je fis ma première communion. Que le crime en
retombe sur d'autres têtes ! je n'ai pas à le porter tout entier.
Ils sont heureux ceux qui marchent dans la vie sous la protection et le souvenir des grâces de ce beau jour ! On m'enleva ce bonheur. Poussé à la table sainte par des mains igno-
rantes ou tout à fait impies, je m'en approchai sans savoir à
quel redoutable et saint banquet je prenais part : je n'y re-
tournai plus. Pardonnez-moi, mon Dieu, et pardonnez-leur! »

La première communion faite, il fallut songer à gagner sa
vie.

« Mes amis, continue Louis Veuillot, me cherchèrent une
place. Vingt francs par mois me furent offerts dans une étude
d'avoué, on m'y plaça : j'avais treize ans.

« Abandonné dans le monde, sans guide, sans conseils, pour
ainsi dire sans maîtres, à treize ans, sans Dieu ! ô destinée
amère ! Je rencontrai de bons cœurs, on ne manqua pour moi
ni de générosité, ni d'indulgence ; mais personne ne s'occupa de
mon âme, personne ne me fit boire à la source sacrée du devoir.

Les rues de Paris faisaient l'éducation de mon intelligence ;
les propos de quelques jeunes gens au milieu desquels j'avais
à vivre, celle de mon cœur : hors un qui vint trop tard et s'en
alla trop tôt. Ceux qui m'aimaient le plus me menaient aux
spectacles, ceux qui me trouvaient de l'intelligence me prê-
taient des livres, et je continuai par moi-même, en pleine
liberté les études que j'avais si bien commencées sur M. Paul
de Kock et sur M. Lamothe-Langon. »

A dix-sept ans un des camarades de Louis Veuillot lui offrit
une place dans l'*Écho de Rouen*, feuille nouvellement fondée.
L. Veuillot accepta. Il travailla d'abord au feuilleton du journal, mais il aborda bientôt la vie politique. « En ce temps-là,
ajoute L. Veuillot, les plus excellents pères de famille du monde,
les plus sages propriétaires, les plus honorables citoyens
avaient un dieu, c'était l'ordre public. Ils me suppliaient de
le bien défendre. Et moi, de très grand cœur, avec beaucoup
de conviction (car, chose particulière, on a toujours la conviction qu'on veut avoir), je défendais l'ordre qui était aussi mon
dieu : je rétablissais les saines doctrines que je ne connaissais
pas ; je foudroyais bien fort l'anarchie, quelquefois même je
m'opposais « aux empiètements du clergé », ce que l'on n'eût
pas été fâché de me voir plus souvent entreprendre, mais bientôt (mon bon sens mérite cet éloge), j'y sentis de la répu-
gnance. L'estime que j'avais pour mon parti ne m'empêchait
pas de remarquer beaucoup de différence entre nous et le
clergé.

« Et j'étais riche. En déduisant ce qu'il donnait aux pauvres,
inconnus de moi comme je l'étais d'eux, j'avais plus d'appoin-
tements que mon évêque !... »

En novembre 1832, Lous Veuillot quitta Rouen pour Périgueux où, pendant cinq ans, il fut rédacteur en chef du *Mé-
morial de la Dordogne*. En 1837, il revenait à Paris où il devait

fournir une si brillante carrière littéraire. Il entra à la *Charte de 1830* et à la *Paix*, autre journal conservateur.

Depuis longtemps déjà, cette âme ardente ne voyant rien de stable dans le présent, sentait le besoin de convictions plus sérieuses et plus solides. Ce grand travail de la foi préoccupait son esprit. Un ami fidèle, un chrétien, s'était attaché à ses pas, comme un ange gardien. Cet ami partait pour un long voyage, L. Veuillot résolut de l'accompagner. Il croyait aller à Constantinople, il allait plus loin : « Il allait à Rome, il allait au baptême. »

**
* **

C'est à Rome , en effet, dans la ville éternelle que l'illustre écrivain a si bien chantée, que L. Veuillot se convertit, se confessa, et fit à vingt-cinq ans, dans l'église de Sainte-Marie-Majeure « cette communion qu'il m'est doux d'appeler ma première communion » (1). Il a raconté ainsi dans *Rome et Lorette*, l'histoire de sa confession :

« ...Depuis plus d'un mois, les fâcheux souvenirs du passé me persécutaient.... Je ne vis dans ce passé presque rien dont l'aveu ne dût humilier, je ne dis pas la conscience du chrétien, mais l'orgueil et l'amour-propre de l'homme. Confesser cela, c'était, n'appréciant pas bien encore ni le miracle de la clémence divine ni le caractère divin du prêtre, aller contre tous les errements de ma vie, violenter tous mes instincts, détruire devant un homme à l'estime duquel je tenais comme on tient à l'estime de tout homme au monde, la trame soigneusement ourdie de ma réputation. J'allais aux genoux de cet homme lui dire : On m'a cru cette vertu, je ne l'ai point, j'ai au contraire ce vice ; ici, j'ai paru agir avec générosité : mon action

(1) Rome et Lorette, chap. xxii.

au contraire était lâche, perfide, pleine de convoitises, et je
l'ai couronnée d'un mensonge ; là j'ai trahi un ami ; et là,
malgré les cris de ma conscience, la vérité. Et tant de choses
qu'il ne convient ni d'écrire, ni de laisser supposer.... Enfin,
vous qui lisez, vous êtes homme, descendez dans votre cœur :
il y a tout à croire qu'il n'est ni plus mauvais ni plus souillé
que le mien, mais il renferme toujours assez de pénibles
mystères pour que vous souhaitiez ardemment de n'y laisser
pénétrer aucun regard.

« Enfin, le moment arriva. C'était le soir. Je ne pouvais
aller seul au *Gésu,* connaissant encore mal les rues de Rome
et ne parlant pas l'italien ; je n'y voulais pas aller seul, craignant qu'au moment de franchir cette porte redoutable, je ne
vinsse à reculer, saisi d'une insurmontable terreur. Gustave devait m'accompagner. «— Eh bien, me dit-il, partons. » Pauvre
Gustave ! il me parut cruel, et je lui en voulus de ce mot, plus
que je ne saurais le dire. Nous partîmes cependant, et sur le
chemin, je ne pensais pas que j'allais à la régénération spirituelle, à l'éternelle jeunesse de l'innocence, de l'espoir et de
l'amour. Mais, disais-je tristement, c'en est donc fait, hélas !
et voilà qu'au milieu de ma force, au seuil de mon avenir,
tout à coup, par la porte des humiliations, j'entre dans la
vieillesse du corps et du cœur ! Je fuirai désormais les chemins
encore fleuris de mon printemps, je n'obéirai plus aux doux
caprices de ma liberté, je limiterai mon intelligence et mes
sens : je craindrai de voir, je craindrai d'entendre, je craindrai de penser et d'aimer !... J'oubliais que j'avais maudit
cette liberté : que dans tous ces chemins, mes pieds s'étaient
déchirés aux épines, que mon intelligence, volant dans les
ténèbres, s'y était heurtée sans cesse à mille problèmes affreux, y avait défailli devant mille terreurs, que ma pensée
était bornée par la nuit, que mon cœur était outré du mensonge

et de la bassesse de ses attachements ; j'oubliais toutes mes douleurs et toutes les promesses naguères si claires de la religion.
O mon Dieu! qui fera bien voir de quelle étreinte déses-
pérée l'homme s'identifie à son péché, de quelles illusions
folles il est le jouet et la victime, par combien de liens le démon le saisit, par combien de ruses il l'égare! Qui dira cela,
Seigneur, afin que marquant l'étendue de tant de faiblesse et
de misère, on ait au moins quelque petite mesure de votre
puissance et de votre bonté!

« Cet ouragan d'angoisses et de regrets furieux ne s'apaisa
pas tout à fait quand nous fûmes dans la cellule du père, et
en sa présence. Mais je m'y sentais plus ferme, et comme sur
une hauteur que la mer ne saurait submerger, quelque grand
que fût son effort. Je regardai le cher compagnon qui m'avait
mené dans cet abri, sans pouvoir encore lui pardonner d'avoir,
je le croyais, suscité ces tempêtes. « Va-t-en! » lui dis-je avec
une secrète colère. Il sourit ; et, au milieu de tant de préoccupations poignantes, je ne pus m'empêcher de sourire moi-même
du *volontiers* empressé dont il accueillit cette invitation.
Lorsqu'il fut parti je regardai le Père. Mes yeux devaient exprimer l'incertitude où j'étais encore dans ce moment suprême.
« Mettez-vous à genoux, » me dit-il, avec la calme dignité d'un
juge.

« Je me mis à genoux, et je me confessai. O combien les
prêtres doivent admirer la miséricorde du Seigneur! Mais
aussi, comment, au spectacle continuel de son indulgence, ne
seraient-ils pas doux et indulgents?

« Je me levai, le cœur bercé d'une joie sérieuse et paisible ;
non pas délivré encore, mais allégé ; non pas absous, mais
béni. En retrouvant Gustave dans le corridor, en prière à
cette même place où j'avais vu Adolphe, et, où comme lui,
il était resté les mains levées vers Marie durant le combat,

si je ne lui dis point que j'étais heureux, je pus du moins lui
dire que j'étais satisfait. Pour lui, ce qu'il éprouvait, ce
n'était pas de la joie, ce n'était pas du bonheur : c'était de
l'ivresse. Il venait de servir à conquérir une âme, il avait
sauvé son ami. Il me demandait de prier pour lui à mon tour,
pour ses enfants, pour sa femme, pour tous ceux qu'il aimait.
Sa vivacité d'imagination lui faisait former mille projets de
pieux travaux ; son cœur reconnaissant se répandait en bénédictions ferventes. Je ne lui répondais pas ; je n'avais presque
plus ni pensées ni sensations. Brisé de fatigue, mon âme s'en-
dormait délicieusement... »

De retour à Paris en 1839, Louis Veuillot entra à l'*Univers ;*
toutefois il ne prit définitivement part à la rédaction qu'en
1843 ; il touchait à trente ans.

Il avait déjà publié : *les Pèlerinages de Suisse ; Pierre Sain-
tive : le Saint Rosaire médité ; Agnès de Laurens ou Mémoires
de sœur Saint-Louis ; l'Honnête femme ; les Français en
Algérie.*

Après avoir pendant plus de quarante ans, défendu vaillam-
ment et, on peut le dire, passionnément, l'Église catholique
et la papauté, Louis Veuillot fut frappé d'un mal implacable,
qui le condamna à l'impuissance d'écrire et même de penser.
Il supporta cette épreuve avec une admirable résignation :
« Je n'ignore pas ce que j'ai, dit-il un jour à M. d'Ideville, Dieu
m'a puni. Dieu m'a frappé là, entendez-vous ? et il touchait
son front : là, à cette place, où j'étais trop fier peut-être. C'est
là, dans mon orgueil, qu'il a voulu m'atteindre, et Dieu a
bien fait. » La mort du célèbre écrivain, arrivée le 7 avril 1883,
fut celle d'un grand chrétien et l'estime publique lui fit de solennelles funérailles.

*
* *

Louis Veuillot fut un écrivain de premier ordre : c'est le témoignage unanime de tous ses contemporains. Ils peuvent se résumer en ces deux extraits.

La Liberté disait: « Le style des maîtres d'autrefois semble s'être transmis directement à l'incomparable écrivain qui personnifie si noblement le bon sens, les sentiments élevés, les croyances de la vieille France. Amis ou ennemis sont d'accord pour reconnaître l'originalité, la puissance, l'éclat, la souplesse de ce talent tour à tour éloquent ou comique, sublime et familier. Louis Veuillot, c'est tout à la fois Bossuet, Molière et Labruyère. Il monte souvent aussi haut que le premier, il amuse comme le second il portraiture comme le troisième. »

L'Union : « Avec Louis Veuillot disparaît un des premiers écrivains de notre époque, et c'est à coup sûr le premier des polémistes. Entré dans la presse fort jeune il montra, dès ses débuts, un talent hors de pair, une langue unique, d'une saveur toute personnelle, d'une vigueur sans égale. Il nous souvient d'un temps où le soir on se disputait un article de Veuillot pour savourer, en gourmets littéraires, quelques colonnes de cette prose, « mâle outil et bon aux fortes mains » ; et où les rieurs, qui sont le grand public, applaudissaient le talent du maître. »

« J'aime tant le talent, disait un jour M. de Rémusat, à Sainte-Beuve, que je serais capable de voter pour ce diable de Veuillot, s'il se présentait à l'Académie. »

« Ainsi que toutes les grandes œuvres, ses livres respirent la vie. Ils sont écrits au jour le jour comme des articles de journaux ; et pourtant ils restent des chefs-d'œuvre, toujours actuels, toujours pleins de cette sève exubérante qui les fait lire avec charme quand tant d'autres sont oubliés.

« C'est que, sous la magie du style, sous cette langue puissante et colorée qui vous saisit parfois comme un éblouissement ou vous frappe comme un trait, on trouve cette élévation d'idées et cette chaleur de sentiment qui font les grands écrivains. »

Grand écrivain ! c'est le point sur lequel amis et ennemis de Louis Veuillot se sont tous trouvés d'accord.

*
* *

Louis Veuillot avait perdu, depuis trois ans, une fille et sa femme, lorsqu'il vit encore mourir en quelques jours de la même maladie, le croup, deux de ses filles. Ce fut à un mois de distance que le mal cruel vint ajouter un nouveau deuil à tant de pertes douloureuses, et qu'il lui fallut encore rendre à Dieu un des anges qui faisaient sa joie.

Sous le coup de cette grande douleur, Louis Veuillot écrivait le 10 août 1855, cette lettre admirable de résignation chrétienne :

« Cher ami,

« Nous sommes en ce monde pour expier, pour souffrir, pour mourir.

« Je remplis ma vocation de chrétien et je solde mon compte de pécheur. Si ce n'était pas Dieu qui m'envoyât les épreuves et s'il ne tempérait pas sa justice par sa miséricorde, on y succomberait. Mais c'est lui qui agit, et l'obéissance n'est pas seulement possible, elle est douce ; cela semble difficile à croire, cela est pourtant, et je le sais.

« Jamais mon cœur n'a été si déchiré, jamais il n'a été environné de tant de sécurité et de lumière. Il n'est aucune joie en ce monde contre laquelle je voulusse échanger mon immense douleur.

« J'ai bien pensé à toi. J'aurais voulu que tu fusses là dans le dernier moment. Tu aurais vu le départ d'un ange, tu aurais vu qu'il n'y a pas de mort où il n'y a pas de péché. Trois minutes avant de mourir l'enfant a pris de mes mains le crucifix qui a reçu le dernier baiser de sa mère ; elle l'a porté à ses lèvres, elle a souri en tendant ses petits bras vers le ciel.

« Si tu avais vu ce sourire ! Puis elle a laissé échapper un petit souffle doux et pur, et je lui ai fermé les yeux.

« Nous l'avons conduite au cimetière avec un beau cortège de douze Petites-Sœurs des Pauvres. Durant sa maladie, je l'avais vingt fois offerte à Dieu pour être Petite-Sœur des Pauvres ou pour mourir tout de suite, car la voyant aux portes du ciel, je n'aurais pas voulu la faire redescendre dans la vie à la triste condition d'en subir les souillures.

« Nous l'avons mise dans le tombeau de sa mère, à la place que j'avais réservée pour moi : c'était tout ce que je possédais de terre en ce monde, je ne l'ai plus. Me voilà pauvre, jusque-là, Dieu merci !

« Prie Dieu que je garde à jamais dans mon cœur tout ce que j'y ai maintenant et j'aurai à le remercier durant l'éternité entière des grâces dont il m'a comblé.

« Adieu, mon Émile. Vive Jésus ! Vive sa croix !

« Louis VEUILLOT. »

Où trouverait-on une page plus belle que celle que nous venons de citer? Mais en voici une autre, écrite à la même époque, et qui respire ce même héroïsme chrétien du père que la douleur a brisé, mais que la foi a soutenu et fortifié :

« La miséricorde divine est bien grande, écrivait-il, et c'est un miracle qui passe tous les autres d'aimer davantage, à mesure qu'elle frappe, une main qui porte de si terribles coups.

« Il est vrai que je contemple mes enfants dans le ciel comme si je les voyais des yeux de mon corps, l'un au bras de sa mère, les autres à ses pieds, comme je les ai si souvent vues et admirées ici-bas. Je me sens sous leurs ailes, et je sens qu'il n'y a point de traits aux mains du monde qui puissent percer cette égide.

« Les pauvres enfants, nous les aimons trop pour regretter qu'elles ne soient pas exposées aux douleurs que nous souffrons, et dont la vie la plus pure et la plus dévouée ne préserve pas, témoin la douleur profonde de ma chère et admirable sœur. Je crois qu'en vérité, considérant bien ce monde et ce que nous comprenons du ciel, j'envisagerais la mort de mes enfants avec une sorte d'allégresse, si je n'avais pas sous les yeux le spectacle navrant de ce cœur si bon et si déchiré ; ses larmes sont intarissables, elle ne les retient que quand elle est obligée de donner des soins à ses autres nièces. Si nous perdions encore celles-là, elle ne murmurerait pas, mais elle mourrait, car elle ne peut pas voir autant que moi la justice de Dieu. Moi je me tais comme le coupable condamné justement et qui est encore heureux dans son désastre d'être ménagé, de se repentir et de sentir qu'il expie. Chère madame, c'est là le grand secret de mon courage. Quand vous me louez, j'y vois une marque de votre amitié, dont je me félicite ; mais soyez persuadée tout de bon que toute louange est cruelle à tout homme qui sincèrement examine sa conscience devant Dieu.

« Quand j'ai appris la mort de Marie, après un premier moment de trouble immense, je suis allé me mettre à genoux devant son lit, vide hélas ! seul à seul avec Dieu. J'ai examiné ma vie toute entière, j'ai fait ma confession générale. Sortant de là je n'osais plus pleurer, et quand Gertrude a suivi Marie, je n'ai pas été tenté de dire : C'est trop. Ainsi plaignez-moi, priez

pour moi ; mais ne me donnez pas de louange, par pitié pour
moi. Il y a des âmes que Dieu se plaît à embellir ; la mienne
est de celles qu'il daigne nettoyer.

« *Tantus labor non sit cassus!*

« Louis Veuillot. »

Louis Veuillot fit un livre qui eut un immense retentissement : *les Libres penseurs*. Voici comment il définit le libre
penseur :

« Ça n'est pas même un athée, l'athéisme ne croit pas et ne
veut pas que l'on croie à un Dieu. L'athéisme est une religion
négative qui a ses exigences, ses luttes et ses souffrances. Le
libre penseur ne veut pas d'un Dieu. Il croit qu'il en est un,
mais un Dieu le gêne et il repousse Dieu. Combattre Dieu et
le prêtre qui le représente est une nécessité de sa politique.
Son incrédulité est un métier. Pour ruiner la religion des
autres, tous les moyens lui sont bons. Les plus vils sont les
meilleurs. Sa grande arme est l'arme de Basile. Calomnier
est l'œuvre de tous ses instants. Il veut déshonorer le prêtre,
pour mieux rabaisser la religion qu'il sert. Libre penseur! ce
nom est un vol. Le libre penseur ne pense ni ne tolère
que l'on pense librement. Il est esclave de sa haine ou de la
haine qu'on lui impose. Il étouffe en lui ses plus légitimes as-
pirations pour paraître ce qu'il n'est pas, ce qu'il ne peut pas
être. Il vous défend de croire ; il vous défend d'aimer. C'est
une brute qui s'appesantit sur votre âme pour en comprimer
tous les élans. Libre penseur! Être profondément vil et mé-
prisable, capable de toutes les lâchetés et de toutes les infa-
mies! Il pousse l'imbécillité jusqu'au point de manger deux
saucisses, au lieu d'une, le Vendredi-Saint, au risque d'une
indigestion, parce que nous, catholiques, nous ne voulons pas
en manger du tout ce jour-là ! C'est d'après nous qu'il agit.

C'est contre nous qu'il règle ses actes ! Il ne vit que pour nous haïr. Il n'est pas d'animal plus sot. »

Il flagelle ainsi ces ennemis de Dieu :

« Il existe une école, un parti, une race d'ennemis de Dieu. Ils ne veulent pas que Dieu soit, ou ils veulent que Dieu ne soit plus. Ils sont implacablement conjurés contre sa loi, contre son Église, contre ses enfants. Rien ne les éclaire, rien ne peut les toucher, rien ne leur fait honte. Pour accabler la vérité, pour la détruire, tout leur est bon ; ils savent faire de l'absurdité même, une arme redoutable ; ils noieraient l'Église dans le sang et dans les larmes du genre humain. On les voit dans le passé, on les rencontre dans le présent toujours les mêmes : constants et appliqués à faire le mal, affermis dans l'habitude d'un langage trompeur, persécutant l'Église par le sophisme, par la fausse science, par la raillerie, par la force, dès qu'ils ont la force en main ; enrôlant l'orgueil, l'ignorance, la sensualité, les sottises ; faisant des livres, des journaux, des lois ; heureux de donner aux ministres de Dieu des entraves et des fers ; ardents à perdre les âmes rachetées du sang de Jésus-Christ. Je leur fais la guerre. Je crois ainsi comme chrétien, comme citoyen, comme homme acquitter une part de la dette que j'ai contractée au baptême envers Dieu, envers la patrie, envers l'humanité... Non je ne crois pas avoir à me repentir d'avoir vécu en constante révolte contre certaines déloyautés, certaines inepties et certains calculs pervers, qui sont à l'usage des ennemis de l'Église. L'Église m'a donné la lumière et la paix ; je lui dois ma raison et mon cœur. C'est par elle que je sais, que j'admire que j'aime, que je vis. Lorsqu'on l'attaque, j'ai les mouvements d'un fils qui voit frapper sa mère. J'essaye d'arrêter la main parricide, j'essaye de la meurtrir, je conserve de son crime un ressentiment profond. C'est le plus insensé des

crimes, le plus ingrat, le plus cruel. Certes, je n'ai le malheur de haïr aucun homme. Mais l'œuvre à laquelle beaucoup
d'hommes se condamnent et dont je vois tous les jours des
effets irréparables, je la hais. Je la hais d'une passion que
rien n'épuise, que rien n'endort, qui malgré moi, quoi que je
fasse, éclate en âpres gémissements. Non, non ! je ne saurais
feindre un lâche respect pour tant d'idoles méprisables devant lesquelles je vois nos sages se courber. Ces idoles n'ob-
tiendront point de moi l'adulation, pas même le silence. Les
hommes de la libre pensée crieront au sacrilège, nos politiques m'accuseront de témérité; mais si la voie est ouverte,
d'autres y entreront et les idoles crouleront. Qu'elles m'écra-
sent sous leurs débris, pourvu qu'elles croulent ! Que je
meure impuissant aux pieds de leurs autels, pourvu que j'en
atteste la stupidité et l'infamie ! »

*
* *

Le *Parfum de Rome*, livre admirable, animé dans toutes
ses pages, d'un puissant souffle de génie et de foi, peut être
considéré comme un chant merveilleux à la papauté. Voici
la description que l'incomparable écrivain fait de Saint-Pierre
de Rome :

« D'une main frémissante nous soulevons la lourde portière.
Nous sommes enfin dans le temple. Nous respirons sur le
seuil, comme pour empêcher nos cœurs d'éclater.

« Dans la nef immense, il n'y avait que les lampes d'or de la
confession, la statue de saint Pierre, le soleil et nous. Lentement nous avançons, pénétrés de respect, pénétrés d'amour
et aussi de crainte, un peu écrasés de cette grandeur. Pourquoi craindre? La maison est hospitalière; ou plutôt ne
sommes-nous pas chez nous?

« Jamais la basilique ne m'a paru si vaste, si riche, si solennelle, si douce. Elle semble s'élargir à mesure qu'on la connaît mieux. La première fois qu'on voit le colosse, il peut rester au-dessous des attentes de l'imagination...

« Pour moi, j'ai eu le temps d'étudier Saint-Pierre. Je l'ai cent fois parcouru, je me suis arrêté devant tous ses autels, devant tous ses tombeaux, devant toutes ses peintures d'un indestructible éclat, j'ai fait connaissance avec ce peuple de grandes images et cet immense trésor de reliques sacrées.

« J'y ai vu le pape bien des fois, tantôt sans pompe, tantôt dans toute la majesté de sa fonction incomparable. Je l'ai vu couronné de la tiare sur la *sedia*, bénissant une foule composée de tous les représentants du monde : et le prodigieux cortège se mouvait à l'aise dans le vaisseau de marbre et d'or.

« L'atmosphère de Saint-Pierre, cet air tiède, égal et parfumé qu'on ne respire nulle part ailleurs, me rappelle immanquablement quelques-unes des circonstances les plus solennelles de ma vie; il ressuscite en moi le parfum de mes meilleurs désirs, de mes plus douces larmes, des engagements qui ont le plus honoré mon cœur.

« Tout revient, m'envahit, m'emporte, je suis inondé de lumière, et de joie, et d'espérance, et l'allégresse de l'espérance est déjà l'allégresse du triomphe. Alors, cette vaste structure prend à mes yeux toutes ses dimensions, j'entends son langage. C'est un poème, le poème de la religion et de la victoire du Christ.

« Toute l'histoire, toute la science, tout l'art, toutes les richesses de la nature, toutes les conceptions et tous les travaux de l'homme sont ici réunis pour attester le Christ Fils de Dieu, pour le bénir et pour le glorifier. Le chœur incomparable de toutes ces voix, c'est Saint-Pierre.

« On y peut sentir la défaillance des langues humaines. Certains détails ne sont pas du goût d'aujourd'hui. Mais même quand l'expression avorte, la pensée est divine, et l'ensemble formant une souveraine harmonie, répond à la sublimité du dessin.

« Quel plan, quelles divisions grandioses, quel ordre partout et quelle abondance d'inspirations dans cette unité merveilleuse ! Depuis les statues des deux grands empereurs, Constantin et Charlemagne, sentinelles triomphantes placées sur le péristyle, jusqu'à l'autel où repose le corps du prince des apôtres !

« Depuis la *loggia*, d'où la grande bénédiction s'envole pour embrasser l'univers, jusqu'au chevet de la Basilique, où la chaire du Pêcheur est soutenue par les docteurs de l'Orient et de l'Occident, depuis l'obélisque de Néron, relevé sur le parvis, jusqu'à la croix qui rayonne sur la coupole.

« Il n'est pas une pierre dans cette montagne de gloire qui ne soit à sa place, qui ne donne une clarté, qui ne jette une parole forte et sublime. Rome, le résumé de tout, se résume dans Saint-Pierre ; et Saint-Pierre crie dans Rome et dans le monde la victoire de la Croix sur Rome et sur le monde.

« Victoire par toutes les grandeurs, par toutes les lumières, par tous les dévouements. Levez-vous apôtres, martyrs, docteurs, patriarches, saints de tous les temps, dont les ossements et les images sont ici ! Levez-vous, Héros, qui gardez les portes du sanctuaire ! Levez-vous, Nations qui l'avez défendu !

« Victoire par tous les miracles : Levez-vous siècles ! Depuis que le sang de Simon-Pierre a rougi ce sol, quels torrents n'y ont point coulé pour en arracher sa tombe ! Torrents de feu, torrents de bourreaux, torrents d'armées, torrents de scribes et de blasphémateurs, chaque siècle a amené ses torrents … et chaque torrent à apporté quelques-unes des pierres qui forment l'édifice !

« Victoire par la foi, plus puissante que les armes ; victoire
par l'amour, plus fort que le temps. Le temps serait l'arme
invincible de la mort ; mais la mort et le temps sont vaincus
par l'amour, et le chant de la victoire est aussi le chant de
l'amour. L'amour a rêvé ces grandeurs, accumulé ces richesses, enlacé ces harmonies, et ce temple est magnifique et
durable parce que le Dieu qui le remplit est le Dieu qui aime
et qui est aimé.

« Que dirai-je encore et que ne dirais-je pas, si je pouvais
répéter ce que nous avons entendu de ces pierres éloquentes,
si je savais seulement bégayer ces divins langages ? »

*
* *

Dans *Çà et là*, Louis Veuillot a publié l'épitaphe destinée
à être gravée sur la pierre de sa tombe. Elle peint bien le
chrétien à la foi ardente et à l'espérance invincible :

> Placez à mon côté ma plume,
> Sur mon cœur, le Christ mon orgueil.
> Sous mes pieds, mettez ce volume,
> Et clouez en paix le cercueil.
>
> Après la dernière prière,
> Sur ma fosse plantez la croix,
> Et si l'on me donne une bière,
> Gravez dessus : *J'ai cru, je vois.*
>
> Dites entre vous : « Il sommeille;
> « Son dur labeur est achevé. »
> Ou plutôt dites : « Il s'éveille;
> « Il voit ce qu'il a tant rêvé. »
>
> . . . .
>
> J'espère en Jésus. Sur la terre,
> Je n'ai pas rougi de sa foi.
> Au dernier jour, devant son Père,
> Il ne rougira pas de moi.

TABLE DES MATIÈRES

5304. — Tours, imp Rouillé-Ladevèze, rue Chaude, 6.

LIBRAIRIE CATTIER

A TOURS

BIBLIOTHÈQUE UNIVERSELLE
DES FAMILLES

BEAUX VOLUMES D'ENVIRON 500 PAGES CHACUN,
CHOISIS PARMI LES MEILLEURS OUVRAGES ANCIENS ET MODERNES
SUR PAPIER VÉLIN GLACÉ.

FORMAT IN-OCTAVO

Prix de chaque volume broché. . . 4 fr.

Cette collection, demandée depuis longtemps par les chefs d'établissements d'instruction, fatigués de donner pour récompenses et pour prix des livres souvent sans autre valeur que le cartonnage et l'illustration, formera un commencement de bibliothèque pour la jeunesse studieuse.

Ces ouvrages sérieux se recommandent non seulement par leur mérite littéraire et morale, mais encore par leur *extrème bon marché*, malgré le luxe de l'édition.

BOSSUET. — Discours sur l'Histoire universelle;

Vie de l'auteur et son éloge. . . . . 1 vol.

— Sermons . . . . 3 vol.

— Panégyriques . . . . 1 vol.

— Oraisons funèbres . . . . 1 vol.

— Connaissance de Dieu et de soi-même; la Logique . . . . 1 vol.

— Élévations à Dieu sur tous les mystères de la religion. . . . . 1 vol.

— Méditations sur l'Evangile . . . . . , . . 2 vol.

BOURDALOUE. — Avent . . . . 1 vol.

BOILEAU. — Œuvres . . . . 2 vol.

CORNEILLE. — Œuvres choisies . . . . 1 vol.

FÉNELON. — Traité de l'existence de Dieu et Lettres sur la religion . . . . 1 vol.

FLÉCHIER. — Oraisons funèbres, Choix des principaux Sermons . . . . 1 vol.

FOLLIOLEY. — Histoire de la littérature française au xviie siècle, nouvelle édition . . . . 3 vol.

FRAYSSINOUS. — Défense du Christianisme . . . . . 2 vol.

GABOURD. — Histoire de la Révolution, du Consulat et de l'Empire . . . . 10 vol.

MAISTRE (Joseph de). — Plan d'un nouvel équilibre en Europe. 1 vol.

— Considérations sur la France, nouvelle édition suivie d'appendices importants sur les maux de la France . 1 vol.

— Délais de la Justice divine dans la punition des coupables. — Lettres sur l'inquisition espagnole . . . . . 1 vol.

— Le Pape, nouvelle édition précédée d'un essai sur la définition de l'Infaillibilité pontificale et suivie de notes sur le Syllabus . . . . 1 vol.

— De l'Eglise gallicane dans son rapport avec le Souverain Pontife . . . . 1 vol.

— Soirées de Saint-Pétersbourg. . . . . (9 f. les 2 v.).

MAISTRE (Xavier de). — Œuvres . . . . 1 vol.

LA BRUYÈRE. — Caractères. . . . . 1 vol.

LAMENNAIS. — Imitation de Jésus-Christ. . . . . . . 1 vol.

LA ROCHEFOUCAULD. — Maximes, mémoires et Lettres. 1 vol.

MALHERBE. — Poésies et correspondance . . . . . . 1 vol.

MOLIÈRE. — Œuvres choisies. . . . . 1 vol.

MONTESQUIEU. — Grandeur et Décadence des Romains, avec des notes philosophiques et littéraires. . . . . 1 vol.

NOUVEAU TESTAMENT. — Les Évangiles. Examen critique par l'abbé Lecamus. . . . . 1 vol.

PASCAL. — Pensées . . . . 1 vol.

RACINE (J.). — Œuvres complètes, mémoires sur la vie et les ouvrages de l'auteur . . . . 4 vol.

SÉVIGNÉ (Mme de). — Lettres choisies avec notes et éclaircissements historiques. . . . . 1 vol.

BIBLIOTHÈQUE HISTORIQUE ET SCIENTIFIQUE

BEAUX VOLUMES IN-8, BROCHÉS, SUR PAPIER GLACÉ

DE 300 A 400 PAGES. . Prix : **3** fr.

Sitting-Bull, le Héros du Désert. — Histoire de la guerre Américo-Indienne, par M. Bournichon.

Catastrophes contemporaines. — Sinistres et naufrages, par le même.

Le Portefeuille d'un général de la République, ou Mémoires du Général Dommartin, par Alfred de Besancenet.

Les Fondateurs Mérovingiens. — Grandes scènes de l'histoire de France, par M. Bournichon.

Les derniers Mérovingiens. — Grandes scènes de l'Histoire de France, par A. J. Hubert.

Le Loup de Terre et le Loup de Mer. — Histoire contemporaine.

Histoire merveilleuse des animaux, par M. de Bonniot.

Rome nouvelle, par M. l'abbé Calhiat, missionnaire apostolique.

Histoire de la Littérature universelle (poésie), par M. Huguenot.

Histoire de la Littérature universelle (prose), par le même.

BIBLIOTHÈQUE CHOISIE
DES PRINCIPAUX ÉCRIVAINS FRANÇAIS

Collection CATTIER

FORMAT IN-12

BEAUX VOLUMES D'ENVIRON 500 PAGES

Prix de chaque volume broché. . . . . 2 fr.

BOSSUET. — Discours sur l'Histoire universelle . . . . 1 vol.

— Sermons . . . . 3 vol.

— Panégyriques . . . . 1 vol.

— Oraisons funèbres . . . . 1 vol.

— Connaissance de Dieu et de soi-même : la Logique 1 vol.

— Élévations à Dieu sur les mystères de la religion chrétienne . . . . 1 vol.

— Méditations sur l'Évangile . . . . 2 vol.

BOURDALOUE. — Avent . . . . 1 vol.

BOILEAU. — Œuvres . . . . 2 vol.

CORNEILLE. — Œuvres choisies. . . . . 1 vol.

FÉNÉLON. — Traité de l'existence de Dieu . . . . . 1 vol.

FLÉCHIER. — Oraisons funèbres. . . . . 1 vol.

FRAYSSINOUS. — Défense du Christianisme . . . . . 2 vol.
LA BRUYÈRE. — Caractères . . . . 1 vol.
LA ROCHEFOUCAULD. — Maximes, mémoires et lettres. 1 vol.
MAISTRE (Xavier de). — Œuvres . . . . 1 vol.
MALHERBE. — Poésies et correspondance. . . . . . . 1 vol.
MAISTRE (Joseph de). — Plan d'un nouvel équilibre en Europe. 1 vol.
— Considérations sur la France, ouvrage suivi d'appendices importants. . . . . 1 vol.
— Délais de la justice divine dans la punition des coupables. Lettres sur l'inquisition espagnole. 1 vol.
— Le Pape, nouvelle édition précédée d'un essai sur la définition de l'infaillibilité pontificale et suivie de notes sur le Syllabus. . . . . . . 1 vol.
— L'Église gallicane . . . . 1 vol.
— Soirées de St-Pétersbourg. . . . . (les 2 vol. 5 25.)
MÉRIT (l'abbé). — Lettres sur le beau en littérature suivies d'une étude sur le grand Corneille . . . . 1 vol.
PASCAL. — Pensées . . . . 1 vol.
RACINE (J.) — Œuvres. . . . . 4 vol.
SÉVIGNÉ (Mme de). — Lettres choisies. . . . . 1 vol.

BIBLIOTHÈQUE DES LÉGENDES

BEAUX VOLUMES IN-8 DE 280 PAGES

BARRAL (Adrien de). — Légendes Mérovingiennes . . . 1 vol.
— Légendes Carlovingiennes. — Charlemagne . . 1 vol.
— Légendes Carlovingiennes. — La famille de Charlemagne . . . . 1 vol.
— Légendes Capétiennes. — Les premiers Capétiens. 1 vol.
— Légendes Capétiennes. — Les Valois et les Bourbons . . . . 1 vol.
— Les Soirées de Bois-Raveau . . . . 1 vol.
A. REIXET. — Trois légendes fantastiques des bords du Rhin 1 vol.
C. RAILLARD. — Vingt jours au camp d'Avord . . . . 1 vol.
J. BOURNICHON. — Drames pour la jeunesse. — Jeanne d'Arc. — Vocation de Saint-Louis de Gonzague, etc . . . . 1 vol.
J. DOMINIQUE. — Souvenirs de Vendée et de Lorraine . 1 vol.
*** Ginetta ou la vie et les derniers moments d'une jeune enfant. . . . . 1 vol.